무엇이 조직을 병들게 하는가

아픈 사회복지조직을 위한 처방전

무엇이 조직을 병들게 하는가

문대수 지음

나눔의집

차례

PART 1

사회복지조직의 만성질환 진단

1. 비전과 만성질환 • 18

시설 비전 · 미션(존재 이유)에 대한 인식 부재 | 탁월함을 발휘하기 어려운 만성질환 조직

2. 가슴질환 증상 • 29

비전 혼란과 책임의식 약화 | 안정 추구 | 무기력감 | 자기검열 | 복지사업에 대한 정체성 부족 | 신뢰 약화 | 잦은 이직과 연속성 단절

3. 머리질환 증상 • 59

자기계발의 어려움 | 개인 스펙 중심의 교육열 | 우물 안의 개구리

4. 손 · 발질환 증상 • 68

링겔만 효과 | 공동체성 약화 | 배려와 무책임은 종이 한 장 차이 | 업무 보호주의

5. 입 · 귀질환 증상 • 79

소통의 어려움 | 낙인 | 지휘체계 혼란

6. 내장질환 증상 • 89

기계적 업무 수행 | 직원 의견을 듣기 위한 제도 부족 | 업무 주도권이 약화되는 구조 | 직급체계 혼란 | 공개적 질책과 은밀한 칭찬 | 경직된 분위기 | 해도 그만, 안 해도 그만 | 소속감을 약화시키는 구조 | 평가의 부작용

우리는 대부분의 시간을 조직 안에서 보낸다. 가정보다 더 많이 있는 공간이 조직이다.

조직은 유기체이며 생명체다. 살아 있기 때문에 서로 영향을 주고받는다. 건강한 사람이 언제든지 아플 수 있듯이 건강한 조직도 아플 수 있다. 아픈 조직은 개인에게도 많은 영향을 준다. 조직이 아프면 나도 아프다.

많은 시설이 즐겁게 일하기를 희망한다. 하지만 현실은 쉽지 않다. 우리 시설이 좀 더 즐겁고, 의미 있고, 행복한 공간이 되기를 시설장도, 관리자도, 실무자도 바라지 않는 사람은 없다. 하지만 어떠한 이유에서인지 때로는 상급자를, 때로는 하급자를, 때로는 동료를 즐거운 시설이 되는 데 장애로 여긴다. 그리고 우리 시설은 변화되기 힘든 시설이라고 생각한다. 당장이라도 그만두고 싶은 마음이 굴뚝같지만 생계와 경력 단절의 두려움으로 하루하루를 버틴다. 조직에서 사회복지를 잃어버린 전형적인 모습이라 할 수 있다.

스트레스 없는 개인은 없듯, 스트레스 없는 조직도 없다. 조직 갈등은 바로 조직 속의 사람, 조직 안의 잘못된 시스템 등이 섞이면서 나타난다. 조직 갈등이 개선 없이 오래도록 유지되거나 또는 이를 해결하려는 의지가 약한 경우를 만성질환 조직이라 한다. 만성질환 조직 구성원들은 자기 조직에 대해 무언가 근무하기 힘든 분위기를 느낀다. 하지만 하나의 문화나 숙명처럼 받아들이는 경향이 있다. 만성질환은 그대로 방치한다고 낫는 것이 아니기 때문에 시간이 지날수록 다양한 부작용이 나타난다. 이러한 부작용은 잦은 이직이 되기도 하고 개인주의·관료주의·무책임주의 등으로 나타날 수 있다.

만성질환 조직은 좀 더 예민하다. 사소한 부분도 큰 갈등으로 이어질 가능성이 크다. 때로는 다른 조직에서는 아무런 갈등요인이 되지 않음에도 불구하고 만성질환 조직에서는 잔잔한 물에 돌을 던진 것처럼 큰 파장을 불러오기도 한다.

하지만 조직 갈등이 꼭 나쁜 것만은 아니다. 질병 극복을 통해 면역체계가 강화되는 것처럼 갈등은 성장을 위한 좋은 경험과 역사가 될 수 있다.

이 책은 지난 몇 년 동안 사회복지시설을 컨설팅하면서 파악된 자료와 공식적·비공식적 만남이나 상담을 통해 얻게 된 자료를 토대로 정리하였다. 다양한 시설에서 다양한 직급을 만나 서면질의와 인터뷰, 집단 상담, 개별 상담, 지인을 통해 듣게 된 사례 등을 종합적으로 분석한 일종의 현장 중심 사례집이기도 하다. 여기에 비영리시설뿐만

무엇이 조직을 병들게 하는가

아니라 기업 등 조직 관리에서 탁월한 성과를 보이고 있는 현장 사례를 포함하였다.

여기서 제시된 사례가 만성질환 조직이라는 이유로 마치 질병을 다 가지고 있는 것으로 오해하는 것은 금물이다. 중환자라고 해도 모든 질병을 가지고 있지는 않듯이 만성질환 조직도 모든 질병을 가지고 있지는 않다. 건강한 조직도 만성질환처럼 보이는 비슷한 질병을 가지고 있을 수 있다. 다만 정도에 차이가 있을 뿐이다.

이 책은 어떤 이론을 제시하려는 것이 아니다. 그냥 우리가 평상시에 만나기 쉬운 사회복지시설이라는 조직에서는 어떤 이유로 가치 충돌이 발생하고, 그 속에서 보다 즐겁게 일할 수 있는 구조를 만들 수 있는지 그 방안을 알아보기 위해 작성된 것이다. 이 책이 나오기까지 많은 사람들의 도움이 있었다. 사회복지에 대한 큰 열정으로 조직생활을 해야 한다는 깨달음을 준 나의 평생 동지 김수재 과장님, 근무하기 좋은 환경에 대한 다양한 아이디어를 주신 하백선 센터장님께 먼저 감사의 말씀을 드린다. 또한 미흡한 글을 열정을 다해 검토하고 다듬어 준 임혜정 씨께 감사의 말씀을 드린다. 그리고 바쁜 와중에도 기꺼이 서면질의와 인터뷰에 응해 주셨던 수많은 사회복지 종사자분들과 시설장님께 감사의 말씀을 드리고 싶다. 이 글을 통해 작게나마 우리 시설들이 좀 더 근무하기 좋은 시설로, 지역사회에 꼭 필요한 사회복지 가치를 실현하는 시설로 나아가는 데 도움이 될 수 있기를 희망해 본다.

들어가며

예전에 〈개그콘서트〉라는 개그 프로그램에 '세. 절. 예'라는 코너가 있었다. 세. 절. 예란 "세상에서 제일 예민한 사람들"을 줄인 말이다. 여기에 나오는 사람들은 모두 예민하다. 한 예로, 헤어지자는 통보를 받은 사람, 코를 수술한 사람 등이 식당에 앉아서 주문을 기다린다. 식당 주인은 손님을 맞이하고 깨진 잔을 보며 "아이고, 여기 잔이 깨졌네."라고 혼잣말을 한다. 그러면 헤어지자는 통보를 받은 사람이 대뜸 민감하게 반응한다. "지금 내가 연인과 헤어졌다는 것을 놀리는 겁니까?" 순간 식당 주인은 당황한다. 그저 혼잣말을 했을 뿐 자기는 전혀 그럴 의도가 없었기 때문이다. 그런 뜻이 아니라고 항변을 해도 소용이 없다. 다른 손님도 예민하기는 마찬가지다. 하나의 개그 프로그램이지만 이런 현상은 조직에서 흔하게 나타난다.

많은 시설이 갈등을 가지고 있다. 갈등 없는 조직은 없다. 문제는 갈등이 아니라, 조직구조가 허약해서 갈등에 쉽게 예민해지는 것이

무엇이 조직을 병들게 하는가

다. 갈등의 예민함은 사람의 기본 특성하고도 연결된다. 사람은 주관적이다. 자신이 느끼는 그대로 듣고 이해하고 해석한다. 이런 특성 때문에 조직이 예민해지면 개인도 예민해지기 쉽다. 예민해지면 쉽게 상처받게 되고 불만이 쌓인다. 문제의 원인을 상대방에게 돌리려고 하고 불평과 비난이 싹튼다. 여기에 상대방에 대한 부정적인 낙인이 쉽게 자리를 잡게 된다.

매사에 꼼꼼한 A부장이 있었다. A부장은 먼저 자신이 내용을 체크한 후에 사업을 맡기는 스타일이었다. 하루는 공동모금회 신청사업을 작성할 수 있도록 훈련시키기 위해 신입직원에게 건네줄 사업계획서를 고민하고 있었다. 어느 수준에서 어떤 식으로 권한을 위임하면 좋을지 고민하다 보니 어느덧 퇴근시간을 훌쩍 넘겨 버렸다. 직원들은 이런 상사의 모습을 뒤로 하고 퇴근을 했다. 또 다른 부장 B가 있었다. B부장은 행동형이었다. 우선 맡기고 진행하면서 상황에 따라 맞추어 가는 스타일이었다. 신입직원에게 공동모금회 신청사업 작성을 훈련시켜야겠다는 방침이 정해지자 바로 신입직원에게 건네주고 연습 삼아서 한번 작성해 보라고 했다. 건강한 조직에서는 이러한 두 부장의 스타일이 크게 문제가 되지 않는다. 하지만 건강하지 못한 조직에서는 두 스타일 모두 심각한 문제가 될 수 있다. A부장은 업무를 직원에게 맡기지 못하고 시설장에게만 잘 보이려고 늦게까지 일하는 부장으로 낙인찍힐 수 있다. B부장은 자신이 할 일을 남에게 미루고 그 시간에 시설장에게 점수만 따려는 부장으로 낙인찍힐 수 있다.

중요한 것은 일을 먼저 맡기고 생각해야 하느냐 아니면 먼저 생각한 후 일을 맡겨야 하느냐가 아니다. 이외에 어떤 행동을 하더라도 건강하지 못한 조직은 그 행동에 문제를 삼는다는 점이다.

조직문제로 여겨지는 상당수는 현재 눈에 보이는 어떤 행동이 아니다. 이를 해석하고 판단하는 조직원의 마음가짐에 원인이 많다. 조직문제가 걷잡을 수 없이 확산되기 시작하면 업무적 문제가 개인의 인격문제로 번지기 쉽다. 어느 관리자는 식탐이 많은 사람으로 낙인이 찍혀 공격당하고, 어느 관리자는 팀원이 자신을 외모가 예쁜 직원만 편애한다고 여기고 있어서 매번 소통하기 어렵다고 하소연한다. 소신 있게 밀고 나가면 고집이 강하다고 여기고, 반대로 이야기를 자주 들으려고 하면 주관이 없다며 무시한다. 하지만 만나서 이야기해 보거나 여러 사람을 통해 확인해 보면 서로 오해를 하고 있는 부분이 가장 많다. 그럼에도 직원들은 그 사람이 그렇다고 믿고 있다.

만성질환은 오랜 기간을 통해 발병해 계속 재발하는 질환이다. 이러한 질환은 식습관, 운동습관, 휴양, 흡연, 음주 등의 생활습관과 연관되어 있다. 지방섭취, 비만, 흡연은 고혈압, 협심증, 심근경색증, 뇌졸중과 같은 심혈관질환의 위험을 증가시킨다. 흡연은 만성폐쇄성폐질환의 위험을 증가시킨다. 지방의 섭취가 많으면 유방암·대장암·전립선암·자궁내막암의 위험이 증가하고, 신체 활동이 적으면 대장암과 유방암의 위험이 증가한다. 술은 간암·후두암·식도암·구강암·유방암의 위험을 증가시키고, 흡연은 폐암·후두암·식도암·구강암·위암·췌장암·신장암·방광암의 위험을 증가시킨다. 이러한 만성질환을 예방하거나 치료하기 위해서는 생활습관을 개선해야 한다. 그렇지 않으면 결국 위험해지기 때문이다. 의사들은 이러한 만성질환을 예방하고 치료하기 위해 생활습관을 개선하라고 권고한다. 운동을 많이 하고 휴식을 충분히 취해야 하며, 특히 비만이라면 체중 감량을 위해 식사조절과 운동 등을 지속적으로 유지하는 노력이 필요하다고 말한다.

조직도 마찬가지다. 만성질환이 있는 조직은 가고자 하는 방향성을 모르거나 통일되지 않아 발생하는 소통의 문제, 비효율적인 과중한 업무, 휴식 없는 무리한 노동, 근무태만, 적절한 피드백 부족, 격려와 칭찬, 보상의 부족과 왜곡 등 여러 가지 이유로 질병을 오래도록 방치해 왔다. 하지만 우리가 신체 증상을 정확히 알게 되면 이에 맞는 처방을 할 수 있듯이 조직의 만성질환도 진단과 함께 처방을 할 수 있다.

제1부에서는 실제 조직에서 어떤 식으로 문제가 나타나고 있고, 그 결과 어떤 여파가 있는지, 어떤 요인이 조직의 갈등을 유발하고 강화시키는지 살펴보고자 한다.

제2부에서는 1부를 통해 나타난 현상 등을 극복할 수 있는 방안은 무엇인지 살펴보고자 한다.

제3부에서는 컨설팅과 상담을 통해 만났던 사회복지 종사자의 진솔한 이야기를 토대로 사회복지 종사자가 경험한 열정적이고 의미 있었던 순간과 어떤 부분을 지원해 주면 보다 도움이 되는지 살펴보고자 한다. 또한 다양한 조직에서 적용되고 있는 아이디어 사례와 활기

차게 조직을 운영하고 있는 센터장을 만나 어떤 방식으로 조직을 운영하고 있는지 알아보고자 한다.

무엇이 조직을 병들게 하는가

1

사회복지
조직의
만성질환
진단

필자가 군 생활을 할 때 경험했던 이야기다. 행정병으로 근무했던 필자는 신병 때 아침 일찍 중대본부 사무실을 청소해야 했다. 그러던 어느 날 한 번도 본 적 없는 선임이 중대본부 사무실로 들어왔다. 그리고 청소하던 내 모습을 보더니 바로 한마디 한다. "야! 신병! 지금 선임에게 잘 보이려고 열심히 청소하는 척 하는데 액션 그만해라."

처음에는 그 말이 무슨 말인지 못 알아들었다. 군복과 계급장이 일병이라는 것을 보고 '선임이구나.'라고 짐작했을 뿐 처음 본 사람이었기 때문이다. 나는 순간 본능적으로 "예. 알겠습니다!" 하고 다시 내할 일을 했다.

그런데 곰곰이 생각해 보니 '그러면 신병이 대충 청소하는 것이 맞는 것인가? 내가 너무 열심히 했나? 하지만 제대로 청소하지 않으면 신병이 빠졌다고 뭐라 할 것이 아닌가?'라는 생각이 들었다.

나는 그때 잘 보이려고 열심히 청소한 것인가? 아니면 그저 순수(?)하게 열심히 한 것인가?

어떻게 보면 별 중요하지도 않은 사건이었지만, 당시에는 앞으로 행동을 어떻게 해야 하는지를 고민했던 기억이 난다. 그러면서 '어차피 여기서는 무엇을 하든 안 하든 욕을 먹게 되어 있다. 여기는 군대 아닌가.'라며 복잡한 마음을 정리하였다. 이렇게 생각하면서 맘 편히 군 생활을 했던 기억이 난다.

하지만 이런 순간이 잠시 갔다 오는 군대가 아니라 내 생계와 성장, 모든 부분에 중요하게 작용하는 직장이라고 한다면 이야기는 달라진다.

1
비전과 만성질환

조직의 명확한 방향성이 없게 되면 조직원은 혼란을 느낀다. 눈치를 보게 되고 점차 수동적이 된다. 하지만 수동적인 삶을 좋아하는 직원은 없다. 업무 예측이 어려워 항상 긴장해야 하고, 무언가 열심히 했지만 과연 잘 했는지 알 수 없어 성취감을 느끼기 어렵기 때문이다. 이 과정이 반복되면 사직을 고민하게 된다. 하지만 마땅히 다른 직업을 구하기도 어렵게 되면 이미 마음은 떠나 있는 상태에서 근무를 지속하게 된다. 더 이상 상호 간의 시너지는 발휘되기 어렵고, 자기 자신조차 돌보기 힘든 상황이 된다.

어떤 조직도 목적 없이 생기지는 않는다. 조직이 있다는 것은 그 조직을 만든 목적이 분명히 있다. 그렇다. 모든 조직은 존재하는 이유가 있다. 학교와 같은 교육시설도 경찰서와 같은 치안시설도, 병원 같은 의료시설도 모두 존재 이유가 있다. 관공서는 관공서대로, 민간시설은 민간시설대로 존재하는 이유가 있고, 특히 공익을 추구하는 공익시설은 보다 분명한 존재 이유가 있다. 조직의 존재 이유가 분명하고 이를 지키고자 하는 것이 내재되어 있을수록 조직은 보다 활기차진다. 가고자 하는 분명한 방향을 알기 때문이다.

만약 어느 경찰서장이 본인이 의료에 관심이 많다고 해서 경찰관에게 의료와 관련된 지시만 한다면 어떻게 될까? 경찰관에게 지역의 치안 유지나 범죄자를 체포하는 데 집중하는 대신 의학 공부를 시키고, 응급환자를 수술하기 편리하도록 경찰서의 구조를 바꾼다면 여기서 근무하는 경찰관은 어떤 마음이 들고, 경찰서라는 조직은 어떻게 될까? 반대로 병원장이 치안에 대한 활동에 관심이 많아서 의사와 간호사에게 모두 가스총을 지급하고 용의자를 체포하는 방법 등을 가르친다면 당연히 조직은 문제가 생길 수밖에 없다. 그리고 우리 모두 물을 것이다.

"경찰서가 하는 역할이 뭔데 수술실을 마련합니까?"

"병원이 하는 역할이 뭔데 의료진에게 체포기술을 가르치는 것이요?"

이러한 질문에는 모두 그 조직이 존재하는 이유에 대한 명확성이 담겨 있다.

그렇다면 내가 근무하는 시설은 왜 존재하는가? 이것이 명확할수록 해야 하는 일, 하지 말아야 하는 일을 분명히 알게 된다. 또한 주어진 업무가 비슷하더라도 어떻게 하면 존재 이유에 맞게 변화시킬 수 있을지 고민하게 된다. 예컨대 만약 의학적 범죄자가 많이 생겨 심각해지는 수준이라면 경찰서장은 치안 유지 강화 차원에서 경찰관에게 의학 공부를 시킬 수 있다. 중요한 점은 치안 유지 강화가 목적이라는 점이다. 마찬가지로 병원에서 난동을 피우는 사람들이 많아져서 환자 진료가 어려워지고 있기 때문에 효과적인 의료행위를 위해 의료진도 기본적인 호신술을 배울 필요성이 느껴진다면 호신술을 가르칠 수 있다. 이 또한 목적이 병원의 존재 이유인 효과적인 치료를 위해서다. 이것은 외부에서 피상적으로만 보면 잘 모를 수 있다.

하지만 내부직원은 그 이유를 명확히 안다. 그렇기 때문에 조직에 문제가 잘 생기지 않는다. 그러나 분명한 존재 이유, 즉 비전이 없거나 내재돼 있지 않은 시설은 무엇을 해도 "그것을 왜 해야 하지?", "이 업무가 우리 시설에서 하는 것이 맞아?", "괜히 쓸데없는 것 하는 거 아냐?", "바빠 죽겠는데 이런 쓸데없는 일을 하고 있어야 해?" 등등 여러 불만을 유발하기 쉽다. 이는 조직의 만성질환의 시작점이 된다.

시설 비전 · 미션(존재 이유)에 대한 인식 부재

만성질환이 가진 가장 기본적이고 공통된 특징이 자기가 근무하고 있는 시설의 비전을 잘 모른다는 점이다. 시설 비전은 그 시설이 궁극적으로 나아가고자 하는 방향성이다. 시설과 직원이 비전을 중요하게 여기고 이에 공감할수록 직원은 사업목적도 진행도 결과도 평가도 비전에 맞게 이루어 나간다.

무엇이 조직을 병들게 하는가

하지만 많은 직원이 자기가 근무하고 있는 시설의 비전을 잘 모른다. 비전을 안다고 하더라도 그런 글귀가 있다는 정도만 알고 있는 경우가 많아서 정말 비전에 공감하고 있는지, 비전을 제대로 숙지하고 있는지 알기 어렵다. 그러다 보니 사업목적과 진행, 결과까지 비전과 상관없이 설계되고 진행되며 평가된다. 이렇게 되면 시설이 가고자 하는 방향과 달리 각자 자기가 옳다고 생각하는 대로 판단할 수밖에 없다. 예컨대 비전이 '주민이 중심이 되는 복지'라면 사업목적도 진행하는 과정도 '어떻게 하면 주민이 중심이 되도록 할 것인가?' 하는 고민의 흔적이 있어야 한다.

하지만 비전 중심으로 사업을 진행한 경험이 없는 직원은 자신이 한 사업이 어떤 의미에서 비전에 맞는지 잘 설명하지 못한다. 그냥 열심히 한 것, 주민이 스스로 열심히 참여했다고 생각하는 것, 계획된 횟수와 인원대로 사업이 이루어진 것 등으로 사업이 잘 되었다고 평가한다. 어떤 경우에는 분명히 사업을 통해 주민이 중심이 된 효과가 있었음에도 진행 담당자가 이를 모르는 경우도 있다.

관리자도 마찬가지다. 관리자가 비전 숙지가 안 되어 있으면 실무자가 아무리 비전에 맞게 사업을 잘 진행해도 긍정적인 피드백이나 슈퍼비전을 받기 어렵다. 그래서 직원들은 사업을 열심히 하면서도 자기가 잘 하고 있는 것인지 확인받고 싶은 갈급함이 있다. '내가 지금 잘 하고 있는 것인가?', '이 사업이 정말 필요한 사업인가?' 많은 직원이 정말 자신이 하고 있는 것이 잘 하고 있는 것인지 확인받고 싶어 한다. 여기에는 중간 관리자, 최고 관리자도 포함된다.

컨설팅 과정에서 종종 이런 질문을 한다. "우리 시설이 존재해야 하는 이유, 즉 비전이 무엇이라고 생각하는가? 그리고 업무에 어떻게 적용하고 있는가?"

답변의 유형은 크게 세 가지로 나온다.

유형1 솔직히 생각해 본 적이 없습니다.

유형2 비전이 있는 것은 아는데 무엇을 의미하는지는 잘 모르겠어요.

유형3 비전 문구는 압니다만, 비전을 업무에 적용시킨 적은 없는 것 같습니다.

유형1은 업무를 수행함에 있어서 우리 시설이 존재하는 근본적인 이유, 궁극적으로 가고자 하는 방향성에 대한 논의가 거의 이루어지지 않았을 때 주로 나타난다. 기관장이 비전과 관련해서 거의 언급하지 않았거나 아니면 기관장 자신도 우리 시설이 존재하는 이유에 대해서 거의 생각하지 않고 운영했을 때 나타나는 유형이다.

유형2는 비전이 누군가 한두 명에 의해서 급하게 만들어졌을 때 주로 나타나는 유형이다. 외부평가를 대비하기 위해서 또는 이미지 개선이나 외부 지원 신청서 작성 등 필요에 따라 급하게 만들었을 때 주로 나타난다. 이럴 경우 소위 말하는 좋은 단어, 괜찮아 보이는 문구를 중심으로 급하게 작성한 것이기 때문에 비전을 만든 직원도, 지시한 상사도 정작 비전이 의미하는 바가 무엇인지 잘 모르게 된다.

무엇이 조직을 병들게 하는가

유형3은 유형2와 같은 상황에서 발생하기도 하고 때로는 비전 내재화가 잘 이루어지지 못해서 나타난다. 우리 시설 비전이 무엇인지, 어떻게 실천할 수 있는 것인지, 내 업무에 어떻게 적용하면 되는 것인지 충분히 공유하지 못하게 되면 나타난다.

토끼와 거북이가 시합을 한다. 토끼는 빨리 달리고 있고 거북이는 천천히 걸어가고 있다. 누가 잘 하고 있는 것인가? 만약 빨리 도달하는 것이 목적이라면 토끼가 잘 하는 것이다. 하지만 주변에 어떤 사물이 있는지 꼼꼼히 보고 가는 것이 목적이라면 거북이가 잘 하는 것이다.

목적에 따라 우리의 행동은 다르게 평가받게 된다. 마찬가지로 슈퍼비전을 비롯해서 내가 업무를 잘 하고 있는지 아닌지 판단할 수 있는 근거는 존재 이유, 즉 비전이 되어야 한다. 그럼에도 비전은 그동안 계속해서 별로 중요하게 인식되지 않았다. 업무가 바쁘다는 이유로 정작 가고자 하는 방향성도 모른 채 달리기만 한 것이다.

더 큰 문제는 이런 비전 인식 부재가 업무와 충돌하게 되면 많은 혼란과 오해를 초래한다. 나아가 근로의욕 상실과 이직을 유발한다. 이런 문제로 복지관을 그만두려는 한 직원의 인터뷰 답변이다.

직원   어느 날 갑자기 업무를 주고 무조건 그 일을 성사시키라는 분위기예요. 기관장 비전과 주어진 사업에 참여하는 지역 주민들의 비전이 다른데, 기관장이 원하는 비전으로 이루어지기를 강요하죠. 이런 갈등을 계속 겪다 보니 사직도 고려중입니다.

어느 날 관리자가 부하직원을 불러 업무를 준다. 관리자가 생각할 때 중요한 업무다. 그래서 이를 잘 수행할 만한 직원에게 맡기려고 한다. 하지만 부하직원은 '갑자기 주어지는 업무. 나는 왜 이것을 해야 하는지도 잘 모르겠는데 해야 한다며 주어진다. 이 사업은 시설장이 중요하게 생각하는 것이지 내 생각에는 그리 중요한 일이 아니다. 그럼에도 하라고 지시하니 내가 시설장이 원하는 업무를 대행해 주는 사람인가?'라며 갈등하게 된다. 매번 이런 식이라면 계속 일하기가 어렵다는 생각이 들게 된다. 여기서 이 직원은 '이 일을 왜 해야 하지? 이보다 더 중요한 일도 많은데….'라는 물음이 생길 수 있다. 이 갈등이 해소되지 않으면 일을 추진하기 어렵다.

강조하지만 갑자기 주어진 일보다 지시한 업무의 의미를 잘 모르는 것이 더 큰 문제다. 의미 없다고 생각되는 업무는 내 업무로 여기기 어렵기 때문에 갑자기 주어지든 아니든 자연스럽게 불만이 나올 수밖에 없다. 사실 추가적으로 발생하는 대부분의 업무는 갑자기 주어진다. 미리 예고된다고 하더라도 받는 사람은 갑자기 받는 느낌을 받을 수밖에 없다. 아무튼 지시된 업무가 왜 중요한지를 모르니 내가 해야 하는 이유도 모르게 되고 저절로 수동적이 된다. 그러면 위에서는 좀 더 신속하게 진행될 수 있도록 강하게 요구한다. 그러면 직원은 무기력에 빠지거나 아니면 냉소적이 되기 쉽다.

직원 어떤 일을 관리자가 먼저 정해 놓고 일방적으로 하라고 명시해요. 직원 중에 누구는 여러 번 하게 되고 누구는 안 하

무엇이 조직을 병들게 하는가

게 되죠. 그리고 관리자들이 중요하다고 지시하는 업무가 매번 달라서 헷갈려요.

주어진 업무에 대한 중요성을 공감하지 못하게 되면 기계적으로 업무량을 따지기 쉽다. 내 업무가 더 많은지, 동료 업무가 더 많은지를 본인 스스로 판단해서 행여나 내 업무가 더 많이 주어지는 것 같으면 '왜 나만 해야 하지?'라는 생각이 들기 쉽다. 게다가 관리자가 주장하는 것이 매번 달라진다면 직원은 '그냥 대충하자. 어차피 또 바뀔 텐데….'라고 여기기 쉽다.

조직이 가고자 하는 분명한 비전, 직원이 공감하는 비전이 아직 없는 경우에 새롭게 주어지는 업무는 조직을 흔들어 놓는 폭탄이 되기 쉽다. 그럼에도 사회복지 종사자를 만나 이야기하다 보면 자기가 근무하고 있는 시설의 비전을 모르는 경우는 매우 많다.

본인은 비전을 안다고 착각하는 경우도 많다. 단순히 비전 문구를 알고 있다는 것만으로 비전을 숙지하고 있다고 생각한다. 다시 말하지만 비전을 안다는 것은 비전의 의미를 아는 것을 넘어서 비전에 맞게 업무를 진행하는 것이다. 직원들에게 "비전을 실천한 사례가 있다면 설명해 주시겠어요?"라고 물어보았다.

A직원 담당 업무를 충실히 하는 것이요. 그것이 비전 실천 사례라고 할 수 있지 않을까요?

B직원 프로그램 등을 통해 어르신이나 장애인, 지역주민들이 적

극적으로 참여하는 것을 볼 수 있었습니다. 이것이 비전 실천 사례라고 할 수 있지 않나요?

C직원　복지시설에서 행사를 할 때 경험할 수 있었습니다.

보통 이런 식의 두루뭉술한 답변이 많다. 틀린 말은 아니다. 하지만 비전을 잘 모르기 때문에 내 업무에서, 우리 부서 업무에서, 기관 차원에서 비전이 어떻게 실천되고 있는지 잘 이해를 하지 못한다. 그렇기 때문에 막연한 답변이 나온다. 이런 두루뭉술한 답변이 나온다면 과연 직원이 공감하는 비전이 있는지, 내재화되었는지 다시 점검해 보아야 한다.

탁월함을 발휘하기 어려운 만성질환 조직

여기 두 회사가 있다.

○○회사는 직원과 사장, 직원과 직원 등 상호 불신이 팽배하다. 책임질 수 있는 일은 회피하고, 문책당하지 않을 적당한 선에서 업무를 마무리한다. 금방 표시가 나는 업무에 집중하고 부서 간 업무는 협조적이지 않다.

△△회사는 다르다. 회사는 일하는 곳이 아니라 그 이상을 실현하는 곳이라 생각한다. 사명감과 애사심을 가지고 근무하고 매년 시장을 선도한다. 사원들 각자가 마음을 터놓고 자신의 의견을 교류한다. 상호 간의 신뢰감이 충만하다.

　무엇이 조직을 병들게 하는가

당신이라면 어느 회사에서 일하고 싶겠는가? 대부분 △△회사라고 답한다. 그렇다면 어느 회사가 일이 많을까? 역시 △△회사다. 그럼에도 많은 사람이 △△회사를 선택한다. 이것은 사람은 기본적으로 일하기 싫어한다기보다는 일하기 어려운 환경을 싫어한다는 것을 보여 준다.

재미있는 사실은 이 두 회사가 같은 곳이라는 것이다. ○○회사는 스티브 잡스가 돌아오기 전의 애플사이고, △△회사는 돌아온 후의 애플사다. 애플사에는 조나단 아이브라는 직원이 있다. 아이브는 디자인 마케팅의 천재로 불리는 사람이다. 혁신적인 디자인으로 매킨토시 등 다양한 제품을 히트시켰고, 애플을 적자 회사에서 대단한 흑자 기업으로 이끄는 데 큰 공헌을 한 사람이다. 아이브는 ○○회사일 때도 근무했었고, △△회사일 때도 근무했었다. 그런데 ○○회사였을 때는 능력을 제대로 발휘하지 못했다. 이유가 무엇일까?

○○회사일 때는 아이브의 심장을 뛰게 하는 명확한 비전이 없었다. 그렇기 때문에 회사 차원에서도 이 사람의 탁월함을 알아주지 못했다. 당시 회사는 디자인보다는 제품을 빨리 만들어서 파는 것에만 관심을 두었기 때문이다.

만성질환 조직은 조직 안에 이미 있는 탁월한 능력을 가진 직원을 제대로 활용하지 못한다. 아니 그 능력을 발휘할 수 있는 동기부여까지도 약화시킨다.

어느 사회복지 종사자와 대화를 나누었다. 전형적인 조직의 만성질환에 시달리는 직원이었다. 눈치를 많이 보고 있었다. 스스로를 무기력한 사회복지 종사자로 인식하고 있었다. 하지만 대화 도중에 이 직원의 탁월한 성취 경험을 들었다. 정작 본인은 자신이 직접 진행한 사업임에도 불구하고 그 사업의 성과가 어떤 의미를 가지고 있는지 잘 몰랐다. 이 직원은 경로당 활성화 사업을 맡고 있었다. 백여 곳의 경로당에 전체적인 서비스를 제공하면서 놀이문화를 건전하게 바꾸는 일이었다. 당시 이용자들은 경로당에서 술을 마시고 담배를 피웠었고, 경로당에서 제공하는 사업에도 거부감을 보였다. 그러다가 일주일에 한 번씩 청소 봉사활동을 시작하면서 경로당에서는 술, 담배를 하지 않고, 사업 참여율도 점차 높아졌다. 또 경로당과 경로당 사이에 네트워크도 만들어졌다.

경로당을 활성화시킨다는 것은 쉽지 않다. 그런데 네트워크를 만들고 자발적 활동이 가능하게 만들었다. 술, 담배, 도박 문화가 봉사활동 문화로 변화되었고, 복지관의 이미지 개선에도 크게 기여한 것이다.

이렇게 큰 성과를 낸 직원이었지만 만성질환 조직에서는 그 능력을 높게 평가해 주지 않았다. 조직에는 명확한 비전이 없었고, 이 때문인지 직원이 가진 능력도 잘 알지 못했다. 이전 시설에서 발휘했던 능력이 나오지 않게 되니 조직은 이 직원을 무능력하게 보기 시작했다. 그 결과, 그 직원은 그 조직 안에서 영향력을 발휘할 수 없었다. 설령 이전 시설처럼 무언가 탁월한 사업을 했다고 하더라도 결과는 비슷했을 것이다. 비전이 명확하지 않기 때문에 직원의 업무성과를 알기 어렵다. 그렇다. 만성질환 조직은 그 사업의 성과를 제대로 알지 못

　　　　　　　　　　　　　무엇이 조직을 병들게 하는가

한다. 그렇기 때문에 탁월함을 지속적으로 내기 어렵다. 이런 조직일수록 내부 직원의 능력을 과소평가하려는 경향이 있다. 이것이 장기화되면 조직에 남은 탁월했던 개인도 스스로 무능력하다고 생각하기 시작한다.

2
가슴질환 증상

건강한 가슴은 먼저 사회복지 존재 이유에 대한 명확한 사고를 가지고 있는 것이다. 사회복지 가치를 실현하겠다는 기본적인 자세가 되어 있고 이를 간직하려는 마음이다. 그리고 이러한 가치를 지키는 것을 당연하게 생각한다. 사회복지 그 자체를 위해 열정적인 마음을 가지고 노력한다. 이와 함께 자기 업무에 대해서 책임의식을 가지고 있다. 하지만 만성질환 조직은 여기에 질병이 생겨서 제대로 작동되지 않는다.

비전 혼란과 책임의식 약화

만성질환 조직에서 근무하는 직원도 현재 하고 있는 업무가 중요한 일인지 아닌지 안다. 그런데 이러한 부분은 주관적인 경우가 많다. 자신이 평소 가지고 있었던 중요한 가치에 따라 달라진다. 문제는 평소 생각했던 중요한 가치와 조직이 가고자 하는 방향이 상충될 때다. 이럴 경우 혼란을 느낀다. 혼란을 느끼면 이 혼란을 정리하고자 관리자에게 의견을 제시하는 경우도 있지만 대개는 침묵하는 경향을 보인다.

> **직원** 제 생각에는 중요업무비중은 10%, 비중요업무비중은 90% 정도 되는 것 같습니다. 하지만 기관이 원하는 방향은 그렇지 않은 것 같아요. 그래서 의견을 말하는 것이 기관에 걸림돌이 될 수 있겠다 싶어 침묵하게 됩니다.

그러나 이러한 침묵이 조직이 가고자 하는 방향성에 동의한 것은 아니다. 괜히 나서는 사람이 될까봐, 문제를 일으키는 사람이 될까봐, 가만히 있으면 중간이라도 가니까 등등 다양한 이유로 말하지 않을 뿐, 마음속에서는 불필요한 일에 시간과 에너지를 낭비하고 있다는 생각을 하고 있다. 이러한 부분이 장기화되면 시설에서 진행하는 대부분의 사업에 대해 냉소적인 마음이 커진다. 자기 사업과 관련해서도 열정과 업무를 수행하는 본질은 사라지고 서류상으로만 문제없으면 된다는 식으로 책임의식이 약화된다.

> **직원** 제가 중요하게 생각하는 업무방식과 기관의 생각이 달라서 열정이 없어졌어요. 한 예로 ○○○○프로그램이 만약 연12회라면 매달 1회씩 꾸준히 해야 효과가 있죠. 그런데 12월에 12회를 한꺼번에 해 버리는 식이에요.

무엇이 조직을 병들게 하는가

연차가 차고 업무가 익숙해지기 시작하면 책임을 회피할 수 있는 방법들이 보다 교묘해진다. 더 큰 문제는 책임회피로 나타나는 내적 갈등을 피하기 위해 스스로를 합리화시킬 뿐만 아니라, 다른 사람도 이에 동참하게 되는 문화를 만들어 버린다는 점이다. 어느 정도 이런 문화가 형성되면 오히려 책임감 있게 일하는 직원이 힘들어진다. 괜히 나서는 직원, 일을 만드는 직원, 기존 질서를 따르지 않는 직원, 높은 분에게 잘 보이려고 하는 직원으로 분위기가 형성되기 때문이다. 신입직원은 특히 이런 문화로 받는 영향력이 크다.

A직원 분위기가 좀 나태해요. 긴장감 있는 분위기가 아니다 보니까 너무 안정적이에요. 한마디로 사람들이 퍼지는 거죠. 자기 밥값만 해도 좋겠다는 생각이 듭니다. 남에게 피해를 주는 사람도 있어요. 물건을 치워야 하는 상황이더라도 '누가 치우겠지.' 하면서 미루는 겁니다.

B직원 다양한 프로그램이 개발되면 좋겠습니다. 그리고 참여하는 사람도 매번 달라졌으면 합니다. 나쁘게 보면 말 잘 듣고 토를 달지 않는 직원만 프로그램을 진행하는 것이 아닌가 하는 생각이 듭니다.

C직원 나들이를 갈 때면 항상 가까운 곳, 익숙한 곳만 갑니다. 생활인*을 보면 할 일이 없어서 빈둥거리는 경우가 많아요.

---

*　생활시설에서 거주하며 시설 프로그램을 이용하는 당사자를 일컫는다.

그들에게 즐거움을 줄 수 있는 프로그램이 필요하죠. 특히 겨울에는 프로그램이 부족합니다.

D직원 '사회복지가 별거 있느냐. 그냥 함께 밥 먹어 주고, 고민이 있는 사람 있으면 함께 술 먹어 주고 하면 되는 것이다. 그냥 간단하게 생각하면 된다. 뭐 하러 힘들게 새로운 시도를 하려고 하느냐, 전문성을 키운답시고 무언가를 배우려고 하느냐, 다 소용없는 짓이다.' 하는 생각이 많아요. 신입직원이 오면 이런 문화에 바로 적응해 버리죠.

이런 분위기가 확산되기 시작하면 관리자는 당혹스럽다. 무언가 일을 추진하려고 해도 믿고 맡길 사람이 잘 보이지 않는다. 그러면 이미 검증된, 신뢰가 가는 직원에게 중요한 업무를 맡긴다. 신규사업, 신청사업 작성, 선정된 공모사업, 현재는 잘 안 되고 있지만 신속히 개선해서 성과를 보여야 하는 사업 등에 다시 투입된다. 이 직원은 예전부터 신뢰했고 그 성과를 보여 왔기 때문에 이미 다른 직원보다 더 많은 일을 수행 중이다. 단지 책임감과 열정이 있다는 이유만으로 과도한 업무가 집중되는 것이다.

아무리 그 직원이 투철한 사명감과 책임감으로 무장되어 있다고 하더라도 업무가 지나치게 많다 보면 문득 문득 '왜 나만 이렇게까지 해야 하나?'라는 생각을 지울 수 없게 된다. 자신은 출근해서 퇴근할 때까지 정신없이 하루를 보내야 하고, 잦은 야근, 쌓인 업무로 인해 휴가도 못 내고 일에만 매달리는데 업무는 끝이 없다. 그에 반해 소위 관

무엇이 조직을 병들게 하는가

리자의 눈 밖에 난 직원은 여유롭다. 업무 수행이 많지 않기 때문에 이에 따르는 보고서도 적고 만나야 하는 사람도 많지 않다. 근무시간은 여유롭고, 점심시간도 충분히 가질 수 있다. 야근은 많지 않고 휴가도 자유롭다. 그렇게 업무의 불평등이 심화되면, 열심히 일하는 직원은 '난 언제까지 이렇게 알아 주지도 않는 고생을 해야 하나?' 하는 생각을 쉽사리 떨쳐 버리기가 어렵다.

책임의식 약화는 모든 직원에게서 나타난다. 어느 정도 질환이 이루어지게 되면 전 직원에게 확산되는 것은 시간문제다. 이럴 경우 어떠한 징계도 소용없다. 서로가 이미 공범이 되었기 때문이다. 아무리 심각한 문제를 일으켜도 서로 관대하게 용서해 주는 분위기가 형성된다. '내가 당신의 잘못을 봐줄 테니, 당신도 내가 잘못하면 봐주어야 한다.'는 암묵적 동의가 이루어진다. 그리고 벌을 주는 사람도, 벌을 받는 사람도 안다. 저 사람도 나와 같은 처지라는 점을. 그러니 형식적으로 쓰게 되는 사유서는 아무런 힘을 발휘하지 못한다. 그렇다고 처벌을 강화하기도 어렵다. 이를 결정해야 할 관리자도 이미 그것에서 자유롭지 못하기 때문이다.

> **A직원** 직급 있는 분들이 더 문제예요. 자기들이 말해 놓고 자기들이 지키지 않아요. 그러니 누가 따르겠어요?
>
> **B직원** 직원들의 근태관리에 문제가 있어 보입니다. 출근부를 찍어야 하는데 날인도 안 하고 보고도 안 하고 나가죠. 시설장과 국장은 확실하게 지적을 하라고 하는데 개선이 안 되

는 것 같아요. 이유요? 사유서를 한 번 쓰나 백 번 쓰나 똑같고, 징벌도 없거든요.

관리자의 만성질환도 비전 혼란을 통해서 많이 야기된다. 시설의 명확한 비전이 없게 되면 의사소통에 심각한 장애를 초래한다. 원칙이 없기 때문이다. 당연히 슈퍼비전도 제대로 하달하기 어렵다.

직원 1년 동안 계획하던 사업이 있었습니다. 팀장님이 의견을 주었지만 저는 납득이 안 되었어요. 사회복지적으로 좀 더 접근하라는 말뿐 구체적인 이야기는 없었죠. 그래서 팀장님에게 "어떻게 하면 될까요?"라고 물어봤더니 본인도 시설장의 의중을 모르겠답니다. 상황이 이러니 사업계획서를 소신껏 쓰기도 어렵습니다. 지금도 사업계획서를 올릴 때면 혼날 각오를 합니다.

이렇게 되면 관리자는 자신의 정체성에 혼란을 느끼게 되고 관리자로서의 책무를 내려놓기 쉽다. 만성질환에 걸린 관리자는 그가 책임지고 있는 부서를 만성질환으로 만들기 쉽다. 관리자로서 부하직원을 이끌 생각을 고민하지 않는다. 현 상황을 어쩔 수 없는 상황으로 규정하고 자기 자신도 피해자로 생각한다. 의도하든 하지 않든 부하직원은 소모품이라고 인식되고 어차피 금방 나갈 직원이라는 판단하에 제대로 된 훈련은 잘 이루어지지 않는다.

무엇이 조직을 병들게 하는가

A직원 슈퍼비전을 받을 만한 상사가 없습니다. 회의다운 회의를 한 석도 별로 없고, 평가다운 평가도 없어요. 회의시간에 사적인 이야기만 합니다.

B직원 관리자가 의욕적이지 않습니다. 수동적이고 못하겠다는 말만 하고 인상 쓰고 있으니 위축되어서 사업진행이 어렵습니다.

C직원 회의가 별로 도움이 되지 않아요. 전달사항 위주고…. 회의 때 의견을 내면 의견에 대한 피드백은 안 주고 제재를 당하기 일쑤예요. 그게 아니라는 식으로 무시해 버리니 조용히 있게 되죠.

만성질환 조직 중에서도 분명히 많은 사업을 하고 정신없이 바쁘게 일하는 조직도 많다. 하지만 정작 자신들이 한 일이 사회복지 가치 측면에서 과연 중요한 업무인지, 개인이나 지역사회를 변화시키는 데 어떤 도움을 주었는지 확신하지 못한다. 스스로 발전하고 있다는 생각을 못하고 정체되어 있다는 느낌을 많이 받는다. 그렇다고 업무량이 적은 것도 아니다.

본인도 안다. 사회복지 가치 측면에서 볼 때 현재 하고 있는 업무가 어느 정도 중요한 업무인지, 어떻게 업무를 수행하면 보다 효과적일 수 있는지. 현재의 업무, 진행방식이 어떤 점에서 별로 중요하지 않은지 안다. 하지만 조직의 분위기상 가치 있는 업무를 가치 있게 잘 하는 것보다 가치 있어 보이게 하는 것이 더 중요하다는 것을 안다. 그렇기 때문에 평가가 중요하고 상급자가 원하는 방식이 중요하다. 자신을 방어하기 위해 중요한 업무를 많이 한 것처럼 보이기 위한 결과나 근거자료를 만드는 데 많은 시간을 보낸다. 또는 기존에 했던 업무 중심으로만 사업이 진행된다. 기존에 했던 대로 사업을 진행하는 것은 책임을 면하는 보증수표이기 때문이다. "이거 작년에도 했던 것입니다."라고 말하면 무어라 말하기가 어렵다.

여기 전화받기가 두려운 한 사회복지사의 사례를 소개한다.

회의시간에 좀 더 전화를 신속히 받자는 의견이 모아졌다. 누가 가장 먼저 전화를 받아야 할까? 신속히 전화를 받아야 할 사람은 당연히 입사한 지 얼마 안 되는 A직원이라는 것이 암묵적으로 동의되었다. 회의를 마치고 일을 시작하게 되었다. 얼마 후 전화가 울렸다. A직원은 신속하게 전화를 받았다. 전화는 업무에 대한 문의였고 담당자를 찾았다. 그래서 담당자로 판단된 B과장을 바꾸어 주었다. 잠시 후 A직원을 찾는 B과장의 전화가 왔다. 왜 자신을 바꾸어 주었냐며 꾸짖는 것이었다. A직원은 자기 부서의 직속 선임 C대리에게 □□ 업무 담당자를 물었더니 B과장이라고 해서 바꾸었다고 했다. 그러자 B과장은 C대리뿐만 아니라 A직원도 꾸짖었다. 그 업무는 자신의 업무가 아니니 앞으로 전화를 넘기지 말라며 전화를 끊었다. A직원과 C대리는 당황스러웠다. 분명 B과장 업무와 연관되어 있어서 바꾼 것이었다. 그렇다면 앞으로 어떻게 하란 말인가?

일을 하다 보면 아무리 자신과 관련이 없는 전화라고 하더라도 선조치로 친절하게 상담 후 해당 부서로 연결해 주는 상관이 있다. 반면 자신의 업무라는 것이 명확해져야만 전화를 받겠다는 상관도 있다. 사회복지시설에서 주민이 전화로 문의하는 것은 혼재되어 있다. 처음부터 명확히 담당업무를 찾기란 쉽지 않다. 사실 B과장은 전화를 받지 않기로 소문난 사람이었다. 사무실에서 일절 전화를 받지 않았다. 명확하게 자신의 업무로 명시된 부분만 어쩔 수 없이 받고, 그렇지 않은 부분은 자신이 담당자가 아니라며 다른 직원에게 다시 전화기를 넘겨 주었다.

사실 업무에서 명확하게 구분하기 어려운 부분이 종종 있다. 이러한 부분에서 비전 혼란으로 인한 책임의식 약화는 크게 영향을 준다. 하나의 사례를 들어 보자. 다음은 누가 담당하는 것이 보다 타당할까?

어떤 사람이 후원을 하겠다며 시설에 전화를 주었다. 그 사람은 자신이 원하는 사업에 쓰이기를 기대하며 지정 후원을 원했다. "집에 계신 어려운 장애인들을 위해 쌀 20킬로그램을 50포대 후원하려고 합니다."

이것을 사회복지사업에 맞게 명칭을 붙인다면 '재가 장애인 먹거리 지원을 위한 쌀 후원사업'이라고 할 수 있다. 당시 사회복지시설에서는 재가 담당자, 장애인 담당자, 먹거리 담당자, 후원 담당자 등에게 각각 따로 업무가 배정되어 있었다. 그렇다면 전화를 받은 사람은 누가 담당자라고 연결해 주어야 할까?

정답은 없다. 복지사업은 다 연결되어 있기 때문이다. 보통은 그동안 선행 사례를 통해 담당자를 연결해 준다. 이전까지 먹을 것과 관련한 후원은 모두 먹거리 사업 담당자를 연결해 주었다면 특별한 이유가 없을 경우에는 먹거리 담당자에게 연결해 주는 것이 좀 더 타당하다. 만약 이전까지 후원과 관련한 모든 것을 후원 담당자에게 연결해 주었다면 이 역시 후원 담당자에게 연결해 주는 것이 좀 더 타당하다. 하지만 B과장이 어떤 업무를 맡았느냐에 따라서 이러한 질서는 파괴된다. B과장이 먹거리 담당자가 되면 장애인을 위한 것이니 장애인 담당자에게 연결해야 한다고 할 것이고, 장애인 담당자가 되면 먹거리이니 먹거리 담당자나 후원 담당자에게 연결해야 한다고 주장하기 때문이다. 이 또한 비전 혼란이 가져다주는 어려움이라 할 수 있다.

안정 추구

"모난 돌이 정 맞는다.", "긁어 부스럼 내지 마라.", "가만히 있으면 중간은 간다." 만성질환 조직에 만연한 분위기를 대표하는 속담이다.

만성질환 정도와 조직의 안정 추구는 비례한다. 만성질환이 심하면 심할수록 안정적인 업무환경을 추구한다. 즉, 새로운 시도를 원하지 않는다. 변화를 원하지 않을 뿐만 아니라, 변화 자체를 두려워하고 거부한다. 그것이 안전하기 때문이다.

변화한다는 것은 이전에 경험하지 못한, 즉 예측하기 힘든 상황으로 몰리는 것을 의미한다. 만성질환이 심한 조직일수록 이러한 예측 상황을 힘들어한다. 이를 해결하기 위한 소통구조를 만들기 어렵기 때문이다.

변화를 시도하면 결과는 성공과 실패 두 가지다. 만약 성공했다고

무엇이 조직을 병들게 하는가

해 보자. 그러면 이미 변화 과정에서 새롭게 시도한 부분을 처리해야 하는 추가적인 업무뿐만 아니라, 성공을 지속하고자 하는 기대 속에서 계속해서 추가적인 노력을 해야 한다. 사실 이것이 문제라기보다는 이러한 전반적인 과정을 어느 누구의 지원이나 격려 없이 실행한 사람이 모두 안고 해결해야 한다는 것이 가장 큰 문제다.

만성질환 조직에서는 시도하는 사람을 제외하고는 대부분이 방관자 또는 방해자가 되기 때문에 지속적인 실행 노력에 대한 부담감이 크다. 만약 성공하지 못하고 실패해서 결과가 좋지 않게 되면 그것을 추진하거나 협력한 사람은 책임을 져야 한다. 만성질환이 심한 조직일수록 이런 책임은 변화를 시도한 개인에 지우려는 경향이 있다. 문제를 일으킨 책임자를 규정하고 그 사람이 책임을 지는 대신 나머지는 책임에서 자유로운 상황을 만들고 싶어 한다. 그러니 차라리 아무것도 하지 않는 것이 좋다.

A직원 새로운 시도는 하지 않습니다. 새로운 시도를 하면 그 과정이 힘들어지거든요. 아이디어를 내면 그 아이디어에 대해 개선해야 할 점, 보고서 작성 등 일이 많아져 시도를 안 하게 됩니다. 결국은 아무것도 시도하지 않는 상황이 발생하죠.

B직원 예전에 했던 좋은 경험 등을 여기서는 하고 싶지 않아요. 여기서는 아이디어가 있어도 아무 말 안 해요. 직원들끼리는 이야기합니다. 만약 계획이라도 세우게 되면 계획서 준

비하다 혼나고, 계획서 제출하다가 혼나고, 계획을 진행하다 혼나고, 결과보고서 제출한 후 또 혼나요. 칭찬보다는 혼나기만 해요. 그리고 사업을 잘 해도 문제인 것이 내년에는 당연한 사업이 될 수 있어요.

변화를 어렵게 하는 부정적 인식과 태도

주변에서 부정적으로 생각하는 태도도 변화를 막는다. 만성질환 조직은 이런 부분이 좀 더 강하다. 무언가 시도하려는 직원이 넘어야 할 벽은 많다. 동료를 설득해야 하고, 부하직원과 상사를 설득해야 한다. 시작 전부터 "왜 괜한 일을 만드느냐?", "네가 책임질 수 있느냐?", "과거에도 해 보았는데 소용없었다.", "네가 잘 몰라서 그러는데 위에서 안 받아들여질 것이다." 등의 저항을 극복해야 한다.

일단 시작을 해도 저절로 이루어지는 것이 아니므로 열심히 노력해서 성공을 이루어야 한다. 성공을 못하면 "거봐라. 괜히 나서서 문제만 만들고. 이제 어떻게 할 거냐?" 등의 온갖 비난을 견뎌야 한다. 성공을 해도 "잘났네.", "앞으로도 계속하면 되겠네.", "위에 잘 보이려고 애쓴다." 등의 온갖 모함을 또 견뎌야 한다. 이러한 부분을 다 감수하면서 시도한다는 것은 웬만한 뚝심 가지고는 어렵다.

만성질환 조직도 그 역사를 살펴보면 이러한 시도를 한 사람이 한두 명 있기 마련이다. 그런데 그 결과가 성공 여부를 떠나 조직 내에서 부정적인 피드백이 만연되어 있고, 이를 조직이 묵인하거나 오히려 강화하는 역할을 했다면 새로운 변화와 도전을 시도하는 직원은

무엇이 조직을 병들게 하는가

더욱 더 사라지게 된다. 아무리 신입직원을 뽑거나 외부에서 탁월한 경험자가 온다고 하더라도 그 사람이 상위 관리자가 아니거나 사업에 대한 권한이 충분히 주어지지 않는다면 이 상황을 극복하기 힘들다.

A직원   나이가 어리거나 경력이 짧다는 이유로 의견이 잘 수렴되지 않습니다. 그러니 의견을 내기가 쉽지 않아요. 좋은 아이디어가 떠올라 제안하면 "말도 안 되는 소리 하지마."라며 함께 일하는 동료에게도 묵살당합니다.

B직원   의견을 냈는데 무시당했어요. 두세 번 무시당하다 보면 어떤 제안도 하지 않게 돼요. 담당 팀원이 좋은 의견이라고 해도 결국 위에서 받아들여지지 않죠. 팀원 자체가 결정권이 없다 보니 어쩔 수 없다는 입장입니다.

C직원   무언가를 하려고 해도 안 돼요. 프로포절*을 따 오면 귀찮아지니까 따 오지 말라는 이야기도 들었습니다. 프로포절을 제출하려고 하면 "네가 따 오겠어?"라며 무시하다가 막상 성사시키면 경계를 합니다.

D직원   건의를 하면 "예전에도 했는데 지금은 왜 못하냐?"라는 말을 듣게 됩니다.

E직원   윗분들과 의사소통이 잘 안 됩니다. 개인적으로 팀장에게

---

*   사회복지시설이 사업예산을 받기 위해 공동모금회와 같은 후원이나 모금단체 등에 제출하는 사업계획서를 일컫는다.

의견을 많이 내는 편입니다. 하지만 제 의견 중 50%는 올라가지도 않을 거라는 것을 알고 있습니다. 처음에는 건의였지만, 팀장을 통해 상부로 보고되지 않을 것을 알고 있기에 점차 하소연이 됩니다. 가끔 너무 화가 나거나 하면 바로 상부에 보고하고 싶을 때가 있습니다. 만약 팀장을 거치지 않고 바로 상부에 건의를 하게 되면 문제가 커지겠죠.

F직원 무언가를 시도하려고 하면 "좋네. 그런데 되겠어?" 하는 피드백이 주어집니다. 그러다가 잘 안 되면 "거봐, 내가 안 된다고 했잖아."라며 집중포화를 당합니다.

G직원 제가 새로운 제안을 하려고 하면 "왜 그런 걸 해? 우리를 쉬지도 못하게 하려는 거야?"라며 시기를 합니다.

지원은 없고 숙제만 많다

만성질환 조직은 보여 주는 것이 중요하기 때문에 불필요한 서류가 많다. 계획서나 결과보고서를 너무 엄격하게 요구하기도 한다. 그래서 부담을 많이 가질 수 있다.

물론 건강한 조직도 계획서나 결과보고서가 엄격할 수 있다. 하지만 건강한 조직이 필요에 따라 계획서를 보완, 수정하면서 발전한 형태라면 만성질환 조직은 그냥 형태만 따라한 경우가 많다. 영혼이 없는 문서라고나 할까? 그렇기 때문에 똑같이 요구해도 결과는 많은 차이를 보인다.

건강한 조직은 필요에 의해서 담당자 또는 부서장 차원에서 좀 더

무엇이 조직을 병들게 하는가

짜임새 있는 계획서를 준비한다. 담당자가 계획서를 보완해야 하는 의미를 알고 있고 어떻게 보완하면 좋을지도 나름대로 생각한다. 하지만 만성질환 조직은 그냥 보완 자체에 의미를 둔다. 우수 평가를 받은 시설이 사용한 계획서를 그대로 적용한다. 의미도 모른 채 그 형식과 분량에 맞추려고 하니 불만이 나온다.

> **직원** 서류가 많다기보다 결재받기가 힘듭니다. 간략한 계획서도 프로포절 수준에 맞춰야 합니다. 서류가 제대로 갖춰져야 사업을 시작할 수 있다고 생각하기 때문에 차라리 안 합니다. 결재 양식도 올릴 때마다 달라져요.

때로는 계획서 자체가 너무 형편없어서 최소한의 기본 형식을 유지하자는 부분에서도 불만이 제기될 수 있다. 만성질환 조직은 무엇이 중요한 부분인가보다 그동안 해 왔던 관행을 왜 바꾸려고 하는가에 대한 불만이 크기 때문이다.

불만이 커지면 바꾸려는 행위(또는 개선하려는 행위) 자체가 싫기 때문에 바꾸는 부분의 문제점이 확대, 재생산된다. 그리고 계속 저항하게 된다. 현재 하는 방법이 마음에 들어서 그런 것도 아니다. 그냥 불편하지만 익숙한 것이다. 그래서 좀 더 나은 방법이 있다고 하더라도 싫은 것이다. 마치 충치가 있는 사람에게 치과에 가서 치료하자고 하면 시간을 내서 치과 가는 것이 싫고, 마취를 해야 하는 것이 싫고, 치과의사가 잘 치료할 것인지에 대해서도 의문이 들고, 기타 이런 저런 이유로 치료를 미루는 것과 같다. 여전히 충치 때문에 괴롭기는 하지만, 당장 음식을 못 먹을 정도는 아니니 그냥 불편함을 감수하며 지내는 것과 같다.

건강한 조직은 새로운 시도가 조직 차원에서 해 볼 만하다고 결정이 나면 이러한 부분이 성공할 수 있도록 최대한 지원을 한다. 새로운 시도를 하는 데 장애요인은 없는지, 무엇을 지원하면 좀 더 잘 할 수 있는지를 고민한다. 장애요인은 제거하고 필요한 부분은 지원하기 위해 애쓰는 것이다.

하지만 만성질환 조직은 이러한 모든 부분을 의견 낸 사람이 하기 쉽다. 그러나 권한은 없는 상태에서 성공하기만 원하기 때문에 시도한 사람은 곧 좌절감을 느끼게 된다. 다음에는 좋은 생각이 있어도 내지 말아야겠다는 결심을 굳히게 한다. 때로는 의견을 낸 사람이 의도한 바와 다른 방향으로 빗나가는 경우가 발생하기도 한다. 이에 대한 진행과 책임도 처음에 의견을 낸 사람이 져야 하는 경우가 많아 새로운 시도는 피해야 할 가장 중요한 덕목으로 자리 잡게 된다.

A직원   팀 회의를 작년에 5회 정도 했는데 효과는 거의 없었어요. 거의 통보식이기 때문에 의견을 내지 않기 때문이죠. 그런 분위기에서 어떤 의견이라도 내면 '책임은 네가 져라.', '왜 튀려고 하느냐.'는 식입니다.

B직원   위에서는 의견을 내라고 합니다. 꼭 내라고 하니 우리 팀에 맞는 아이디어를 공유해 즐겁게 계획해서 냅니다. 그러면

위에서 생각지도 못한 부분을 요구합니다. 예를 들어 하나를 하겠다고 하면 추가로 두세 개를 더 하라거나, ○○를 제출하면 △△를 하라고 합니다. 위에서 추가하거나 변경하니까 더 이상 의견이 나오지 않습니다.

무기력감

무기력감은 사전적으로 "어떠한 일을 감당할 수 있는 기운과 힘이 없는 기분이나 느낌"이라고 정의하고 있다(국립국어원 표준국어대사전). 대부분의 조직에서 직원은 우리 시설에서 어떤 부분이 중요한지, 지역사회나 클라이언트*를 위해서 내가 무엇을 해야 하는지 어느 정도는 알고 있다. 그리고 가끔씩 좋은 생각이 떠오르기도 한다. 만성질환 조직도 예외는 아니다.

현재 진행되는 업무는 담당자가 가장 잘 안다. 개선이 되는 좋은 아이디어도 대부분 업무를 진행하는 과정에서 나오기 때문에 현장에 답이 있다. 하지만 만성질환 조직은 대부분 이러한 좋은 생각을 받아들이기 어려운 구조다. 스스로 떠오르는 좋은 아이디어를 쓸데없는 생각으로 치부하게 된다. 오히려 일만 만드는 것이기 때문에 내 자신뿐만 아니라 다른 사람의 생각도 표현하지 못하게 만든다. 그렇기 때문에 분명히 업무를 하고 있고 매번 거의 100%의 실적을 달성하지만

---

* 사회복지시설에서 사회복지 서비스를 이용하는 대상자를 일컫는다.

업무 속에서 성취감이나 열성적으로 근무할 힘을 느끼지 못한다. 자신이 의미 있다고 생각하는 방식, 아이디어 등을 통해 진행되는 것이 아니기 때문이다.

이런 과정이 반복되면 조직은 무기력에 빠진다. 반면, 업무 만족감은 약화된다. 그리고 어떤 변화를 통한 개선보다는 힘들고 불필요하지만 안전하다고 확인된 기존 방식으로 자신을 맞추어 간다.

A직원 스스로 자존감이 낮고, 만족을 잘 못합니다. 스스로에게 큰 점수를 주기보다는 부족한 점만 생각합니다. 또한 힘든 것들을 공유하며 짐을 덜기보다는 혼자 끌어안는 편입니다. 그로 인한 정신적인 스트레스가 커서 업무 수행에 지장을 느낍니다.

B직원 가장 자주 느끼는 것은 과거에 얽매인 모습입니다. 과거에 실패했던 방식이 몇 년이 지난 후에는 최고의 방안일 수도 있는데, '전에 했을 때 안 좋았어.'라며 더 이상 시도하지 않게 됩니다. 그럴 때는 '우리 시설이 성공적으로 나아간다기보다는 제자리걸음이나 뒷걸음질을 하고 있는 것은 아닐까?' 하는 생각이 듭니다.

무기력감에 빠지는 또 다른 결정적인 이유는 자기 업무에 대한 긍정적 피드백이 없기 때문이다. 업무 결과에 대한 칭찬은 적은 반면, 눈에 쉽게 보이는 문제점에 대한 지적은 신속하고 강하다. 이를 자주 경험한 직원은 본인 스스로 일을 잘 못한다고 생각하게 된다. 그러다 보면 무엇을 어떻게 해야 달라질 수 있는지 알 수 없기 때문에 속수무책으로 계속 부정적 피드백만 받게 되는 현상이 반복된다.

> **A직원** 직원들을 칭찬하고 다독여 역량을 강화시키거나 그 사람의 강점을 파악해 키워 주기보다는 직원의 부족한 점만 들춰낼 때 이를 장애요인으로 느낍니다. 또한 그런 부족한 점들을 바로잡아 주며 성장시키기보다는 그냥 그러려니 하고 넘어갈 때, '발전하기엔 힘들겠구나.'라는 생각이 듭니다.
>
> **B직원** 내가 일을 잘 하고 있는지도 모르겠고, 작은 기안 하나도 매번 틀렸다고 지적하니까 자신이 없어집니다. 자신이 없으니까 재미도 없고, 내 생각만큼 사업이 재밌게 흘러가지 못해서 의욕도 없습니다.

관리자와 관련해서도 중요한 이유가 있다. 관리자 입장에서는 칭찬과 격려가 중요하다는 것을 알더라도 자신이 이야기하는 슈퍼비전과 실제 이루어지는 업무가 계속 다르게 나타나니 칭찬을 해 주기가 쉽지 않다. 뭔가 이야기하면 "그건 A관리자 생각이지요. B관리자 때는 지금 이것을 더 중요하다고 이야기했습니다."라는 실무자의 이야기나 "지시사항이 매번 달라져서 괴롭다."는 하소연을 우회적으로 듣게 되면 관리자도 혼란스럽다. 무언가 소통을 하고자 이야기하려고 하면 잔소리로 여기고, 말하지 않으면 관리자가 실무자에게 전혀 관심이 없다고 불평을 말하는 모습을 보고 있노라면 관리자 또한 무기력감을 느낀다.

> **관리자** 의사소통에 문제가 있다고 생각합니다. 어느 순간부터 상사와 직원 간의 소통이 일방통행이 되어 버린 것 같아 안타깝습니다. 간단한 회의시간에도 자신들이 혼나는 것 같아서 얘기를 할 수 없다는 직원들의 표현이 마음을 불편하게 합니다. 직원들 간에도 소통이 되지 않는 상황에서 지역주민들과의 소통이 원활할 수 있겠어요?

불명확한 비전 또한 무기력감에 빠지게 하는 주된 원인이다. 만약 직원이 자신이 어떤 방향으로 이 사업을 해야 하는지 알 수가 없는 상태에서 사업을 진행하고 있다면 그 사업이 상급자에게 칭찬받기는 쉽지 않다. 만약 상급자가 시설의 방향성을 모르고 있다면 하급자가 아무리 의미 있는 사업을 했다고 하더라도 그 사업의 성과가 어떤 의미가 있었는지 슈퍼비전을 제대로 줄 수 없다. 그러니 칭찬을 해 주기 어렵다. 비전이 명확하지 않아 사업 방향성이 관리자가 바뀔 때마다 매번 달라진다면 직원들은 혼란을 느낄 수밖에 없다. 이 또한 무기력감을 가중시킨다.

무엇이 조직을 병들게 하는가

자기검열

'이 사업이 평가에 좋은 점수를 받는 데 도움이 될까?', '이렇게 진행하면 시설장이 좋아할까?'보다는 '이 사업이 우리 지역사회에 필요한 사업인가?', '이렇게 진행하는 것이 비전에 부합되는 것인가?'에 대한 고민이 더 필요하다.

만성질환이 심화되어 자기 몸의 일부로 받아들이기 시작하면 이제부터는 스스로 자기검열에 들어간다. 그동안 여러 번 시도해 보거나 다른 사람이 시도한 후 나타난 결과를 알기에 어떤 시도도 하지 않으려는 것이 만연된다. 어떤 생각이 떠오르면 이것이 옳은 일인지, 가치 있는 일인지를 생각하기보다 괜히 나서는 것이 아닐까 하는 생각이 먼저 앞선다. 나에게 미칠 수 있는 부정적 영향을 넘어서 조직 차원에서 괜히 벌집을 건드린 것처럼 쓸데없는 일을 하는 것 같은 생각이 들기도 한다. 다른 직원을 점점 더 의식하면서 자기검열을 강화하는 것이다. 이것이 바람직하지 않다는 것을 대부분의 직원이 이미 알고 있다. 하지만 우리 시설에서는 어쩔 수 없다는 입장을 취하게 된다. 나아가 자기 자신도 모르게 변화를 시도하려는 직원의 의견이나 행동을 막는 데 동조하기도 한다.

A직원   스스로 튀어 보일까봐 걱정이 됩니다. 나 스스로 다른 사람을 너무 의식하는 태도가 있습니다.

B직원   의견을 내면 소용없을 것이라는 인식이 만연되어 있어요.

서로 의견을 내지 못하게 하는 구조죠. 프로그램을 제안하면 별 반응도 없고, 내부 회의에서 안 되지 않을까 생각하게 돼요.

C직원   건의한 적은 없습니다. 건의한다고 해서 시정이 되지 않으니까요.

D직원   먼저 나서서 말한 적은 없습니다. 전에는 사람을 무지하게 만났습니다. 제가 사람을 보면 대충 압니다. 건의를 하고 싶다가도 여기 방침이 그런가보다 하고 안 하게 됩니다. 제 포지션도 있고, 아이디어도 사소해서 내지 않습니다.

E직원   정적이고 무거운 사무실 분위기 때문에 능동적으로 움직이기에 어려움이 있습니다. 능동적으로 움직이는 인재가 되라고는 하지만 눈에 띌까 망설여진 적도 종종 있습니다.

복지사업에 대한 정체성 부족

"우리 시설은 사회복지시설인가, 학원인가, 도서관인가, 식당인가, 이벤트 회사인가?"

표면적인 것이 중요한 것이 아니라 내면의 정신, 그렇게 사업을 하려는 의도, 목적이 중요하다. 하지만 의도와 목적이 상실된 조직은 눈에 보이는 표면적인 것만 남게 되고, 그 결과 복지사업의 정체성에 혼란이 온다.

사회복지시설이 운영되는 목적은 사회복지다. 사회복지관의 7대

무엇이 조직을 병들게 하는가

운영원칙*을 예로 들면, 그 원칙 중 '지역성의 원칙'과 '통합성의 원칙', '자원활용의 원칙'이 사회복지사업을 어떻게 운영해야 하는지 잘 보여 주고 있다. 이러한 원칙을 기준으로 살펴본다면 사회복지시설은 지역 사회와 지역주민 중심의 사업을 전개하고, 이 과정에서 주민이 적극 적으로 참여하도록 노력해야 한다는 것을 알 수 있다.

하지만 만성질환 조직은 이러한 원칙을 지킬 여력이 없다. 지역사 회 특성과 지역주민의 욕구를 파악할 여력이 없다. 주어진 사업을 진 행하고 마무리하는 데에도 많은 에너지가 소모되기 때문이다. 주로 이전에 진행했던 사업을 그대로 진행한다. 좀 더 발전시키기보다는

---

*   1. 지역성의 원칙: 사회복지관은 지역사회의 특성 및 지역주민의 문제와 욕구를 신속 하게 파악한 후 사업계획 수립 시 반영하여 지역사회의 문제를 해결하고, 이에 따 른 서비스를 제공하여야 하며, 주민이 적극적으로 참여토록 유도함으로써 주민의 역할과 책임을 조장하여야 한다.
   2. 전문성의 원칙: 사회복지관은 다양한 지역사회 문제에 대처하기 위해 일반적 프로 그램과 특정한 문제를 해결할 수 있는 전문적 프로그램이 병행될 수 있도록 지식과 기술을 보유한 전문인력이 사업을 수행해야 하고, 이들 인력에 대한 지속적 재교육 등을 통해 전문성을 증진토록 하여야 한다.
   3. 책임성의 원칙: 사회복지관은 지역사회 이용자 등에게 사업수행에 따른 효과성과 효율성을 입증하고 책임을 다하려는 다각적 노력을 해야 한다.
   4. 자율성의 원칙: 사회복지관은 다양한 복지서비스를 효율적으로 제공하기 위하여 복지관의 능력과 전문성이 최대한 발휘되도록 자율적으로 운영되어야 한다.
   5. 통합성의 원칙: 사회복지관은 사업을 수행함에 있어 지역 내 공공 및 민간 복지기 관 서비스 간에 연계성과 통합성을 강화시켜 지역사회 복지체계를 효율적이고 효 과적으로 운영되도록 하여야 한다.
   6. 자원활용의 원칙: 사회복지관은 주민욕구의 다양성에 따라 다양한 기능인력과 재 원을 필요로 하므로 지역사회 내의 복지자원은 물론 공공시설을 최대한 동원ㆍ활 용하여야 한다.
   7. 중립성의 원칙: 사회복지관은 정치활동, 영리활동, 특정 종교활동 등에 이용되지 않게 중립성이 유지되도록 하여야 한다.

현상 유지가 중요하다. 변화를 주고 싶어도 이와 관련한 논의를 하기 어려운 구조이기 때문에 좋은 의견이 있어도 내놓지 않는다.

사업 진행도 일방적이기 쉽다. 주민들은 프로그램에 참여하는 수강생이지 프로그램을 함께 만들어 가는 설계자는 아니다. 사업 참여자도 이미 우리 시설에서 다른 프로그램에 참여하고 있거나 과거에 참여했던 주민을 중심으로만 이루어진다. 그러면 사업이 좀 더 수월하게 진행될 수 있다. 하지만 담당자도 클라이언트도 만족감은 떨어진다.

보통 일방적이면서 같은 방식으로 반복적으로 제공되는 사회복지는 만족감을 주기 어렵다. 이용자로 하여금 계속해서 수동적인 태도를 취하게 만들기 때문이다. 이러한 문제점을 알고 이를 벗어나기 위한 노력도 생각해 본다. 보다 많은 지역주민을 만나고 지역사회를 다녀야 한다는 것을 안다. 하지만 하고 싶어도 일을 안 하는 것처럼 보일 수 있기 때문에 섣불리 하지 못한다. 사무실 안에서 서류작업을 하는 나는 분명히 일을 하고 있는 사람이다. 사업에 대한 기안과 결과보고서를 작성하면 안심이 된다. 하지만 사무실을 벗어나 지역주민을 만나 이야기하는 것은 왠지 일을 안 하는 것처럼 느껴진다. 일상적인 대화 속에서 얻게 되는 주민 욕구가 보다 정확하다는 것을 알지만 이보다는 인테이크* 자료를 채우기 위해 방문해서 이야기를 나누는 것

---

* 초기면접 또는 접수를 의미한다. 도움을 신청하러 온 사람이나 도움이 필요한 사람의 문제와 욕구를 확인하여 기관의 정책과 서비스를 받을 자격요건을 갖추었는지 여부를 결정하는 과정이다. 이 과정에서 신청자의 성명, 연령, 가족관계, 소득수준, 당면한 문제와 기대하고 있는 해결 방향, 해결 의지 등이 고려된다.

무엇이 조직을 병들게 하는가

이 일을 더 하는 것같이 느껴진다. 점점 복지사업이 주민들의 삶을 반영해 주는 자연스러운 사업이 아닌, 실적 달성을 위한 사업으로 변질되어 간다. 예컨대 사업 목적에는 주민들의 정서적 안정과 친밀감 강화, 삶의 질 향상을 제시하지만 정작 사업 내용에는 실행 여부와 참여인원 확인, 사고 없이 진행된 것에 만족하게 된다. 어떻게 정서적 안정감과 주민 상호 간 친밀감을 강화시킬 것인지, 삶의 질 만족을 위해 무엇이 필요한지에 대한 보다 깊은 고민은 적다. 물론 이 부분은 비단 만성질환 조직에서만 나타나는 현상은 아니다. 많은 시설에서 평가 시스템의 한계와 기타 여러 가지 이유로 자주 나타나는 현상이다. 하지만 만성질환 조직일수록 책임 소재에 대한 부담이 크기 때문에 서류 작업에만 더 몰입하는 경향을 보인다.

A직원 지역 안의 욕구를 파악해서 필요한 곳에 손을 뻗기보다는 서비스를 받는 사람만 계속 받는 듯한 한정적인 느낌이 자주 듭니다. 그래서 우리 기관에서 그냥 이론이 아닌 정말 사회복지다운 일이 무엇인지 고민하게 됩니다.

B직원 클라이언트에 대한 충분한 욕구 파악이나 자기결정권, 진행과정에서의 참여 등에 대한 고려 없이 사회복지사가 일방적으로 계획해서 제공되는 프로그램이나 서비스가 대부분입니다.

C직원 대상자를 찾아가는 것에 있어서 우선순위가 뒤로 밀리는 경우가 있습니다. 이 때문에 지역주민들의 사회복지관에

대한 고정관념(저소득층, 장애인, 노인들만 다니는 곳)이 형성
됩니다. 그래서 당장 눈앞에 보이는 실적을 내야 하는 상황
이 발생합니다.

D직원 평가 · 실적에 대한 압박이 심하고, 지역주민들이 적극적
으로 참여할 수 있을 때까지 기다리지 못하는 업무 시스템
입니다. 질적 평가 추세기는 하지만 아직까지는 참여인원,
변화의 수치 등에 대한 양적 평가로 사업을 평가하고 있어
아쉬움이 있습니다.

현장 중심의 사회복지가 장기간 이루어지지 못하게 되면 나중에
는 하고 싶어도 하지 못하는 상황이 온다. 시설 내에 현장 중심의 사
회복지를 한 선임자가 없고, 직원 모두가 기존 사업을 중심으로만 했
다면 나중에는 어떻게 되겠는가? 과거 했던 사업을 중심으로 하는 것
을 당연한 사회복지로 인식하고 어떤 후임자가 오든 그렇게 진행될
가능성이 높다. 결국 만성질환 현상을 다시 후배에게 물려주는 악순
환이 형성되기 쉽다.

직원 위에서는 어르신들의 자발성과 생산자로서의 활동을 강조
하지만, 우리 스스로 만들기에는 한계가 있습니다. 정작 직
원들은 이에 대한 이해와 실천 경험이 부족하거든요.

무엇이 조직을 병들게 하는가

신뢰 약화

퇴사 후에도 내가 근무하고 있는 시설에 계속해서 후원을 하겠다고 마음을 먹는 사회복지 종사자가 얼마나 될까? 심한 경우 우리 시설에 후원하느니 다른 곳에 후원을 하겠다는 사람도 적지 않다.

만성질환이 심화되기 시작하면 조직에 대한 신뢰는 사라진다. 신뢰가 없는 조직은 불평불만이 확산된다. 오해와 왜곡, 불필요한 과장이 이루어지고 진실보다는 직원의 불만을 입증하는 쪽으로만 해석된다.

이러한 과정에서 불신을 지속시키는 바이러스 직원이 힘을 받는다. 한때 피해자일 수도 있지만 어느 순간 가해자가 되어 사회복지 가치보다는 자기편과 다른 편을 만들어 끊임없이 갈등구조를 만든다. 그리고 내 편이 되는 사람에게는 편안한 조직 생활이 가능하도록 돕는다. 하지만 내 편이 아닌 사람은 적으로 돌리고 공격의 대상이 된다. 설사 그 직원이 사회복지 가치를 실현하고자 노력하더라도 불필요하게 일만 만드는 사람으로 여긴다. 바이러스 직원 또한 번식이 중요하다. 자신들이 살아남기 위해서는 제대로 업무 수행을 하지 않아도 보호받을 수 있는 구조를 만들어야 하기 때문에 관계적 갈등을 계속 유발하게 된다.

> **직원** 팀원이 몇 시간 걸려 노력해서 후원을 해 오면 "무슨 부귀영화를 보려고…."라며 관심도 없어요. 일을 하면 할수록 힘이 빠지는 것 같아요.

그리고 이러한 불만은 외부인에게도 이어진다. 시설을 이용하는 주민에게, 후원자나 봉사자에게 시설의 문제점을 확대해서 퍼뜨린다. 시설의 변화를 원하는 애사심이 있거나 대안을 찾기 위한 비판이라면 좋겠지만, 이런 부분과는 별로 상관없는 경우가 많다. 시설장과 시설을 하나로 생각하면서 '누구(시설장) 좋으라고 일을 하냐.'는 반응을 보인다.

> **시설장** 저도 여기 직원입니다. 여기 건물도 제 것이 아니에요. 그런데 직원들은 시설장 것으로 생각하는 경향이 있어요. 무언가 사업 이야기라도 하려면 시작도 전에 불평이 쏟아지죠. 복지사업이 저를 위한 것도 아닌데 말이죠.

지역주민을 만나면 이런 부분이 보다 명확해지는 경우가 있다. 시설의 이용자나 후원자, 봉사자 중 활동을 중단한 이유를 들어 보면 개인적인 사정이 있는 경우도 많지만 종종 시설에 대한 안 좋은 소문 때문에 중단한 경우도 많다. '직원과 친한 사람에게만 혜택이 주어진다.', '후원금이 필요한 데 사용되지 않는다.'는 등 지역주민이 들으면 상처가 될 만한 소식을 듣고 봉사활동이나 후원활동을 중단한 주민도 있다. 이런 소식의 근원지가 서비스에 대한 불만을 가진 주민인 경우도 있지만, 간혹 직원이 시설에 대한 불평불만을 왜곡 또는 과장해서 전하면서 나타난 경우도 있어 안타깝다. 만성질환 조직은 애사심이 약하기 때문에 사소한 부분도 과장되기 쉽다. 직원이 시설을 보호하려고 하지 않고, 오히려 판단자가 되어 비난을 주도하거나 비난에 동조하기 쉽다.

서로 오해가 많아지면서 이제는 누가 바이러스이고, 누가 백신인지 구분하기 어려워진다. 직원들은 이러한 문제를 시설장이 풀어 주기를 기대하지만 이미 바이러스가 많이 퍼진 상황에서는 시설장이라 하더라도 해결하기는 쉽지 않고 시간도 오래 걸린다. 하지만 직원도 힘들기 때문에 시설장을 바라보게 되고 직원이 느끼기에 시설장의 도움이 별로 크지 않다고 생각하게 되면 어느 누구에게도 의지할 곳을 찾지 못하게 되고 부모 없는 자녀와 같은 외로움을 느끼게 된다.

잦은 이직과 연속성 단절

A직원　언제 퇴사할까 고민 중입니다. 같이 퇴사하자는 사람도 있고요.

관리자　A직원이 퇴사를 고심하고 있는 것 같아요. 이미 마음이 떠나 있는데 업무를 주어야 할지 말아야 할지 고민입니다.

직원은 내부 고객이다. 내부 고객의 잦은 퇴사는 내부의 힘을 약화시키는 가장 큰 요인이다. 연속성이 가진 힘은 시설이 성장하는 데 가장 중요하다. 연속성의 단절은 그 시설의 정신과 실천 기술, 주변 인맥과 네트워크, 클라이언트와의 관계 등 모든 분야에서 영향을 미친다. 그동안 잘 진행되었던 사업도 신규 사업처럼 처음부터 다시 시작하는 경우가 있는데, 가장 큰 원인 중에 하나는 담당자의 이직과 연관되어 있다.

부서 이동으로 사업의 연속성이 흔들리는 경우도 있는데, 이는 같은 기관에 있기 때문에 충분히 보완할 수 있으므로 이직과는 다르다. 업무 인수인계를 한다고는 하지만, 짧은 시간 안에 서류상으로 이루어지는 인수인계는 한계가 있을 수밖에 없다. 게다가 일반 기업처럼 업무를 대체할 수 있는 직원도 많지 않다. 한 달간 또는 몇 주간만이라도 신입직원이 조직에 적응할 수 있도록 교육을 실시할 여유도 부족하다.

인원 대비 업무량이 많기 때문에 OJT교육*과 같이 업무 적응력을 높이기 위한 제도를 실시하기 어려운 시설도 많다. 그래서 잦은 이직은 업무 수행에 많은 어려움을 준다. 더 중요한 것은 기관이 간직하고 있는 중요한 비전, 가치 등이 단절될 수 있다는 점이다. 급하게 사람이 필요하니까 우선 뽑게 되고, 충분한 교육이 이루어지지 않으니 금방 나가게 되고, 다시 뽑게 되는 이런 악순환이 반복된다.

A직원 직원의 잦은 퇴사 탓에 직원들과의 정보교류가 부족합니다.

B직원 최근 2년 이내에 직원 이직과 중간 관리자가 변동되면서

---

* OJT^{On The Job Training}교육이라 함은, 신입직원에게 회사별 혹은 부서별로 상사에 의해서 실시되는 직무 관련 교육훈련을 말한다. OJT교육을 통해 신입직원은 바로 선임자를 통해 자신이 맡아야 하는 직무와 관련해서 지식, 태도, 기술 등을 익힌다. 일상적인 업무 수행에 대한 모든 부분에서 선임자를 통해 슈퍼비전을 받기 때문에 업무 적응력을 높여 준다.

무엇이 조직을 병들게 하는가

기관의 핵심가치와 사명에 대한 공유, 기관에 대한 소속감 등이 희석되는 것 같습니다.

3

머리질환 증상

머리질환은 조직 안에서 자기 성장이 잘 이루어지지 못하는 것을 말한다. 직원 개개인의 성장은 자기 자신과 조직, 클라이언트를 위해 필요하다. 하지만 만성질환 조직은 이러한 성장이 어렵게 되어 있다. 이런 이유는 개인적 · 조직적 측면에서 모두 나타난다.

자기계발의 어려움

만성질환 조직은 자기 몸 하나 가누기도 어려운 상황이기 때문에 자기계발을 보장하기 어렵다. 상위 관리자는 "내 이력서가 작년 이맘때와 달라진 점은 있는가?", "지난 6개월 동안 새롭게 배운 것은 있는가?", "현 근무지에 있는 동안 자신은 얼마나 성장했는가?"라며 자기계발을 요구하나 부하직원은 그럴 여력이 없다.

여기에도 주관적 오해가 숨겨져 있다. 보통 직원들은 자기계발을 하기 어려운 이유가 과중한 업무량이라고 생각한다. 이 부분은 반은 맞고 반은 틀리다. 업무가 많다고 생각되는 경우는 크게 네 가지로 볼 수 있다.

① 실제 업무가 많은 경우다. 기존에 진행되던 사업에 더해서 매년 신규 사업이 추가된다. 기존 사업은 줄어들지 않지만 새롭게 사업을 계속해서 추가해야 하는 상황이니 업무는 그만큼 늘어날 수밖에 없는 경우다. 여기에 공동모금회 신청사업 등 추가적 업무가 발생한다. 특히 공동모금회와 같은 신청사업의 경우 지원 예산이 적지 않기 때문에 그만큼 다양하고 질 좋은 사업을 진행해야 하므로 업무는 늘어날 수밖에 없다. 행정적으로도 평가와 관련해서 사업을 진행해야 하기 때문에 이를 뒷받침할 만한 서류 준비가 필요하다. 이 과정에서 행정적 업무가 크게 증가하고 업무량이 과중된다. 여기에 관공서나 법인 등 지도 점검이나 실적 보고 등을 위해 요청하는 서류도 적지 않다. 지역사회 변화에 따른 예상 못한 사업 진행, 시설 상황에 따른 추가적 사업 진행 등 연초나 연말에 계획했던 사업 이외에도 진행되는 업무가 많이 발생한다. 이처럼 실제 업무가 많은 경우가 여기에 해당한다.

② 시스템 문제로 불필요한 업무가 많은 경우다. 만성질환 조직은 상호 불신이 크고 소통이 잘 안 되기 때문에 불필요하게 이루어지는 업무가 많다. 가볍게 구두상으로 해결할 수 있는 부분도 책임소재에 대한 지나친 두려움으로 근거 서류를 만드는 데 집중한다. 근거 서류가 있지만 불안해서 보완하고 추가하고, 그래도 불안하다. 회의도 많다. 횟수도 많고 시간도 장시간 이루어

무엇이 조직을 병들게 하는가

진다. 하지만 결정되는 것은 적다. 결정되어도 책임감 있게 추진되지 못하고 다음 번 회의에서 이전 회의결과를 뒤집는 경우가 많아 비슷한 회의를 여러 번 한다. 협력하면 손쉽게 해결될 수 있는 작은 일도 상호 협력이 부족해 장기간 이루어진다. 타이밍을 놓쳐 집중력은 약화되고, 결국 업무 손실을 초래한다. 업무에 대한 정보공유가 약해 이미 파악된 정보를 다시 다른 직원이 기록하거나 이미 있는 물품을 다시 구입하는 경우가 많다. 이미 확보된 자원도 잘 알지 못하기 때문에 새롭게 자원을 연결하는 과정을 거쳐야 하고, 때로는 자원을 몰라 힘들게 사업을 추진하는 경우도 있다. 결재 라인도 왜곡되어 있다. 어느 선까지, 어느 관리자가 담당할 것인가에 대한 기준이 약하다. 권한 부족, 경험 부족, 상호 간의 책임감 부족 등으로 불안감이 있기 때문에 결재 라인이 복잡하다. 따라서 명확히 책임소재를 파악하기 어렵다. 의견이 분분해 통일되기 어렵고, 그때그때 상황에 따라 달라질 가능성이 크기 때문에 결재 과정이 순탄하지 못하다. 관리자는 담당 실무자를 믿지 못하니까 계속해서 검토하려고 한다. 그런데 이러한 검토가 사소한 부분까지 이어진다. 예컨대 나들이를 가는데 현수막을 제작해야 한다. 현수막이 그리 중요한 부분이 아님에도 불구하고 문구, 글씨체, 위치 선정 등 현수막 제작에만 2주가 걸리는 시설도 있다.

재량권이 없어서 담당자가 자기 사업을 아무것도 결정하지 못하고 상사를 의존하게 된다면 업무량은 폭증한다. 결재받기 위해 낭비되는 시간, 팀장, 과장, 부장 등을 거치면서 계속해서 핵심 방향성이 바뀌는 상황, 이를 다시 수정하기 위해 회의하고 조정해야 하는 시간 등등을 생각하면 업무량은 매우 놀랍게 증가한다. 이런 부분은 사실 소통만 잘 이루어지면 하지 않아도 되는 업무다.

③ 개인의 능력 부족으로 업무가 많은 경우다. 개인적 차원의 능력 부족은 업무에 많은 영향을 준다. 동일한 업무를 수행해도 직원마다 능력 차이가 발생한다. 양적으로나 질적으로 프로그램을 효과적으로 진행하면서도 동시에 여유가 있는 직원이 있는 반면, 그 절반도 하지 못하면서 업무량이 많다며 소진되는 직원도 있다. 사업계획서 작성을 위해 한 문장을 쓰는 데 일주일이 걸리는 직원이 있는가 하면, 그 일주일 동안 사업계획서 작성을 끝내고 이미 사업을 진행하고 있는 직원도 있다. 지역주민과 라포 형성*이 잘 이루어져 어떤 사업을 진행하든 주민의 협력을 잘 이끌어 내는 직원이 있는가 하면, 함께 일하는 직원들을 동원하지 않으면 도무지 간단한 사업조차 처리하지 못하는 직원도 있다. 즉, 동일한 업무라 하더라도 누가 맡느냐에 따라 차이를 보이는 것이 바로 이 부분이다.

④ 동기부여 부족으로 업무량을 줄이려고 하는 경우다. 여기에 해당하는 직원은 실제 업무가 많지 않을 수 있다. 하지만 동기부

---

* 상대방과 형성되는 친밀감 또는 신뢰관계를 의미한다.

　　　　　　　　　　　　　　　무엇이 조직을 병들게 하는가

여가 너무 안 되어 있기 때문에 무엇이든 일하는 것 자체를 부담스러워하는 경우다. 근무시간 중 대여섯 시간을 인터넷과 게임, 흡연과 농담 등으로 시간을 보내면서도 스스로 업무가 많다고 여기는 직원이 있다. 누가 봐도 업무가 없지만 본인만 업무가 지나치게 많다고 생각한다.

네 가지 경우를 살펴보았는데, 이를 바라보는 시각은 당사자 입장에서는 매우 주관적일 수밖에 없다. 중요한 점은 만성질환 조직일수록 ④에 해당되는 직원이 많아진다는 점이다. 보통의 경우, ②, ③ 때문에 업무가 많은 경우가 많지만 점차 ④의 형태를 보인다. 설령 ③과 같이 개인적 능력의 문제로 업무가 많아지는 상황이라고 하더라도 이를 인정하지 못한다. 조직이 ①, ②로 문제가 많다고 생각하며, 자기가 자기계발을 못하는 것을 어쩔 수 없는 상황으로 생각한다.

직원도 자기계발의 중요성을 안다. 시설 차원에서도 이 부분을 강조한다. 하지만 정작 만성질환 조직에서는 자기계발이 이루어지기 어렵다. 이럴 경우, 자기계발을 제대로 하지도 못하는 상황이지만 정작 이 때문에 소진되기도 한다. 즉, 자기계발을 해야 한다는 부담감이 소진을 유발시키는 것이다. 자기계발은 강요한다고 되는 것이 아니기 때문에 먼저 동기부여가 필요하다. 동기부여가 이루어지지 않은 자기계발은 부작용을 낳는다.

A직원 많은 행정처리 업무와 시설에서 요구하는 자기계발에 대

한 부담감이 큽니다. 행정 업무도 부담되는데, 이것에 더해 자격증 같은 자기계발까지 요구하니 스트레스가 쌓입니다. 또 무리해서 하다 보니 신체적으로도 소진현상을 겪기도 합니다.

B직원 서류나 공부 압박이 큰 스트레스입니다. 내가 하고 싶은 공부면 웬만해서 소진되지 않는데, 시설에서 원하는 만큼을 해내려니 벅찹니다. 제 가능성을 보는 것이라고는 해도 "너 이거밖에 안 돼?"라는 식으로 느껴집니다.

C직원 시설장께서는 자기계발을 중요시합니다. 대학진학처럼 눈에 보이는 자기계발을 하는 사람만 인정하고, 눈에 보이지 않는 것을 하면 자기계발을 안 하는 것으로 생각하죠. 시설장께서는 주간대학에 가라고 말씀하시는데, 감사하기는 하지만 너무 여러 번 말씀을 하니까 마음이 무거워집니다.

D직원 시설장이 바라는 것은 있는데 나는 안 되고, 그러면 '그만 두어야 하나.' 하는 심적 부담감이 커집니다. 자꾸 시설장 기대에 못 미치는 직원이 아닌가 하는 생각이 듭니다.

간혹 시설장이 직원 성장을 위해서 강제로 자기계발을 요구하는 경우가 있다. 이 부분은 필요한 부분이기도 하다. 하지만 자기계발이 이루어지도록 하기 위한 지원체계(그것이 꼭 물질적일 필요는 없다)가 직원의 입장을 고려해서 마련되지 않는다면 기대한 효과를 보기는 어렵다.

A직원 인사평가에서 책 몇 권 읽은 것을 가지고 자기계발로 인정하는 것도 웃겨요. 자기계발 한다는 것을 보이기 위해 대학에 간 사람도 있어요.

B직원 직원들이 교육받으러 안 가면 강제로 보내요. 못 간 직원들에게 전달교육을 해야 하기 때문에 안 가는 것인데 말이죠.

개인 스펙 중심의 교육열

자기계발이 왜곡된 상태가 개인 스펙 중심의 지식 습득이다. 자기계발의 궁극적인 목적은 공익적이어야 한다. 자기계발을 통해 개인이 성장하는 것은 당연하고, 이를 통해 조직과 지역사회에 기여해야 하는 것이 맞다. 그렇기 때문에 조직 차원에서 당당히 지원을 해 줄 수 있는 것이다. 하지만 이 부분이 왜곡되면 자기 이익만 고려하게 된다. 쉽게 말해 자기계발을 통해 급여가 오르거나 승진에 도움이 되거나 하는 부분에만 신경을 쓰는 것이다.

직원 자격증을 따서 교육이나 업무에 적용할 생각은 해 본 적 없어요. 그냥 자격증만 따려고 하는 거예요.

어느 시설의 경우, 직원들이 자기계발에 대해서 매우 부정적이었다. 시설 차원에서 적극 지원해 주는 다양한 직무와 관련된 교육에는 참여를 주저하였다. 비용과 시간을 지원해 준다고 해도 반응이 별로 좋지 않았다. 하지만 어느 한 분야에서만큼은 서로 먼저 하려고 애를 썼다. 오히려 시설이 직원들의 자기계발에 관심이 별로 없다고 볼멘소리를 하였다. 그 분야는 바로 자격증 취득을 위한 교육이었다. 알아본 결과, 자격증 취득에 관심이 큰 이유는 수당 때문이었다. 자격증을 취득하면 수당이 더 많이 나오기 때문에 자격증 따는 것에만 관심을 가졌다. 자격증을 따고 나서 기관에서 어떻게 활용할 것인지에 대해서는 별로 관심이 없었다.

직원이 자격증을 취득할 수 있도록 시설은 당연히 배려해 주어야 한다. 하지만 직원 또한 자격증을 가지고 어떻게 조직에 기여할 것인지 고민을 해야 한다.

우물 안의 개구리

외부 활동이 항상 바람직한 것만은 아니겠지만 정보 교류를 통한 시너지 효과는 적지 않다. 프로그램, 후원, 봉사활동, 사회복지정책 변화 등 다양한 정보 습득뿐만 아니라, 업무 관련 자문, 실천 기술 등 실무적으로 필요한 지식을 얻을 수도 있다. 또는 인적자원을 얻을 수도 있다. 자극을 통한 사회복지 실천에 대한 내적 동기부여가 강화될 수도 있다.

하지만 만성질환 조직은 종종 우물 안 개구리 형태를 띤다. 직원끼리 모이는 것을 별로 좋아하지 않는다. 특히 외부 기관과의 연계는 더욱 좋아하지 않는다. 이러한 이유는 몇 가지가 있다.

첫째, 외부 연계의 중요성(시너지 효과)을 모르는 것이다. 외부 연계가 중요한 것은 한마디로 자극을 받을 수 있기 때문에 중요하다. 사람은 자극을 통해 반응한다. 자극받으면 움직이게 되고 움직이면 변화된다. 외부 연계는 내가 모르는 다양한 정보를 얻게 되는 기회가 된다. 또한 다양한 인맥을 만나 다양한 방식의 사회복지 실천 경험을 간접적으로 체험할 수 있다. 이 과정에서 내 업무의 방향성과 실천 기술 등을 점검받을 수 있다. 외부 연계가 잘 이루어지다 보면 나 혼자, 우리 시설만으로는 하기 어려운 보다 규모 있고 전문적인 사업 진행이 가능해진다.

둘째는 기존 질서 변화에 대한 불편함이다. 만성질환 조직은 기존 질서에 대한 변화를 두려워하는 경향이 있다. 예측이 안 되고 불필요한 일이 벌어질 수 있기 때문이다. 외부 연계는 기존 질서 유지를 원하는 사람 입장에서는 불편한 측면이 있다. 예를 하나 들어 보자. 어느 관리자가 있었다. 그 관리자는 실무자가 업무를 계속해서 성장시키는 것에 대해서 별로 좋지 않게 생각하였다. 이유를 물어보니, "만약 이 담당자가 이직하게 될 경우 누군가는 그 사업을 맡아야 하는데 감당할 수 없게 되면 사업은 축소될 수밖에 없고, 이럴 경우 이용자의 만족감에 영향을 주기 때문"이었다. 맞는 말이다. 갑작스런 이직 또는 부서 이동으로 인해 후임자가 전임자의 업무 수행력을 따라가지 못하게 되면 이용자의 만족도는 감소할 수밖에 없다. 이러한 두려움이 있다. 그래서 외부 연계 활동을 반대하기도 한다.

셋째는 우리 시설의 부족함이 알려지는 것에 대한 두려움이다. 만성질환 조직일수록 자기 시설에서 이루어진 일이 외부로 알려지는 것을 별로 좋아하지 않는다.

크게 보면 이런 세 가지 이유로 외부 연계 활동을 장려하지 않는다. 하지만 외부와의 연계가 부족하게 되면 자기 시설 사업만 알게 되고, 자기 시설에서 이루어지는 슈퍼비전만 옳은 것으로 고착화될 위험이 있다. 설사 실수하고 있는 부분이 있어도 이를 확인할 수 있는 방법이 많지 않다. 그러면 수정과 보완을 통한 성장 효과를 기대하기 어렵다.

> **직원** 외부에서 협조공문이 와서 가려고 하면 위에서는 "굳이 갈 필요가 있나."라며 외부활동에 부정적이에요. 외부 연계를 통해서 정보를 얻을 수도 있는데 말이죠.

4
손 · 발질환 증상

손 · 발질환은 조직 안에서 협력과 연관된다. 우리가 함께 모여서 일하는 이유는 각 개인이 힘을 합쳐 시너지를 발휘할 때 개인이 못하는 일을 조직은 할 수 있기 때문이다. 하지만 만성질환 조직은 협력이 잘 이루어지지 못한다. 때로는 개인 혼자 하는 것이 함께 했을 때보다 더 나은 결과를 초래하기도 한다.

무엇이 조직을 병들게 하는가

링겔만 효과Ringelmann effect

1913년에 있었던 실험 이야기다. 당시 프랑스의 농업전문 엔지니어agricultural engineer였던 링겔만Maximilien Ringelmann은 집단 구성원들의 공헌도가 어떻게 변화되는지 알아보기 위해 줄다리기 실험을 하였다. 각 실험 참가자들의 줄 당기는 힘을 계속해서 측정했는데, 처음에는 한 명, 세 명, 다섯 명 등 이런 식으로 집단 구성원 수를 점차 늘려가며 줄 당기는 힘을 측정했다. 한 명의 힘 크기를 100%라고 했을 때 신기하게도 구성원이 많아질수록 힘 크기는 점점 작아졌다. 혼자 줄을 당길 때보다 사람이 늘어날수록 자신의 힘이 잘 발휘되지 못한 것이다. 왜 그럴까? '내가 하지 않아도 다른 사람이 힘을 내겠지.' 하는 상대방에 대한 의존성이 생겨 개개인이 자신의 힘을 최대로 발휘하지 않기 때문이다. 구성원의 수가 많아진다고 해서 그와 비례해 힘의 크기도 무조건 커지는 것만은 아니다. 이 실험을 통해 집단에 소속된 개인은 자신의 힘을 최대로 발휘하지 않을 수 있으며, 특히 특정 집단 구성원을 추가하게 되면 더욱 이런 현상이 나타날 수 있다는 것을 알게 해 주었다.

한 예로 시설에서 전 직원이 참여하는 김장 행사를 진행할 때, 개별 직원은 자신이 할 수 있는 최대한 능력을 발휘하려고 하지 않고 남들이 하는 수준에 맞추어서 능력을 발휘하려고 할 수 있다. 시설 전체가 진행하는 행사에서 자신이 할 수 있는 여력이 되고 할 수 있는 능력이 충분한데도 다른 사람들이 어느 정도 참여하는지 살펴보고 그 수준에 맞게 능력과 힘을 조절하는 것 등이 여기에 해당한다.

만성질환 조직은 이런 현상이 자주 나타난다. '나 하나쯤이야.' 하는 생각, 반대로 '나만 한다고 되겠어?'라는 생각 등이 만연되면서 개인별 집단 공헌도를 떨어뜨린다. 그리고 이런 분위기가 이미 문화로 형성되어 있어서 누군가 이런 분위기를 바꾸려고 하면 저항하게 된다.

공동체성 약화

만성질환 조직은 공동체성이 약하다. 보이지 않는 두꺼운 벽이 있고 거기를 넘나들기 어렵다. 편 가르기를 통해 네 편과 내 편을 명확히 하려고 하고 무엇이 옳은가보다 누구 편에 속해 있는가를 더 따진다. 편 가르기가 명확할수록 자기 보호 중심적인 문화가 형성된다. 적당히 묻어가기를 희망하며 그런 사람을 우리 편이라고 생각한다.

한 예로 직원 편과 시설장 편*으로 구분 짓게 되면 다음과 같은 현상이 나타난다. 시설장을 옹호하거나 맡은 분야에서 탁월한 능력을 보이면 시설장 편에 있는 위험한 인물로 여긴다. 시설장과 자주 이야기를 하거나 특히 함께 웃으면서 이야기를 하는 것은 아주 위험하다. 물론 시설장 이야기를 경청하는 것도 금기시된다. 함께 시설장 욕을 해 주어야 그 편에 속할 수 있다. 가끔 시설장 이야기가 맞는 것 같아

---

* 보통은 시설장을 적으로 돌려놓고 그 안에서 발생한다. 간혹 시설장보다 국장이나 부장을 적으로 돌려놓고 편 가르기나 이기주의가 발생하기도 하는데, 이런 조직은 국장, 부장이 실질적인 시설장 역할을 하고 있는 경우가 많다.

　　　　　　　　　　　무엇이 조직을 병들게 하는가

주의 깊게 들었다면 "사실 듣는 척한 것"이라고 우리 편에 말해 주어야 한다. 그래야 의심을 사지 않는다. 새로 직원이 입사하게 되면 이 직원이 '사회복지 가치에 충실한지', '업무를 잘 수행할 것인지'보다는 시설장과 어느 정도 친한 인물인지가 더 중요한 기준이 된다. 만약 우리 편으로 생각하던 직원이 인사평가에서 좋은 점수를 받게 되면, 설사 탁월한 업무 수행의 결과라 하더라도 원활한 조직생활을 하기 어렵다. 시설장의 편애가 작용했다고 생각하거나 '그래, 너 잘났다.' 하는 반응을 보일 것이기 때문이다.

A직원　입사 당시에 따돌림을 많이 당했어요. 입사하자마자 당해서 업무적으로도 협조가 안 되었죠. 당시에는 "같이 묻어가지 왜 나서냐?"면서 따돌림당한 적도 있었어요.

B직원　직원들 스스로 50~60% 정도만 노력하려고 해요. 더 열심히 하면 '골병 든다.', '대충해라.', '잘하면 안 된다.', '버티면 된다.'는 식이죠.

공동체 약화는 부서 간에도, 직급 간에도 발생할 수 있다. 공통점은 시설 차원에서 업무를 생각하기보다 내 업무 중심으로 또는 우리 부서 업무 중심으로 생각한다는 점이다. 시설 공통의 목적을 달성하기 위해 업무 협조를 요청하지만 별로 관심을 두지 않는다. 내 업무, 우리 부서 업무가 아니기 때문이다. 협조가 이루어진다고 하더라도 최소한으로만 이루어지고 진행 과정에서 발생하는 능동적인 대처는 어렵다. 그 부분까지는 요청받지 않았다고 생각하고 싶기 때문이다. 즉, 문자 그대로 '딱 지시받은 그 일만 협조'한다. 그리고 이러한 과정에서 책임이 나에게 오지 않도록 엄격히 구분한다.

반대의 경우도 있다. 협조를 요청해야 하는 상황에서는 이런 조직 분위기를 알기 때문에 요청하기가 쉽지 않다. 때로는 아예 요청하지 않거나 요청을 하더라도 성의 없게 진행될 수 있다. 어차피 제대로 듣지도 않고 도움도 주지 않을 건데 위에서 협조 요청을 하라고 하니 형식적으로만 하는 것이다.

만성질환 조직에서는 협조에 대한 두려움이 많다. 협조가 잘 이루어지지 않는다는 것을 여러 경험을 통해 확인하였기 때문이다. 또한 협조 요청과정에서, 협조 후 사업이 진행되는 과정에서, 사업 종결 후 피드백 과정 등에서 협조에 대한 적절한 지원이나 감사 표시 등이 잘 이루어지지 못할 경우 불만은 더 커진다. 사업을 수행하는 입장에서는 담당자라 챙겨야 할 것이 많기 때문에 직원들이 능동적으로 알아서 해 주기를 기대한다. 하지만 협조해 주는 직원 입장에서는 "내 일이 바빠도 업무 지원을 해 주는 건데 부차적인 일까지 내가 일일이 해야 하나?"라며 불만을 드러내기 쉽다. 이러한 입장 차이는 어느 조직이나 있다. 다만 만성질환 조직은 이러한 입장 차이가 해결되지 못하고 더 큰 갈등으로 확산되는 문제점이 있다.

A직원 팀-부서 간의 이기주의 · 대화 단절 · 소통 부재 · 목표 부재 등이 애로사항입니다.

B직원　기관 차원에서 일을 진행하는 것임에도 불구하고 어느 한 부서의 일로만 인식합니다.

C직원　업무를 공유하지도 않지만, 하더라도 도움을 주지 않습니다. 자기 일이 먼저이기 때문이죠.

D직원　업무 협조 시 통보식으로 이루어지는 경우가 있어요. 통보식으로 받았다는 것 자체가 기분이 좋지 않죠. 이런 분위기가 직급과 상관없이 이루어지는 것 같아요. 후임자, 선임자 등을 통해서….

E직원　기관차원에서 해야 하는 큰 사업을 진행하는 과정에서도 무언가 하자 하면 협조가 잘 안 됩니다. '네 일이니 네가 알아서 해.'라는 식이죠. 무언가 도움을 요청하면 나이 드신 직원분들은 '도와줄게.'가 아니라, '내가 꼭 해 줘야겠어?'라는 경우가 많습니다. 신입이나 나이가 어린 직원은 도와달라는 말을 어려워하는 것 같아요.

배려와 무책임은 종이 한 장 차이

사람은 기본적으로 자기 행동의 합리화를 추구한다. 이러한 합리화의 근거는 제3자가 보더라도 타당한 이유가 있어야 한다. 하지만 종종 이런 타당한 이유는 무시되고 주관적 해석과 오해 속에서 혼란이 발생한다.

부서 간 업무는 명확히 구분하는 것이 좋다. 하지만 상황에 따라

교집합처럼 겹치는 부분이 많다. 이러한 부분은 명확히 하기 어렵다. 뿐만 아니라 자칫 명확히 하려고만 하면 사각지대가 발생할 수 있다. 간혹 뉴스에 소개되는 관공서 간의 관할지역 다툼, 즉 우리 관할지역이 아니라는 이유로 치안이나 청소 등을 소홀히 해서 그 경계에 있는 주민이 피해를 보는 사례를 종종 접하는 것과 같은 이치다.

만성질환 조직은 이를 악용한다. 어느 조직이나 클라이언트를 바라보며 사회복지 가치 실현에 열정적인 직원은 있다. 그 직원이 사업을 더 확장하려고 의견을 제시한다고 하자. 하지만 동료나 특히 상급자가 이미 만성질환에 감염되어 있다면 직원의 열정은 혼란스런 합리적 이유로 좌절되기 쉽다. 예컨대 이미 다른 부서에서 하고 있다고 하거나 다른 사람의 업무라는 이유로 또는 불필요한 부분이라는 이유로 제지를 당하기 쉽다. 명확하게 다르다고만 볼 수 없기 때문에 새로운 시도는 곧 무산된다. 이러한 부분은 직종 간에도 이루어진다. 물론 부서 간 또는 직종 간 업무가 겹쳐서 역할과 한계, 책임 권한 등의 문제의 소지가 있을 수 있다.

중요한 점은 이러한 부분을 클라이언트 입장에서 대안을 찾거나 함께 협력할 수 있는 방안을 찾기보다는 아예 시도 자체를 하지 않는다는 점이다. 현재 필요한 사업이 있는데 내가 할 수 있고 우리 부서가 할 수 있음에도 불구하고, 부서와 직종 간 업무가 겹친다는 이유로 시도 자체를 안 하는 것이 문제다. 그나마 다른 부서나 직종에서 하고 있으면 다행이지만, 하고 있지도 않고 할 마음도 없는 상황인데 이런 부분을 지나치게 고려해서 아무것도 하지 않는다. 아이디어를 주고

무엇이 조직을 병들게 하는가

충분한 지원을 약속해도 소용없다. 하려는 사람 말고는 아무도 관심이 없을 뿐만 아니라, 하는 것 자체를 별로 좋아하지 않기 때문이다. 만성질환 조직은 그냥 이런 과정 없이 긁어 부스럼 되지 않게, 안 하는 것을 좋아한다. 안 하기 위한 좋은 핑곗거리로 '타 부서 업무', '다른 직종 업무'라는 말만큼 좋은 것도 없다.

A직원 우리 부서에서 재활운동을 하자고 하면, "다른 부서가 하고 있는데, 왜 우리가 하느냐.", "우리가 나서면 우리 일이 되지 않느냐."라며 불평을 해요.

B직원 제가 재활운동을 시키고 싶어도 체육지원팀이 있어서 부서 간에 난처해질 것 같아 주저하게 됩니다.

C직원 "나는 간호사가 아니다.", "나는 사회복지사가 아니다.", "저것은 우리 부서 업무가 아니다.", "나는 경력자가 아니다." 등등 직원들이 빠져나갈 궁리만 하니 아무 일도 진행되지 않아요.

D직원 의견을 내도 우리 일이 아니라는 결론이 나오기 때문에 굳이 내가 의견을 내지 않는 것이 좋겠다는 생각이 들어요.

업무 보호주의

협력에서 장애를 느끼기 시작하면 자기 보호 중심으로 변질되기 시작한다. 조직의 시너지 효과가 사라지기 때문에 가능하면 나 혼자 감당할 수 있는 수준으로만 업무를 조정한다. 필요하고 중요한 일이라 하더라도 심지어 내 안에서 새로운 좋은 아이디어가 떠올랐다 하더라도 아무에게도 말하지 않는다. 그리고 자신이 떠올린 생각을 불필요하다고 생각하며 망각하려 애쓴다. '해 봤자 소용없는 짓이야. 괜히 일만 많아지게 돼.'

'긁어 부스럼 만들지 말자.'는 이제 중요한 좌우명이 되어 간다. 1년 정도 지나면 조직이 돌아가는 상황과 자신의 업무에 대해 어느 정도 익숙해지므로 업무 조절 능력이 생긴다. 어떤 말을 하지 않아야 추가적인 업무가 발생하지 않는지, 어떤 태도를 취해야 업무가 많아지지 않는지를 몸으로 체득하기 시작한다. 힘들고 머리 아픈 일, 귀찮은 일 등은 아직 잘 모르는 신입직원의 몫이 된다. 무엇을 해야 하는지 전혀 분위기 파악도 되지 않는 신입직원이 먼저 전화를 받게 한다.

주민이 시설에 내방하더라도 가능하면 눈을 마주치면 안 된다. 마주치는 순간 응대해야 하고, 응대하면 일이 많아질 뿐만 아니라 책임도 져야 한다. 그러니 내 책상 파티션은 높아야 한다. 주민이 가까이 다가오지 않는 한 얼굴을 볼 수 없어야 한다. 만성질환 조직은 내방하는 주민이 거의 없어도 크게 불편해 하지 않는다. 주민이 오지 않을수록 편하기 때문이다.

실수에 대한 암묵적 지지

"당신의 실수에 대해 내가 모른 척 해 줄 테니, 당신도 내 실수를 눈감아 주시오."

사람은 누구나 실수를 한다. 그런데 이런 실수를 당연하게 여기는 것은 바람직하지 않다. 자신의 실수를 당연하게 여기기 시작하면 반성하기 어렵고, 반성하지 않으면 같은 실수가 계속 발생할 수밖에 없다. 또한 실수에도 무언가 열심히 하려고 하다가 발생하는 건강한 실수가 있고, 근무태만으로 발생하는 좋지 않은 실수가 있다. 건강한 실수에는 격려가 필요하지만, 근무태만으로 발생하는 실수에는 재발 방지를 위한 대책이 필요하다. 하지만 만성질환 조직은 근무태만으로 발생하는 실수에 대해서 지나치게 관용적일 뿐만 아니라, 이러한 분위기 때문에 근무태만이 번지는 상황이 발생한다.

어느 시설에서 있었던 일이다. 어느 날 갑자기 먹거리 담당자가 타 부서에 인력 동원을 급히 요청했다. 무슨 일인가 해서 가 보니 창고에 쌓여 있던 된장과 고추장 등 수십 박스를 버리고 있었다. 수십 개의 박스에 담겨 있던 된장과 고추장 통을 각각 열고 수저로 퍼서 버리고 있었다. 몇 년 전에 받은 것인데 기한이 너무 지나서 어쩔 수 없이 버리는 것이라고 했다. 기가 막혔다. "아니 그러면 왜 진작 나누어 주지 않았어요?"라고 물으니 "너무 많이 와서 어쩔 수 없었어요."라고 답한다. "그래도 이렇게 버리는 것은 아니잖아요?"라고 하니 "그러면 다음부터는 후원물품이 와도 받지 않을게요."라고 한다.

이 일이 있은 후 몇 주가 지나서 이번에는 다른 직원이 문화상품권 몇 십만 원어치를 쓰레기통에 버렸다. 이유를 물으니 사용기한이 지나서 못 쓴다고 한다. 이 또한 후원을 받은 것일 텐데 진작 사용하지 않은 이유를 물으니 잊고 있었다고 한다. 이번에 책상을 정리하지 않았으면 발견하지 못했으리라. 그런데 심각한 것은 이 직원들의 태도였다. 이런 일이 이미 여러 번 있었던 것처럼 당연하게 생각하였다. '후원물품이 많이 들어왔으니 버리는 것이 당연하고, 바쁘게 일하다 보니 상품권이 있는 것을 잊을 수도 있는 것이지.' 하는 태도에서 할 말을 잃었다. 여기에 문제를 제기하면 "그럼 당신이 담당해서 받아 오면 되겠네.", "그럼 다음부터는 받지 않겠습니다."라고 말한다며 참 난감해 하였다. 사유서를 쓰게 하더라도 이미 여러 번 썼기 때문에 별로 도움이 되지 않는다. 후원물품을 어떻게 하면 효과적으로 배분할 수 있을까를 고민하기보다는 업무가 많아 어쩔 수 없었다며 앞으로는 후원물품을 받지 않겠노라고 선언을 해 버리는 직원, 그것이 통하는 조직. 이것이 전형적인 만성질환 조직의 문제라 할 수 있다.

A직원   직원 중에 사유서를 안 쓴 직원이 없어요. 관리자도 마찬가지고요. 그러다 보니 사유서 쓰는 것에 대해서 별로 두려워하지 않아요.

B직원   서로 보호해 주는 분위기예요. 실수를 해도 크게 문제 삼지 않아요. 말하는 사람이 더 조심스럽죠. 싫은 소리 하고 싶지 않거든요.

무엇이 조직을 병들게 하는가

5

입·귀질환 증상

입·귀질환은 불만과 불신과 연관된다. 만성질환 조직은 듣거나 말하는 것에 있어서 어려움이 크다. 한마디 하려고 해도 매우 조심해야 한다. 그럼에도 많은 말이 과장되거나 축소, 왜곡돼서 퍼져 간다. 듣는 것 또한 마찬가지다. 전하고자 하는 메시지보다는 말하는 사람의 숨은 의도를 몰라 혹시 피해를 받게 되는 것은 아닌지 고민하게 된다.

소통의 어려움

만성질환 조직에서는 상호 간의 불신이 크다. 실무자는 관리자를, 관리자는 실무자를 잘 믿지 못한다. 그러다 보니 의견을 나누는 것이 쉽지 않다. 무엇을 하든 일단 문제부터 제기하게 되고, 함께 대안을 찾기보다는 불평불만 그 자체로 끝나는 경우가 많다. 업무가 지시적 형태로 이루어지는 경우도 많다. 물론 반대일 때도 많다. 일방적인 지시가 반복되다 보니 만성질환이 되기도 한다.

A직원 대화와 소통의 단절이 애로사항이에요. 업무지시가 획일적이죠.

B직원 업무지시가 일방적이라 해야 할 일의 타당성을 알기 어렵습니다.

C직원　새롭게 들어온 사업을 누군가 담당해야 할 때 어느 부서가, 어느 담당자가 맡는 것이 좀 더 타당한지 논의하기가 어렵습니다. 직원들이 혹 자신에게 업무가 주어질까봐 논의 자체를 제대로 하지 않으려고 합니다.

D직원　직원들과 관리자 사이에 업무, 기관 등에 대한 생각차가 어느 정도 존재합니다. 서로의 생각차를 좁혀 나가는 것이 쉽지 않아요.

일방적으로 이루어지는 지시적 불통과 말하고자 하는 의미를 곡해해서 받아들이는 소통의 왜곡은 회의와 같은 공식적인 부분뿐만 아니라 일상적인 부분에서도 수시로 이루어진다. 하지만 이미 상대방에게 말을 해도 소용이 없다는 인식이 강하기 때문에 소통의 의지는 상실되어 있다. 이 과정에서 입사한 지 얼마 되지 않았거나 상대적으로 권한이 약한 실무자가 곤경에 처하는 상황이 종종 초래된다. 특히 관리자끼리 서로 믿지 못하게 되면 그 관리자에 속한 실무자는 예상치 못한 어려움을 자주 겪을 수 있다. 중간에 이러지도 저러지도 못하고 예측도 안 되는 상황이 계속 이루어지기 때문에 업무 소진이 빨라진다.

A직원　기관장이 과장에게는 ○○안으로 결재해 놓고는 번복하는 경우가 있습니다. 기관장이나 부장이 △△안으로 하자고 곧장 저에게 지시를 하는 겁니다. 그래서 △△안으로 준비했는데, 나중에 과장이 ○○안으로 생각하고 있었다며 혼

을 냅니다.

B직원 관리자들이 중요하다고 생각하는 업무가 모두 달라서 헷 갈려요.

C직원 직장 동료, 상사와의 갈등으로 인해 생기는 감정 소모가 저를 소진시키죠. 제가 원하는 사회복지 종사자가 되는 데 엄청난 장애요소로 작용하는 겁니다.

조직 내 소통 장애는 관리자도 힘들지만 권한이 약한 실무자일수록 더 큰 고통일 수 있다. 권한이 약할수록 자기 소신껏 업무를 추진하지 못하고 상사의 의중에만 신경을 쓰게 된다. 상사가 무엇을 원하는지, 우리가 가고자 하는 방향이 무엇인지 명확히 모르고, 알 수도 없는 상황에서 업무를 추진하는 것은 매우 어려운 일이다. 그렇다고 이러한 부분에 대해서 의견을 물을 수도 없다. 소통하려는 자세가 서로 열려 있지 않기 때문이다. 그냥 마음이 맞는 사람끼리 상사의 의중을 예측하며 진행을 하게 된다. 그래서 가장 안전한 방법, 즉 과거에 했던 방식대로 하게 만든다. 그래서 기존 사업의 문구, 준비물, 진행방식 등을 거의 변화시키지 않은 채 하게 된다. 본인이 다르게 하고 싶어도 하기가 어렵다.

직원 같은 프로그램이지만 기존과 다르게 계획한 적이 있어요. 그랬더니 결재과정에서 바로 문제가 생겼죠. 제가 다르게 한 이유를 설명했지만, 상사는 제 이야기를 들으려 하지도 않고 자신의 생각만 강요했어요. 실무자 입장에서 의견을 제시해도 상사는 "그냥 시키는 대로 해!"라는 말뿐이죠. 이런 상황이 저만 있는 것도 아니에요. 그러니 우리끼리는 그냥 기존에 하던 대로 사업을 계획하는 것이 편하다고 생각을 하죠.

낙인

인디언에게서 내려오는 옛이야기 중 한 부분이다. 어느 나이 많은 인디언이 아이들에게 말한다.

"우리 몸속에는 시커먼 늑대와 백옥 같이 하얀 늑대 두 마리가 살고 있단다. 시커먼 늑대는 게으르고 무책임하며 자기만 생각하는 나쁜 늑대란다. 하얀 늑대는 성실하며 책임감도 강하고 다른 사람을 잘 도와주는 아주 착한 늑대지. 그런데 이 늑대 두 마리가 서로 사이가 좋지 않아 매일 싸운단다."

이야기를 유심히 듣던 한 아이가 묻는다.

"어떤 늑대가 싸움을 잘해요? 누가 이겨요?"

그러자 노인이 말한다.

"글쎄, 누가 이길까? 네가 어떤 늑대에게 먹이를 주느냐에 달려 있지 않을까?"

조직도 마찬가지다. 두 마리의 늑대가 늘 싸운다. 안타깝게도 만

무엇이 조직을 병들게 하는가

성질환 조직은 까만 늑대에게 계속해서 먹이를 준다. 하얀 늑대가 중요하다는 것도 안다. 어쩌면 하얀 늑대가 홀로 외롭게 싸우고 있다는 것도 알 수 있다. 하지만 까만 늑대의 눈치를 보며 까만 늑대의 행동을 그냥 묵인해 줌으로써 때로는 그 입장을 옹호해 주는 결과를 초래한다. 결과적으로 하얀 늑대의 힘이 약화되는 것이다.

하얀 늑대의 힘이 약해지면 바이러스가 성장하기 아주 좋은 환경이 된다. 바이러스는 만성질환을 퍼뜨리고 강화시킨다. 만성질환이 만연되어 있는 조직일수록 책임감 있게 업무를 수행하는 사람보다 그렇지 않은 사람이 생활하기 더 좋은 환경이 된다.

만성질환 조직 속에서도 사명감 있는 직원은 그 역할을 다하기 위해 최선을 다한다. 하지만 그렇게 할수록 그 직원에게만 업무가 쏠리게 된다. 상위 관리자는 이 직원을 의지할 수밖에 없기 때문이다. 특화 사업, 시설의 대표적인 사업보고서 작성, 신규사업, 신청사업, 부활시켜야 하는 사업 등 각종 사업과 이에 따르는 행정적 서류 준비와 보고 등이 모두 이 직원에게 쏠린다. 하지만 만성질환에 걸려 우리 조직에서 사명감과 책임감을 가지는 것에 대해 냉소적인 직원은 이처럼 열심히 일하는 직원을 어리석게 바라본다. 아직 만성질환에 걸리지 않았지만 위험한 경계급 직원들은(사실 경계급에 있는 직원이 다수다) 눈치를 보며 어느 편에 설 것인가 고민한다. 여기에 낙인이 적용되기 시작한다.

사람은 믿는 것을 보려는 경향이 있다. 실체가 확인되지 않은 상황에서 다른 사람의 이야기만을 가지고 어떤 사람을 충분히 부정적으로 볼 수 있다. 이것이 바로 낙인이다. 바이러스 직원은 이러한 낙인을 주도한다. 가장 좋은 먹이 상대는 신입직원 또는 경력이 낮은 직원이다. 아직 조직을 잘 모르는 직원이 오면 그 사람에게 살갑게 접근해서 친밀감을 형성한다. 함께 차도 마시고 밥도 먹고 때로는 술도 마시면서 우리 조직의 문제점을 이야기한다. 이야기 중심에는 반드시 사람이 있고 바이러스가 된 직원이 싫어하는 직원은 여지없이 공격의 대상이 된다. 보통 상사가 된다. 상사가 주로 변화와 책임감 있는 행동을 요구하기 때문이다. 바이러스가 된 직원은 교묘히 상대방을 위하는 척하면서 상사에 대한 낙인을 심어 준다.

예컨대 과장이 두 명 있다. 스타일은 정반대다. 한 명은 신중한 스타일로 철저히 사전준비를 해서 업무를 넘겨 주는 스타일이다. 다른 한 명은 행동형 스타일로 일단 진행하면서 상황에 맞게 수정하자는 스타일이다. 건강한 조직에서는 두 가지 스타일 모두 크게 문제가 되지 않는 상사다. 바이러스 직원은 여기에 낙인을 찍는다. 특히 입사한 지 얼마 되지 않아 아직 하얀 도화지 같은 신입직원은 좋은 타깃이 된다.

어느 날 신입직원이 퇴근하려고 하는데 과장님이 홀로 남아 무언가 열심히 일하고 있었다. 이 과장의 스타일은 신중하게 일하는 스타일이었다. 신입직원 훈련 차원에서 프로포절 작성을 위해 사전 검토 중이었다. 이 모습을 본 신입직원은 전에 들었던 말이 생각났다. "우리 과장님은 말이야. 시설장에게 잘 보이려고 항상 늦게까지 일해. 다 시설장에게 잘 보이려고 하는 거야. 나중에 보면 알게 될 거야."

'아, 바로 이거구나. 우리 대리님 말씀이 맞았네. 그렇게까지 시설

무엇이 조직을 병들게 하는가

장에게 잘 보이고 싶을까?' 하면서 슬슬 과장에 대한 안 좋은 인식이 심어진다.

과장이 행동가형이라고 해도 마찬가지다. "우리 과장님은 말이야. 본인은 일 안 하고 만날 시키기만 해. 자기 일은 안 하면서 시설장하고만 다니려고 해. 이게 다 시설장에게 잘 보이려고 하는 거야. 나중에 보면 알게 될 거야."

어느 날 과장이 직원 훈련 차원에서 업무를 지시한다. 우선 신입직원이 어떤 식으로 업무를 처리하는지 파악해서 이에 맞게 훈련 내용을 조정하려던 참이었다. 때마침 과장이 추진하는 사업과 관련된 후원자가 있어서 시설장과 함께 나가게 되었다. 이 모습을 본 신입직원은 전에 들었던 말이 생각났다. '아, 바로 이 얘기구나. 우리 대리님 말씀이 맞았네. 그렇게까지 시설장에게 잘 보이고 싶을까?' 하면서 슬슬 과장에 대한 안 좋은 인식이 심어진다.

이렇게 되면 과장의 운신 폭은 매우 좁아진다. 무엇을 해도 직원은 냉소적으로 바라보게 된다. 하지만 한 번 찍힌 낙인을 회복시키는 것은 쉽지 않다. 시간도 오래 걸린다. 은밀히 진행되기 때문에 직원이 왜 냉소적인지 알기 어렵기 때문이다. 아쉽게도 만성질환 조직은 이런 낙인을 극복할 수 있는 힘이 약하다. 하지만 이상하게도 낙인을 찍는 바이러스 직원의 영향력은 크다.

만성질환 조직에서 바이러스 직원의 생존력은 탁월하다. 이 직원의 주 업무는 사회복지가 아니라 살아남는 것이다. 조직 내 영향력 있는 사람을 알고 그와 친하게 지낸다. 업무와 같은 공식적인 부분보다는 술이나 운동, 여가, 잔심부름 처리 등 영향력 있는 사람의 일상적인 생활을 함께하거나 도와준다. 그렇게 친분을 쌓는다. 영향력 있는 사람을 신뢰해서가 아니라 살아남기 위해서다. 여기에 보험을 더 드는 경우도 있는데, 주민을 활용하는 것이다. 이용자나 봉사자, 후원자 등 자신과 안면이 있는 주민을 대상으로 조직의 낙인을 찍으면서 자신은 거기에 저항하는 의로운 피해자로 인식하게 만든다. 자기 뜻을 잘 받아들이는 주민을 중심으로 자기가 담당하고 있는 프로그램에 계속해서 서비스 혜택을 얻게 하는 것은 하나의 보상이기도 하다. 이러한 과정을 통해 시설과 함께 하는 주민이 아니라 자기 자신을 위한 주민으로 변질시킨다.

바이러스 직원의 영향력은 직급과 상관이 있다. 직급이 높은 사람이 바이러스에 걸렸을 때가 가장 위험하다. 관리자가 바이러스에 걸리게 되면 그 관리자가 책임지고 있는 부서는 심각해진다. 부하직원은 권한이 없기 때문에 관리자와 함께 바이러스가 되든가 아니면 맞서 싸울 수밖에 없다.

바이러스 관리자는 자기 역할까지 다 실무자 책임으로 전가할 수 있다. 각 실무자가 담당할 업무를 배분하는 상황에서 이런 관리자는 힘들고 어려운 업무를 모두 실무자에게 떠넘긴다. 넘긴 업무에 대해서 함께 책임을 질 마음은 없다. 업무 담당자가 정해졌으니 알아서 책임지라는 식이다. 하지만 정작 자신은 특별히 노력을 하지 않아도 어느 정도 사업이 진행될 수 있는 업무를 맡고 이마저도 줄이려 한다. 부족한 실적은 실무자 사업을 통해서 채우게 한다. 실무자 업무가 과부

무엇이 조직을 병들게 하는가

하되어 어려움을 호소해도 별로 상관하지 않는다. 어차피 새로 뽑으면 된다. 사업에 차질이 발생하는 것은 어떻게 하냐고? 괜찮다. 직원이 나가 문제가 생긴 것인데 뭐! 시설에서 빨리 사람을 뽑아 주지 않아서 문제가 된 것이니 내 책임은 아니라고 하면 된다.

지휘체계 혼란

실무자가 무언가 시도를 계속하는데 직속 관리자가 만성질환이 심해 이를 계속 막게 되면 실무자는 고민이 깊어진다. 점차 직속 관리자와의 신뢰는 약화되고 이야기가 통하는 다른 관리자를 의지하게 된다. 하지만 계속 찜찜하다. 직속 관리자를 의지하고 싶어도 별 의지가 안 되니 할 수가 없고, 그렇다고 타 부서 관리자에게 계속해서 우리 부서 업무를 상의하기도 그렇고 난감하다. 하지만 이러한 상황이 장기화되면 오히려 이것을 편하게 여기기도 한다. 이때는 관리자 또한 부서 업무에 대한 책임을 거의 내려놓은 상태다. 스스로 관리자라고 생각하기보다는 그저 하나의 실무자로 인식하고 자기 업무에 대한 역할만 하게 된다.

> **직원** 사업을 진행할 때 어려운 점은 첫째가 계획서 작성이고, 둘째가 업무 협조예요. 저희 팀장하고는 상의하지 않아요. 자문은 다른 팀장에게 하죠. 저희 팀장에게는 문서상으로만 알려 줘요. 그렇게 해도 뭐라고 말하지 않아요. 저 또한

이게 불편하지 않고요.

사회복지 업무에서 중요한 것 중의 하나가 바로 적절한 슈퍼비전 제공이다. 슈퍼비전은 사회복지사의 기술 개발을 통해 클라이언트에 대한 서비스를 질적으로 증진시킨다. 뿐만 아니라 사회복지사의 성장과 조직의 적응에 필수요소다. 일반적으로 슈퍼비전은 행정적·교육적·지지적 기능으로 구분된다.

행정적 기능은 사회복지사로 하여금 기관의 정책과 절차를 정확히 이해하여 효과적으로 수행하기 위한 기능이다. 이 과정에서 아직 조직에 적응하지 못한 사회복지사로 하여금 작업환경의 구조화와 업무수행에 필요한 접근법을 제공해 줌으로써 효율적인 적응을 돕는다.

교육적 기능은 사회복지사가 업무 수행을 위해 갖추어야 할 기술, 태도, 지식을 습득하게 돕는 것이다. 이론과 지식의 습득, 방법론, 지식 성장을 위한 지원, 전문적 발전의 기회 제공 등이 이루어지면서 실무 수행을 효과적으로 할 수 있게 돕는다.

지지적 기능은 사회복지사의 사기와 일에 대한 만족감과 관련된다. 업무에 대한 의미, 성취감을 느낄 수 있게 하여 업무 만족과 사기 진작을 돕는다.

이러한 과정은 여러 관리자를 통해서 이루어질 수 있는 부분이기도 하지만 직속 관리자를 통해 받는 것이 효과적이다. 직속 관리자는 공동 책임자로서 한 공동체를 형성하고 업무적으로 긴밀히 연관되는 부분이 많기 때문이다. 하지만 만성질환 조직에서 관리자는 이러한

무엇이 조직을 병들게 하는가

노력을 게을리하거나 슈퍼비전을 제공하려고 해도 팀원의 불신으로
성과를 내기 어렵다.

6

내장질환 증상

내장질환은 조직문화, 제도와 관련된다. 이 부분은 상위 관리자,
즉 시설장 또는 국장, 부장과 연관이 많다. 상위 관리자가 권한이 가
장 많기 때문이다. 강력한 권한을 가진 사람의 언어와 태도, 표정 등
행동 하나하나는 자연스럽게 조직의 문화를 형성한다. 이 위치에 있
는 관리자의 행동, 말, 표정 등 모든 부분이 조직에 상당한 영향을 주
기 때문이다. 그래서 상위 관리자는 외롭고 힘든 자리다. 만성질환 조
직에서는 더욱 힘든 자리다. 상위 관리자의 선의로 한 행위가 오해로
왜곡되는 경우는 흔하다. 하지만 직원들이 느끼는 감정을 말해 주는
경우는 거의 없다. 여기서 오해는 쌓이지만 개선은 어렵다. 건강한 조
직에서 진행했을 때 효과적인 방식도 만성질환 조직에서 하게 되면
큰 낭패를 볼 수 있다. 과거 다른 시설에서 성공했던 경험만 가지고 무
리하게 적용하게 되면 진행은 되지만 계속해서 앙금만 쌓인다. 따라
서 제도적으로 이야기할 수 있는 통로가 마련되어 있어야 하고, 의도
적으로 이야기할 수 있도록 유도해야 한다. 그렇지 않으면 앞에서는
웃고 있지만 뒤에서는 속닥거릴 뿐이다.

기계적 업무 수행

만성질환에 걸린 조직은 대체로 속도와 양으로 승부하는 경향이 있다. 여기에는 공통된 심리적인 원인이 있는데 바로 불안감이다. 먼저 속도적인 측면에서 보자면 사실 관리자와 실무자가 느끼는 업무 속도감은 큰 차이가 있다. 보통 직급이 낮을수록 업무 속도감을 훨씬 더 빠르게 느끼고 직급이 높을수록 더 느리게 느낀다. 다시 말해서 업무를 지시하는 상급자는 지시한 업무 속도가 너무 느리다고 생각하고 지시받은 업무를 수행해야 하는 실무자는 너무 빨리 결과를 요구한다는 느낌을 받는다. 이것은 모든 조직에서 나타나는 공통된 현상이다.

하지만 만성질환 조직은 이러한 부분이 좀 더 심하고 잘 해결되지 않는다. 왜냐하면 지시한 사항이 잘 이행되지 못할 뿐만 아니라 대부분 예상했던 시간을 벗어나기 때문이다. 그래서 관리자는 불안하다. 언제까지 마무리해야 하는 업무가 있어서 이를 지시했지만 그 기간 내에 완성되기 어렵다는 것을 안다. 내가 독촉하지 않거나 수시로 점검하지 않으면 주어진 기간 내에 이루지 못하리라는 것을 알기에 좀 더 빠른 기간 안에 완수하기를 요청하거나 자주 독촉하게 된다. 양적인 측면에서 보자면 다다익선^{多多益善}이 좀 더 불안하지 않기 때문이다. 만성질환 조직은 대외적으로 내세울 만한 사업이 많지 않다. 그렇기 때문에 대외적인 평가나 실적 보고를 위해서 질보다는 양을 취할 수밖에 없다.

사업의 일관성을 가지고 나아가기보다는 그때그때 이슈에 맞는 이벤트성 사업이 많다. 다른 시설이 어떤 사업을 잘 하고 있는 것 같으면 벤치마킹해야 할 것 같은 불안감이 있다. 그래서 다른 시설 사업을 따라가려 한다. 왜 그것을 우리가 해야 하는지, 우리 시설에 맞게 어떻게 변화시킬 것인지 고민하기보다는 대외적으로 인정받는 사업을 그대로 따라함으로써 심리적 안정감을 가지려 한다. 그래서 다른 시설보다 부족한 부분, 다른 시설은 하고 있는데 우리는 안 하는 부분이 있으면 불안하다. 하지만 우리 시설은 안 하지만 다른 시설은 하고 있는 사업은 언제나 존재하기 때문에 이를 맞추다 보면 매번 정신이 없고 바쁘다. 여기에 익숙해지기 시작하면 '조만간에 또 추가되는 것이 있을 거야. 그러니 지금 하는 것에 전력을 다하면 나중에 감당이 안 되니 적당히 하자.'라는 인식이 굳어져 결국 생각만큼 효과를 얻지 못한다. 기대한 만큼 효과를 얻지 못하니까 다시 다그치게 되고 이 과정이 반복된다.

A직원 주 업무가 혼란스러워요. 갑자기 업무가 생기거나 문제를 해결할 방안을 마련하라고 갑자기 다그쳐요. 매뉴얼이나 사업방향을 짜 보라며 갑자기 지시하는 거죠. 여러 가지를 한꺼번에 시키니까 당황스러워요. 시설장이 지시한 업무가 가장 우선시되죠.

B직원 외부에서 잘 되는 것을 그대로 벤치마킹해서 무작정 적용하려고만 해요. 관리자도 잘 모르는 것을 따라하게 하니 잘 될 리가 없죠.

C직원 사업들이 너무 많아요. 게다가 우리 지역사회에 맞지 않는 타 지역 사업을 벤치마킹해야 하니 그냥 적당히 하게 돼요.

조직 안에 탁월한 직원이 있어도 그 능력을 발휘하기 어렵다. 여기에는 두 가지 이유가 있다. 하나는 충분한 시간적 여유 없이 가시적인 성과를 내야 한다는 점이다. 우리 시설은 다른 시설에 비해 아직 멀었다고 생각하기 때문에 다른 시설을 빨리 따라잡으려면 기다릴 여유가 없다. 신속히 가시적인 성과를 내야 한다. 그러니 이미 정해진 방식으로 사업을 진행하기에도 바쁘다.

다른 하나는 관리자의 고집이다. 상호 간의 불신 속에서 관리자 또한 자유롭지 않다. 관리자도 직원을 믿고 싶어 하나 그동안 보여 준 모습을 볼 때 믿기가 어렵다. 그래서 자신이 과거 성공했던 경험, 자신이 이해할 수 있는 방식으로만 사업이 진행되기를 원한다. 이렇게 되면 실무자의 생각, 창의성은 별로 중요하지 않게 된다. 관리자의 생각이 잘 이해되지 않아도 우선 신속히 해야 하기 때문에 수동적인 모습으로 따라가기에만 급급하게 된다. 성과에 대한 관심만 있지 성과를 내기 위해 필요한 기다림과 지원에 대해서는 관심이 적은 것이다.

A직원 사회복지사로서 생각할 수 있는 여유가 있었으면 좋겠어요. 이해는 되죠. 빨리 진행은 해야 하고, 경험도 있고 하니까. 그래도 중심을 잡기가 어려워요.

B직원 진행하고 있는 일이 있는데 갑자기 시설이나 법인에서 일

무엇이 조직을 병들게 하는가

이 들어와요. 그러면 관리자는 법인 등에서 주어진 일을 하라고 하죠. 그래서 그 일을 먼저 하다 보면 원래 제가 맡았던 일을 못하는 경우가 생겨요. 그러면 "여태껏 왜 못했어?"라고 핀잔을 줘요.

직원 의견을 듣기 위한 제도 부족

상위 관리자가 생각하는 배려와 직원이 생각하는 배려는 다르다. 상위 관리자가 생각하는 양보와 직원이 생각하는 양보도 다르다. 상위 관리자가 생각하는 보상과 직원이 생각하는 보상도 다르다. 이러한 부분은 입장에 따라 달라질 수 있기 때문에 가장 좋은 것은 직원의 이야기를 들어 보는 것이다.

하지만 만성질환 조직은 이러한 의사소통 창구가 거의 없다. 만성질환 조직의 상위 관리자는 언제든지 소통할 수 있는 기회가 있다고 생각한다. 직원이 원하면 늘 소통할 준비가 되어 있다고 한다. 하지만 건강한 조직이라고 하더라도 상위 관리자에게 솔직한 의견을 말하는 것은 어렵다. 그렇기 때문에 상위 관리자는 의도적으로 직원 의견을 듣기 위한 노력이 필요하다. 물론 직원이 원하는 방식을 충분히 고려해 주어야 한다. 직원 의견을 듣고자 하면서 상위 관리자가 원하는 방식을 고집하는 것은 바람직하지 않다.

상위 관리자와 직원이 생각하는 인식의 차이를 잘 보여 주는 사례가 있다. 어느 시설장은 직원들을 위해 회식을 자주 한다. 그리고 이것이 직원들에 대한 보상이라고 생각했다. 왜냐하면 직원들을 위해 1차부터 4차까지 모든 회식비를 시설장이 제공하기 때문이다. 그런데 직원의 생각은 달랐다. 회식을 좋아하면서도 시설장이 추진하는 회식에 있어서는 많은 불편함을 호소했다. 회식 때문에 업무 차질뿐만 아니라 일상생활에도 어려움을 느끼고 있었다.

> **A직원**   회식이 너무 갑자기 잡혀요. 6시라 퇴근하려는데 오늘 회식이라고 하는 경우가 많죠. 약속이 있어도 가야 해요. 안 가면 결재받기 힘들어지죠.
>
> **B직원**   회식에 안 가면 결재받기 어려워요. 처음에는 저도 설마했는데, 막상 회식에 불참했더니 정말 결재받기가 쉽지 않았어요.
>
> **C직원**   약속이 있다고 하면 "시설장님 성격 알잖아."라며 과장님이 약속을 취소하라고 해요. 자주 이러니까 약속 잡기도 어려워요.

이러한 부분에 대해서 시설장은 동의하기 어려울 수 있다. 약속 있으면 얼마든지 빠져도 된다는 것이 시설장의 입장이다. 하지만 그것이 말처럼 쉽지 않다는 것이 직원들의 의견이다. 그렇기 때문에 시설장이 원하는 방식으로 회식은 이루어질 수밖에 없다. 게다가 4차까지 이어지는 회식 시간도 시설장 입장에서는 직원에 대한 관심과 배려지만, 직원들에게는 새벽까지 이어지는 업무의 연장일 뿐이다. 게다가 회식

무엇이 조직을 병들게 하는가

때에 진행되는 업무 이야기는 시설장의 입장에서는 편안한 분위기에서의 슈퍼비전이지만, 직원들 입장에서는 회식 장소에서도 혼이 나는 것이다. 이처럼 상위 관리자와 직원의 입장 차이는 생각보다 크다.

A직원   회식을 4차까지 가요. 4차까지 술을 마시다 보면 새벽 2시가 넘어요. 집도 먼데 대중교통도 다 끊겨서 택시 타고 집에 가야 해요. 다음날 8시 30분까지 출근해야 하는데 말이죠.

B직원   시설장은 4차까지 안 가도 된다고 하지만, 안 가면 분위기가 좋지 않아 어쩔 수 없이 가죠. 다른 직원도 마찬가지일 거예요. 매번 새벽에 끝나니 택시비가 많이 들어 생활비가 부담돼요.

C직원   회식 때는 업무 이야기 좀 하지 않았으면 좋겠어요. 업무 이야기가 시작되면 또 혼나거든요. 이미 사무실에서 혼이 났는데, 회식 때 또 혼나는 분위기니 마음이 편치 않아요.

업무 주도권이 약화되는 구조

장애인 관련 사업을 진행하는 어느 직원의 하소연이다. 이 직원은 장애인 관련 사업을 진행하면서 자신이 결정한 부분이 자주 번복될 수밖에 없는 부분에서 힘들어하고 있었다. 담당자로서 자신이 진행하는 사업과 관련해서 사업계획을 수립하고, 참여자를 모집하고, 프로그램을 진행하면 꼭 문제가 생긴다는 것이다.

한 예로 프로그램 신청을 늦게 해서 참여를 못한 장애인이 있거나 또는 프로그램 내용을 사전에 공지했음에도 불구하고 중간에 자신이 원하는 방식으로 진행되지 않게 되면 처음에는 담당자인 자신에게 불만을 제기한다고 한다. 그러면 이 직원이 사업 취지와 모집 과정 등을 상세히 설명해 준다. 그런데 설명을 들은 장애인이 자신이 원하는 대로 되지 않으면 꼭 시설장을 찾아가서 하소연을 한다. 그러면 시설장은 담당자인 이 직원을 통해 문제를 해결하도록 유도하는 것이 아니라, 문제를 제기한 장애인 입장에서 바로 프로그램을 변경하도록 지시한다. 직원이 어떤 이유로 그렇게 할 수밖에 없었는지 파악은 하지 않고, 단지 장애인이 직접 시설장에게 도움을 요청했다는 이유만으로 프로그램 변경을 지시하는 것이다. 시설장이 지시하니 이 직원은 따를 수밖에 없는 상황이 되고 원래의 취지와는 다른 프로그램이 되고 만다. 이런 일이 발생하고 나면 시설장은 장애인 의견을 잘 들어 주는 좋은 직원이 되고, 담당자인 이 직원은 원래부터 해 줄 수 있는 것을 일부러 해 주지 않은 나쁜 직원이 되고 만다. 더 큰 문제는 이런 일이 반복되다 보면 장애인이 원하는 것이 생길 때마다 담당자인 직원과 상의하기보다는 시설장을 바로 만나려고만 한다는 것이다. 그 결과, 이 직원은 더 이상 책임감을 가지고 주도적으로 프로그램을 진행하기 어렵다며 하소연을 했던 것이다.

어떤 경우에는 특별하지 않은 상황임에도 불구하고 실무자와 클라이언트가 만나서 해결해야 할 문제가 실무자도 모른 채 의사결정이 되는 경우가 있다. 때로는 실무자가 판단해서 안 된다고 한 부분을 윗

무엇이 조직을 병들게 하는가

선에서 뒤집기도 해서 중간에 난감한 상황이 되기도 한다.

> **직원**   담당자가 안 된다고 했는데 시설장이 이용자의 이야기를
> 듣고는 바로 된다고 하는 경우가 있어요. 그러면 담당자만
> 중간에서 나쁜 사람이 되는 거죠.

만성질환 조직은 업무 주도권이 약하다. 업무 주도권이 약해지면 업무 장악력이 떨어져 혼란을 가져온다. 체계적인 준비 속에서 예측 가능한 업무가 진행되는 것이 아니라 그때그때 임기응변식 업무량이 많아진다.

자기 업무에 대한 장악력이 떨어지면 불필요하게 중복되는 업무는 많아지지만 정작 중요한 부분은 빠트리기 쉽다. 업무의 시작과 마무리 등을 담당자가 예측할 수 없기 때문에 대응이 어렵고 예상치 못한 상황이 너무 많아 대처하기 어렵다. 이럴 경우 갑자기 새로운 업무가 주어지거나 기존에 했던 방식에서 벗어나야 하는 상황이 닥치면 더 당황하게 되고 힘들어진다. 이러한 과정이 반복되면 외부에서 볼 때 별로 하는 일도 없는 것처럼 보이는데 막상 담당자는 일이 너무 많다. 재량권이 주어지면 상당 부분 발생하지 않아도 되는 업무가 많아지는 것이다. 불필요한 일이 많아지기 때문에 가시적인 업무성과를 보여 주기 어렵다. 이런 업무가 50%를 넘고 자주 반복되면 소진은 그만큼 빨리 오게 된다.

업무를 하다 보면 갑자기 주어지는 업무는 필연적이다. 아무리 계

획이 잘 수립되어 있다고 하더라도 언제든지 닥칠 수 있다. 중요한 것은 이런 상황을 잘 관리할 수 있느냐 하는 부분이다. 잘 관리하게 되면 갑자기 발생하는 사건 등을 통해서 추가적인 업무가 생기기는 하지만 또 다른 시너지효과를 기대할 수도 있다. 한 예로 소규모로 진행하려던 사업이 시작 전 갑자기 참여자가 많아져 사업 규모를 키워야하는 경우도 발생할 수 있다. 또는 예상치 못한 후원개발로 사업이 보다 다양해지게 되는 경우도 있다. 이런 상황이 어떤 조직에는 사업의 효과성을 높여 주고 직원을 활기차게 하지만 어떤 조직에는 소진을 유발하는 촉진제가 되기도 한다.

대개 만성질환 조직은 후자에 속한다. 이유 중의 하나는 업무 긴장감이 크기 때문이다. 업무 긴장감은 업무 재량권 부족으로 나타난다. 관리자가 볼 때 실무자가 하는 업무가 미덥지 못하게 되면 당연히 업무 재량권을 축소하게 된다. 업무 재량권이 감소하면 업무 장악력이 떨어지게 되고, 자기 업무에 대한 기승전결을 예측할 수 없기 때문에 업무 긴장감이 유발된다. 이는 곧 업무 자신감 상실로 나타난다. 그러면 관리자는 이러한 모습을 보면서 업무에 대한 권한을 다시 더 줄이게 된다.

여기서 중요한 핵심어가 있다. 바로 '관리자가 볼 때'다. 관리자의 주관적 생각, 가치관에 부합하지 못한 직원은 관리자가 볼 때 업무 능력이 부족한 직원으로 인식될 수 있다. 안타까운 점은 관리자마다 보는 눈이 다르다는 점이다. 관리자가 무능력하다고 여겼던 직원이 다른 관리자 밑에서 일할 때는 오히려 업무를 탁월하게 하는 경우가 있

무엇이 조직을 병들게 하는가

다. 이러한 차이를 보이는 이유는 바로 관리자마다 중요하게 생각하는 가치관이 다르기 때문이다. 이러한 오류를 최소화하기 위해서는 시설마다 공통적으로 가고자 하는 지향점이 있어야 한다. 이것이 기준이 되기 때문에 도움이 된다. 좀 더 자세한 이야기는 2부에서 하기로 하자.

어쨌든! 업무가 효과적으로 진행되려면 진행 담당자가 어느 정도 선에서 어느 정도쯤 마무리가 될 수 있겠다는 그림을 그려야 한다. 그런데 재량권 상실로 관리자의 생각만으로 중간에 계속 변동되고 마무리되지 못한다면 업무 부담감은 증가한다. 여기에 중요하지 않다고 여겨지는 업무를 추가로 하게 되는 상황이 발생하면 업무 추진력은 급격히 떨어지기 쉽다.

> **직원** 진행하던 일이 끝나지 않은 상태로 또 주어지는 일들…. 바쁠 때 동시에 몇 가지 일들을 해내야 해요. 그러다 보면 신경이 많이 날카로워져 있는데, 찾아오시는 이용자분들에게 표정을 바꿔서 상냥하게 대하기가 버거워져요. 그럴 때는 제 안 좋은 기분이 그분들에게도 전달이 되는 것 같고, 또 다른 스트레스가 쌓이게 되죠.

직급체계 혼란

만성질환 조직의 또 하나의 특징은 직급체계가 왜곡되어 있거나 혼란스럽다는 점이다. 각 직급별로 주어진 권한이 직급에 맞지 않게 지나치게 강하거나 또는 약하거나 아예 없기도 하다. 서로 신뢰하지 못하기 때문에 각 직급에 맞는 고유 권한을 인정하지 못한다. 어떤 조직은 중간 관리자가 부서 책임자임에도 팀원들에게 리더로 인정을 받지 못해 아무런 권한을 행사하지 못하는 경우도 있고, 또 어떤 조직은 반대로 중간 관리자가 부장보다 더 권한이 강해 위계질서가 무너지기도 한다. 어떤 경우에는 시설장과 부장의 권한이 팽팽히 맞서면서 시설장이 승인한 내용을 부장이 번복시키기도 한다. 시설장은 직원에게 소신껏 일하라고 말하지만 정작 직원은 부장과 시설장의 눈치를 보면서 누구에게 결재를 받아야 하는지 심각하게 고민하는 조직도 있다.

A직원 결재받을 때가 가장 어려워요. 시설장과 부장이 서로 소통을 전혀 안 해요. 부장이 반대하는 사업이 있을 때는 시설장이 저를 조용히 불러서 따로 지시를 해요.

B직원 시설장의 결재까지 받았는데도 부장이 '사업을 왜 이렇게 진행하느냐.'고 혼낼 때가 있어요. 시설장이 원하는 방식이라고 해도 소용없어요. 우리 시설에는 시설장이 두 명이죠.

C직원 국장은 하는 일이 거의 없어요. 시설장이 바로 실무자를 불러서 지시를 하거든요. 국장은 그냥 알아서 하라는 식이죠.

이런 의사결정의 혼란은 상위 관리자에게만 나타나는 것은 아니다. 오히려 팀장 등 중간 관리자에게 더 많이 나타난다. 만성질환에서

무엇이 조직을 병들게 하는가

는 특히 팀장 권한이 취약하다. 책임은 있지만 권한이 없는 경우가 많다. 소통이 잘 안 되다 보니 타이밍을 놓치게 되고, 이와 관련해서 부서를 책임지고 있는 팀장이 대신 혼나는 경우가 많다. 이 과정에서 팀장의 말발이 약하다는 것을 눈치챈 실무자는 바로 말발이 강한 상급자와 의사소통을 하려고 한다. 어차피 팀장이 말해 봤자 소용이 없다는 것을 알기 때문이다. 이렇게 되면 팀장이 슈퍼비전을 주려고 해도 줄 수 없고 부서원을 챙기려고 해도 챙기기 어렵다.

다음은 팀장과 인터뷰한 내용들이다.

A팀장 바뀐 내용을 팀원과 시설장은 아는데 팀장인 내가 모르는 경우가 있습니다. 그러면 팀장으로 대처하기가 어렵죠.

B팀장 실무자가 행사 등 때문에 휴가를 써야 하는 상황이 생기면 팀장인 내가 느끼기에 '팀장은 결재만 해라. 나(실무자)는 시설장하고 담판을 지을 테니까.' 하는 분위기예요. 실무자가 시설장과 담판 후 팀장인 나에게는 나중에 통보만 해요.

C팀장 팀장인 내가 봤을 때 이 업무는 해야 하는 것이라 실무자에게 지시를 합니다. 실무자가 이 지시를 따르게 하려면 팀장인 내가 생각하는 것이 아니라 시설장의 지시라고 해야 해요. 내가 내리는 지시라고 생각하면 잘 안 하려고 합니다.

D팀장 팀원이 팀장을 인정하지 않아요. 무엇을 지시하면 팀장님 생각인지, 아니면 시설장님 생각인지 역으로 물어봐요. 팀장이 권한이 없는데 어떻게 책임을 질 수 있겠어요.

E팀장 밑에서는 인정을 안 해 주고, 위에서는 팀장이니 책임을 지라고 하죠. 실무자들 사이에서는 '팀장인 당신은 대충 결재만 해 주어라. 어차피 윗선에서 바뀌니까.' 하는 인식이 있어요.

F팀장 사업에 있어서 어느 정도 자율성이 필요해요. 프로그램을 진행할 때 일정 조율, 장소 정하는 것 등은 팀장 선에서 자유롭게 맡기면 좋을 것 같아요. 여기서는 부장님, 관장님이 선택을 하셔서 팀장이 소신껏 사업을 하기에는 중간 중간 주저되죠. 자율적으로 진행이 되면 좋은데…. 이전 기관에서는 팀원도 챙기고, 지역 자원도 챙길 수 있었어요. 특히 지역 자원이 뜨면 빨리 마감되었죠. 팀원이 해야 하는 업무에 도움이 되는 자원을 팀장 주도하에 신속히 추진하니까요. 여기서는 가능하지 않을 거예요. 결국은 이런 자원도, 팀원 업무 지원도 모두 놓치게 되죠.

이런 상황이 장기화되면 팀장은 그 권한을 포기한다. 그냥 실무자로 머물게 된다. 하지만 직급은 팀장이니 참 난감한 상황이 된다. 그러나 상급자는 팀장이 그 역할을 못하는 것에서 팀장의 역량 부족으로 인식을 하게 된다. 그리고 팀장이 속한 부서를 직접 관리하려는 의지가 강해진다. 결국 팀장도 실무자와 다름없게 되는 것이다. 하지만 문제가 생기면 팀장에게 그 책임을 묻는다.

팀장 입장에서는 매우 답답해진다. 팀장이니 부서를 책임지는 것이 맞는데 그렇다고 자신이 이야기해 봤자 실무자가 잘 따르지 않는다. 시설장도 팀장의 의견을 별로 중요하게 여기지 않는 것이 오히려 실무자와 바로 소통하려고 한다. 중간에서 이러지도 저러지도 못하면서 에너지만 낭비하는 결과를 초래한다. 이렇게 되면 시설의 허리 역할을 하는 기능이 무너지게 되므로 신속한 슈퍼비전, 부서 간 업무 협력, 기타 업무 대응 등 원활한 업무 진행은 어렵게 된다. 이런 부분은 실무자도 안다. 심한 경우 서로 팀장이 되는 것을 두려워하기도 한다.

다음은 실무자가 느끼는 팀장의 모습을 인터뷰한 내용이다.

A직원   실무자들이 팀장으로 인정을 잘 안 해요. 권한은 없고 의무만 있는 느낌이에요.

B직원   윗선에서 지시를 하면 그것을 하는 것이 팀장이라고 생각해요. 팀 회의에서 팀장은 위에서 원하는 내용을 그냥 전하는 전달자예요.

C직원   팀장을 서로 안 하려고 해요. 책임만 있고 권한은 없기 때문이죠.

D직원   기회가 주어지더라도 팀장을 하고 싶지는 않아요. 책임만 지고, 혜택은 없거든요.

E직원   팀장이 팀의 업무를 분배하는 것이 아니라, 시설장이 직접 업무를 나누어 줘요.

F직원   팀원들이 팀장의 지시사항을 듣지 않아요. 내가 팀장이라도 이런 팀원들에게 지시하기가 두려울 거예요. 새로운 업

무 이야기를 하면 반발을 하거든요.

공개적 질책과 은밀한 칭찬

공개적인 질책은 관리자가 매우 조심해야 하는 부분이다. 특별한 경우가 아니고서는 질책은 공개적으로 하지 않는 것이 좋다. 하지만 만성질환 조직은 직원의 잘못에 대해서 공개적으로 질책하는 경향이 있다. 다시는 같은 잘못을 하지 않기를 바라는 마음에서 또는 다른 직원도 주의했으면 좋겠다는 마음으로 공개적으로 질책을 한다. 직원 공식 회의시간이나 직원이 업무를 보고 있는 공개된 사무실에서 또는 주민이나 이용자가 있는 공간에서 직원을 나무라는 경우가 있다. 질책을 공개적으로 하게 되면 질책을 받는 직원은 자존심이 상당히 상하게 된다. 이렇게 되면 잘못에 대한 반성보다는 반감을 가지기 쉽다.

A직원   외부 사람이 있을 때 직원들을 더 깎아내려요. 직원들이 일을 전혀 안 한다고 생각하죠.

B직원   회의 때마다 긴장해요. 오늘은 누가 또 혼날까…. 매번 큰 소리가 나죠.

C직원   혼을 낼 때는 조용히 당사자만 데리고 나가서 했으면 좋겠어요. 이용자도 있는데 말이죠.

질책의 대상은 관리자도 예외는 아니다. 상위 관리자가 하위 관리자를 실무자 앞에서, 공식 회의석상에서 혼내기도 한다. 이런 일이 반복되면 질책받는 관리자의 권위는 약화된다. 실무자도 관리자를 무시하기 쉽다. 관리자가 권위가 서지 않으면 관리자로서 책임과 권한 행사가 어려워진다. 부서가 관리자의 책임하에 돌아가는 것이 아니라, 관리자 또한 상위 관리자 눈치를 보면서 움직이게 되니 실무자도 관리자의 의견을 경청하기 어렵다.

> **A과장** 전체 회의시간에 "저것도 과장이라고…." 하는 욕을 먹은 적이 있어요. 나만 그런 것이 아니라 다른 과장도 한두 번씩은 그렇게 욕을 먹어요. 부하직원이 앞에 있는데…, 참.
>
> **B직원** 간부회의 때 크게 혼나는 소리가 사무실까지 들려요. 방문한 주민이 놀라서 쳐다보는 경우도 있어요. 참 민망하죠.

반면에 칭찬은 공개적으로 하는 것이 효과가 있다. 하지만 만성질환 조직에서는 칭찬을 은밀하게 하는 경향이 있다. 열심히 일하는 직원을 칭찬과 격려를 통해 자극도 주고 나름 보상을 해 준다고 하지만 은밀한 칭찬은 역효과를 가져오기 쉽다. 직원들이 모르는 것 같지만 대부분 다 안다. 직원들은 관리자 특히 상위 관리자가 어떤 기분이며, 어떤 행동을 하는지, 누구에게 친절히 이야기하며, 누구에게 신경을 많이 쓰는지 민감하게 파악하고 있다. 그렇기 때문에 관리자가 조용히 격려하고 싶어서 특정 직원만 몰래 밥이나 차를 사 주게 되면 그 직원은 다른 직원과 융합하기 어려워진다. 상위 관리자 측근이라고 생각하기 때문에 경계하게 되는 것이다.

> **A직원** 나하고 다른 직원 두 명만 데리고 가서 밥을 사 줄 때가 있어요. 시설장이 지시한 업무를 잘 수행했다면서요. 몰래 가는 것 같아도 직원들이 다 알아요. 가는 저도 괜히 죄책감 들고 기분이 좋지 않아요.
>
> **B직원** 부장님이 부르면 다른 직원들이 민감하게 쳐다봐요. 부장님은 그것도 모르고 간혹 점심시간 전에 조용히 부르죠. A직원에게도 조용히 얘기하라고 하시면서 밥 먹으러 가자고 하세요. 부장님 마음은 알겠지만 솔직히 부담스럽죠. 그냥 다른 직원도 같이 밥 사 주면 좋겠어요.

경직된 분위기

대낮이지만 사무실 문은 닫혀 있다. 밖에서는 사무실 안이 잘 보이지 않는다. 막상 들어가도 앉은키를 훨씬 넘는 파티션은 사람을 보기 어렵게 한다. 조용히 컴퓨터 자판 두드리는 소리만 들리고 마치 도서관에 온 것처럼 누군가에게 말을 걸어서는 안 될 것 같은 분위기다. 고요할수록, 컴퓨터 자판 두드리는 소리만 들릴수록 업무에 더 집중하는 것 같은 느낌이 든다.

하지만 이용하고자 하는 주민의 입장에서는 업무에 방해가 될까봐 사무실에 들어가기가 왠지 조심스럽다. 우리 시설 분위기는 어떠

무엇이 조직을 병들게 하는가

한가? 조용한 사무실이라고 해서 만성질환 조직이라고 볼 수는 없다. 문제가 있다고 볼 수도 없다. 하지만 만성질환 조직은 주민에게 관심이 별로 없다. 직원들이 이미 피곤하고 힘들어하는 상황이기 때문에 주민을 돌아볼 여력이 없는 것이다. 그래서 찾아오는 주민도 별로 없고, 주민이 찾아오기를 희망하는 직원도 없다.

보통 만성질환 조직 사무실은 엄숙하다. 특히 상위 관리자가 있을 경우에는 더욱 그러하다. 때로는 이런 고요한 분위기를 조장하기도 한다. 사무실은 일하는 곳이기 때문에 업무에만 집중해야지, 업무 외적으로 잡담이나 다른 소리가 들리면 안 된다는 분위기가 있다. 맞는 말이기도 하다. 너무 잡담만 하는 것도 좋지 않다. 업무 몰입도에 영향을 주니까. 그렇다 하더라도 고요한 적막감이 흐르는 사무실은 주민과 직원, 직원과 직원 등 사람과 사람의 자연스러운 관계를 형성하는 데에는 별로 도움이 되지 않는다.

> A직원　사무실 분위기가 정적이고 무거워서 능동적으로 일하는 데 어려워요. 능동적으로 행동하는 인재가 되라고는 하는데, 눈에 띄는 직원이 될까 망설여지는 적도 종종 있죠.
> B직원　사무실에서 서로 웃거나 사담을 나누면 혼이 나요.

해도 그만, 안 해도 그만

만성질환 조직은 결론 없는 회의를 많이 한다. 회의시간도 길다.

장시간 회의를 하지만 결과는 없다. 회의를 통해 의견을 나누기보다는 주로 상급자의 이야기만 듣다가 끝난다. 회의로 특별히 결정되는 것도 없고, 결정된다고 하더라도 제대로 진행되지 않는다. 오늘 정해진 내용은 언제든지 다음 회의에서 번복될 수 있다.

때로는 의견이 전혀 없고 때로는 의견이 분분하지만, 공통점은 '그래서 어떻게 하겠다는 것인가?'에 대한 부분이 빠진다는 점이다. 어떤 경우에는 회의라고 하지만 중요한 이야기는 없고 상급자의 개인사를 듣거나 아니면 혼나거나 아니면 서류로 대신해도 되는 일상적인 업무 이야기를 하다가 마무리된다. 하든 안 하든 별 차이가 없는 회의를 계속한다. 그리고 그러한 회의에 늦게 오거나 불참하게 되면 많이 혼난다. 회의會議하고 나서 회의懷疑가 드는 현상이 발생한다.

> **A직원** 회의시간이 너무 길어요. 두 시간이 넘죠. 그런데 정작 내용은 없어요. 시설장님이 한 주 동안 뭐했는지, 요즘 무엇을 좋아하는지⋯. 그게 회의에서 중요한가요?
>
> **B직원** 돌아가면서 종이 보고 읽는 수준이에요. 오늘은 뭐하고, 이번 주는 뭐하고⋯. 그냥 문서만 봐도 알 수 있는 내용인데 굳이 왜 회의를 하는지 모르겠어요.

어떤 결정사항에서도 이를 수행하고 이루려는 부분이 약하다. 무언가를 정하면 이것이 이행되도록 하고, 이행되지 않으면 그 원인을 찾아 해결해야 하지만 만성질환 조직은 무언가를 하겠다고 결정하는

무엇이 조직을 병들게 하는가

것에만 관심을 두지 이행 여부 자체에는 별로 관심이 없다. 그러다 보니 실행의지가 약하다.

> **A직원** 무언가 정해지면 그것을 따라야 하지 않나요? 그런데 그때 뿐이에요. 별로 중요하게 생각하지 않아요. 관리자도 본인이 지시한 것을 잊어 버려요. 결정된 것을 하지 않아도 전혀 상관없어요.
>
> **B직원** 시설장과 직원 둘 다 바뀌어야 한다고 생각해요. 시설장이 맞는 소리를 해도 무시하죠. 시설장이 서류를 정리하라고 하는데도 안 해요. 예를 들어 시설장이 이번 주까지 서류를 마무리하래도 안 하고, 다음주에 다시 얘기해도 안 해요. 그런 식으로 시설장을 무시하죠. 시설장이 지시를 해도 "그냥 무시해.", "안 해도 괜찮아."라는 식이에요.

소속감을 약화시키는 구조

집에서 쓰던 삼성 냉장고가 고장이 났다. 삼성전자서비스센터에 전화를 했더니 센터에서 직원이 와서 수리를 했다. 그리고 몇 마디 대화를 했다.

"요즘 삼성 분위기가 좀 어수선한 것 같은데 괜찮으세요?"

"우리집에 또 다른 삼성전자 제품이 있는데 한번 봐 주실 수 있으세요?"

내가 왜 이렇게 질문을 했을까? 삼성서비스센터 직원은 당연히 삼성에 속한 직원이라고 생각했기 때문이다. '삼성'이 들어가는 삼성전자, 삼성중공업, 삼성물산 등 여기에서 근무하는 많은 직원은 삼성그룹에 속한, 즉 삼성맨이라고 생각하는 것은 당연하다.

그렇다면 사회복지시설은 어떨까?

복지시설 중에는 주간보호센터, 요양시설, 거점시설, 치매시설 등 부설시설이 있다. 예컨대 백두종합사회복지관 산하 백두데이케어센터가 있다면 여기 데이케어센터에서 근무하는 직원은 백두종합사회복지관 직원인가, 외부 직원인가? 급여도, 결재도 백두종합사회복지관 기관장을 통해 이루어지고 있었음에도 자신은 백두데이케어센터 직원이지 복지관 직원은 아니라고 생각했다. 복지관에 불만이 있어 그런 것이 아니라 아주 당연하게 인식을 했다.

이유는 오래도록 소속감이 약화된 상태에서 근무를 했기 때문이다. 소속감 약화는 전이된다. 업무 인수인계와 선임 등의 이야기, 조직 내 분위기 등을 통해 자연스럽게 학습된 것이다. 예컨대 식사도 따로 하고, 회의도 따로 한다. 직원 생일을 축하할 때도 사무실 직원만 하고, 간식을 먹을 때에도 사무실 직원끼리만 먹는다. 행사, 연수 등 중요한 일정에 대해서 공식적인 자리에서 듣는 것이 아니라 다른 사람을 통해서 전해 듣는다. 복지관 사회복지사가 하는 사업에 있어서는 기관장이 인사말을 하고 격려해 주지만 센터 사업에서는 기관장이 찾아오지 않는다. 업무와 관련해서 의견과 자문을 구할 때도 복지관 사무실에서는 센터 업무를 아는 직원이 없기 때문에 다른 센터 경력

무엇이 조직을 병들게 하는가

자를 통해 자문을 구하고 해결한다. 이러한 과정이 반복되다 보면 스스로 복지관 직원이 아니라 그냥 복지관에서 월급만 받기 위해 이름만 올려놓은 것으로 생각하기 쉽다.

> **A직원** 우리는 복지관 직원이 아니에요. 복지관에서 간식 먹을 때에도 자기들끼리만 먹지 우리를 부른 적이 없는 걸요.
>
> **B직원** 업무 협조가 필요할 때만 우리를 찾아요. 우리가 도움이 필요할 때는 '부설센터 업무는 알아서 해.'라는 식이죠. 복지관 업무가 부설센터 업무보다 항상 중요하다는 식이에요.
>
> **C직원** 그냥 우리끼리 잘 지내요. 기관장님도 우리 센터 일에 별로 신경 쓰지 않고요. 중요한 결재만 받고, 의견도 다른 센터장에게 물어보는 것이 더 편해요.

이런 현상은 직무에 따라서도 이루어진다. 만성질환 조직 내의 안전관리인, 조리사, 간호사, 물리 · 언어 · 놀이 등 치료사 등은 자신은 사회복지사가 아니기 때문에 사회복지시설에 속한 직원이 아니라고 생각하는 경향이 있다. 또는 사회복지사 중심으로 사업이 진행되기 때문에 우리는 사회복지사와 달리 '을'이라고 생각하는 피해의식이 있다. 이럴 경우 공동행사, 기타 업무협조가 필요하거나 함께 회의를 해야 하는 경우 부당하게 생각하기 쉽다. 하지만 이를 개선하기 위해 서로 소통할 수 있는 제도적 장치가 별로 마련되어 있지 못하다.

A직원 제가 요양보호사라서 직원처럼 제대로 인정해 주지 않아요.

B직원 저는 그저 안전관리인이지 사회복지 종사자로 인정하지 않는 것 같아요. 함께 하는 동료보다는 부하직원으로 생각하는 것 같아요.

조리사 행사 준비를 하면 꼭 우리만 뒷정리를 해요. 직원 회식을 하면 우리도 직원인데 항상 우리만 준비하고 정리를 해요.

평가의 부작용

직원 평가! 이것은 매우 힘든 작업이다. 어느 직원이 맡은 업무를 성실히 수행했는지 객관적으로 파악한다는 것은 매우 어렵다. 그럼에도 대부분의 조직은 평가를 통해 더 나은 발전 방향을 모색하고자 한다. 하지만 평가를 잘못하게 되면 안 하느니만 못한 결과를 초래한다. 만성질환 조직은 평가에서 더 예민한 반응을 보인다. 자기 조직에 대한 자신감, 직원 능력에 대한 자신감이 부족하기 때문에 평가에 더 예민하기 쉽다. 대외적으로 어떻게 보일까 더 신경을 쓰고 가능하면 우리 조직의 민낯을 감추고 싶어 한다. 이 과정에서 시설장은 직원 평가를 잘못된 방향으로 설계할 우려가 있다.

직원 평가의 궁극적 목적은 평가를 통해 직원이 보다 사회복지 종사자다운 업무 수행을 하도록 독려하는 데 있다. 그 기본 바탕에는 비난보다는 격려와 지지를 통해 현재 상황보다 개선할 수 있도록 지원할 수 있는 방향을 찾는 것이어야 한다. 하지만 자칫 개인이 성장하는

무엇이 조직을 병들게 하는가

데 초점을 갖기보다는 '당신이 얼마나 부족한 사람인지 여기 객관적인 자료를 보고 반성해!'라는 초점으로 접근할 우려가 있다. 이러한 접근은 오히려 역효과를 불러온다. 만성질환 조직은 설사 시설장이 이런 생각을 하지 않는다고 하더라도 이미 평가에 대한 불신이 팽배하다. 평가 결과에 대한 불신은 과장 이하 직위에서 나타난다. 주로 상급자가 평가하기 때문에 나타나는 현상이라고 할 수 있다. 하지만 평가로 인해 얻게 되는 긍정적인 효과는 별로 기대하기 어렵다. 평가 이후 오히려 만성질환이 심해지는 경우가 더 많다. 평가 결과에 대해서 신뢰하지 못하기 때문이다.

그럼에도 평가에 맞게 대비를 한다. 책임 추궁을 벗어나기 위해서다. 평가 준비는 보통 서류상으로 이루어진다. 다른 사람이, 상사가 문제를 제기할 수 없도록 자기 업무와 관련해서 평가 기준에 맞게 행정서류를 준비한다.

평가 기간이 되면 이제부터 가장 중요하고 우선시되는 업무는 바로 평가와 관련해서 내 책임을 벗어나는 것이다. 이렇게 되면 부서 간의 협력은 더 어렵고, 클라이언트도, 사회복지 가치도 중요하지 않다. 가장 중요한 것은 사업계획서대로 내 사업이 완벽하게 실적을 달성했는가다. 프로그램 질은 중요하지 않다. 괜히 프로그램 질을 신경 쓰다 양적으로 문제가 생기면 평가에서 문제가 생길 수 있다. 그래서 서류상 완벽하게 보일 수 있는 양적인 부분에 더 집중한다. 여기에 기존 사업계획서 실적보다 횟수와 참여 인원 등을 애당초 낮게 잡으면 보다 유리하다.

이러한 부분을 상위 관리자도 모를 리 없다. 과거보다 더 많은 일을 할 수 있도록 유도하기 위해 강제로 업무를 지시하기도 하지만 기대한 만큼 효과가 나타나지 않는다. 효과가 없으니 점점 업무 지시가 강해지든가 업무 지시에 잘 순응하는 사람에게 업무가 몰린다. 평가 방식의 문제점은 없는지 고민하게 되고 평가를 보다 다양한 방법으로 개선한다. 직원이 함께 평가하는 다면평가도 실시해 보고, 평가에서 점수가 낮게 나온 직원을 개별적으로 만나 근거자료와 함께 반성을 유도하기도 한다. 하지만 이미 관리자에 대해서 불신을 가지고 있는 상황에서 그 관리자가 주도하는 평가에 대해서 공정하다고 인정하는 직원은 많지 않다. 오히려 인사평가에서 좋은 점수를 받은 직원을 상위 관리자와 친해 인정받았다며 은근히 따돌리기도 한다. 평가를 하면 할수록 오히려 조직이 안 좋아지는 상황에 놓이게 되는 것이다.

A직원   현재 기관은 평가를 위한 복지관이 되었어요. 복지관에 갈등이 생기면 항상 외부의 힘을 빌리려고 해요. 별로 효과적이지 못한데도 말이죠.

B직원   열심히 일해도 제대로 평가받지 못합니다. 사업실적만 달성하면 그게 잘한 것인가요? 업무 협조도 잘 안 해 주고 자기 업무만 하는데, 이런 직원이 좋은 평가를 받아요. 업무평가는 자기 업무에 대해서만 받으니까요. 다른 업무를 협조해 준 것은 평가점수에 반영되지 않아요.

C직원   열심히 일해도 돌아오는 피드백이 좋지 않아 의욕이 상실

됩니다. 무언가 의욕적으로 하다 보면 실수도 있고 잘 안 될 수도 있는데, 그러면 질책이 따릅니다. 아무 일도 안 하면 오히려 혼나지 않아요.

이처럼 만성질환 조직은 그들만의 건강하지 못한 조직문화를 만들어 낸다. 비전 부재를 통해 싹트기 시작한 질병은 왜 가야 하는지 모른 채 불만 보면 뛰어드는 불나방처럼, 한 걸음도 나아갈 수 없는 쳇바퀴 안의 다람쥐처럼 무의미한 달리기를 반복하는 형태로 이어진다. 업業의 의미를 명확히 모르니 시대의 요구에 따른 가시적인 성과에만 내몰리게 되고, 장기적인 전략보다는 당장 급한 불을 끄기 위한 단기 전술 중심의 조직문화가 형성된다. 이 과정에서 서로에 대한 불만이 증폭되고 불신은 커진다. 상호 협력하기보다는 서로 경계하며, 어떻게 하면 내가 책임을 피할 수 있을지 고민하는 자기 보호주의적 업무 추진이 만연된다. 결국 열정을 유지하려는 직원은 만성질환 조직문화에 갇혀 점차 그 문화에 순응하거나 이직을 결정하게 된다. 그렇다면 이러한 조직문화를 변화시켜 좀 더 의미 있고 열정적인 조직문화로 만들기 위해서는 어떤 노력이 필요할까?

이제 그 처방을 내리고자 한다.

2

사회복지
조직의
만성질환
처방

조직문화는 어떻게 형성될까? 미국의 경영학자인 해멀과 프라할라 드Gary Hamel & C.K. Prahalad는 조직문화가 어떻게 형성되는지 간접적으로 알 수 있는 부분을 원숭이 실험을 통해서 밝혀냈다. 이들이 실험한 방식과 결과를 보면 다음과 같다.

큰 우리 한가운데에 높은 장대를 세운다. 그리고 그 위에 아주 신선한 바나나 한 다발을 올려놓는다. 그리고 그 우리에 원숭이 네 마리를 들여보낸다. 우리에 들어간 원숭이는 맨 위에 있는 바나나를 보게 되고 이것을 먹기 위해 올라간다. 그런데 원숭이가 바나나에 다다를 때쯤 호스나 양동이를 이용해서 차가운 물을 뿌린다. 원숭이는 물을 아주 싫어하기 때문에 물벼락을 맞고 나면 너무 놀라서 도망치듯 내려온다. 잠시 후 다시 바나나를 먹으려고 시도한다. 그러면 그때마다 차가운 물을 뿌린다. 그러면 원숭이는 바나나를 먹으려고 시도할 때마다 차가운 물을 맞게 된다는 것을 학습하게 된다. 어느 정도 학습이 되면 더이상 원숭이는 바나나를 먹기 위해 장대에 올라가지 않게 된다.

그 다음날 원숭이 네 마리 중에서 한 마리를 다른 우리로 보내고 새로운 원숭이 한 마리를 들여보낸다. 새로 들어온 원숭이는 높이 매달려 있는 바나나를 본다. 그러면 바나나를 먹기 위해 미친 듯이 달려 올라간다. 그렇다면 먼저 와 있었던 나머지 원숭이들은 어떻게 행동할까? 새로운 원숭이가 장대에 올라가는 것을 뜯어말린다. 장대에 올라가면 무슨 일이 벌어지는지를 알고 있기 때문이다. 그래서 올라가려는 원숭이 다리를 붙잡고, 할퀴고, 끌어내려서 결국 못 올라가게 한다. 그리고 점차 늦게 온 원숭이도 장대에 올라가려는 시도를 하지 않는다.

그 다음날, 첫날 물벼락을 경험한 원숭이 한 마리를 다시 내보내고 새로운 원숭이 한 마리를 들여보낸다. 마찬가지로 새로 들어온 원숭이 한 마리는 장대 위에 있는 바나나를 보자마자 먹기 위해 미친 듯이 올라간다. 하지만 역시나 마찬가지로 기존에 있던 원숭이가 못 올라가게 말린다. 놀라운 점은 늦게 온 원숭이, 물벼락을 맞은 경험이 없는 원숭이도 말리는 데 적극 동참한다는 점이다. 새로운 원숭이가 나무 위에 올라가려는 것을 기존 원숭이와 동일하게 격렬하게 말린다. 그래서 결국 못 올라가게 한다. 이런 식으로 해서 기존 물벼락을 경험했던 원숭이가 모두 나가고 물벼락 경험을 하지 않았던 원숭이만 남게 한다. 하지만 새로 어떤 원숭이가 들어오든지 나무 위에 있는 바나나는 먹지 못한다. 그들이 배웠던 대로 누가 오든 나무 위에 올라가는 것을 결사적으로 막기 때문이다. 하지만 새롭게 순서대로 들어온 원숭이들은 왜 말리는지 알지 못하고 있다. 바나나를 먹기 위해 나무 위에 올라가면 왜 안 되는지 전혀 모르지만 올라가지 못하게 하는 생활

무엇이 조직을 병들게 하는가

에 익숙해진다.

조직에 어떤 제도나 문화가 형성되기 시작하면 그 시기에 있었던 사람들은 어떤 연유로 그러한 제도나 문화가 생기게 되었는지 안다. 하지만 시간이 지날수록 당시 사람들은 사라지거나 그냥 익숙해서 그 문화가 잘못되었다고 하더라도 관행이라는 모습으로 따라가게 된다. 이렇게 되면 새로운 구성원이 들어오더라도 기존 관행을 따라갈 수밖에 없게 된다. 관행이라는 이름으로 이루어진 많은 비효율적인 방식인 것이다. "왜 그렇게 하는가?"라고 물으면 딱히 설명하지 못하고 "전부터 그렇게 해 왔습니다."라고 말할 수밖에 없는 것들이 바로 이런 이유에서다. 하지만 이것이 꼭 나쁜 것만은 아니다. 좋은 전통, 좋은 습관, 좋은 문화도 이와 같은 비슷한 과정으로 이어질 수 있다. 만약 조직에 건강한 문화가 자리를 잡게 되면 설사 건강하지 못한 구성원이 들어온다고 하더라도 그러한 방식에 따라갈 가능성이 높아지고 체질이 바뀌기 쉽다.

1

가슴질환 처방

바보는 방황하고, 현명한 사람은 여행한다.

– 토머스 풀러 Thomas Fuller

공감하는 비전 수립

어느 교도소에서 한 교도관이 수감자들에게 지시를 했다.

"땅을 파라."

수감자들은 열심히 땅을 팠다. 그러자 다시 지시했다.

"팠던 땅을 묻어라."

수감자들은 어리둥절해 하며 땅을 묻었다.

다음날 교도관은 다시 수감자들에게 지시를 한다.

"땅을 파라."

그리고 다시,

"팠던 땅을 묻어라."

이런 식으로 며칠 동안 계속한다면 수감자들은 어떤 행동을 취하게 될까? 교도관의 권력 때문에 말을 못하겠지만 불만은 가득 쌓이게 되고 점차 요령을 피우게 될 것이다.

"대충대충 해. 어차피 다시 묻어야 해."

이러한 행동이 나타나는 이유는 땅을 파는 행동에 대해서, 다시 묻는 행동에 대해서 아무런 의미도 발견하지 못했기 때문이다. 즉, 우리가 어떤 행동에 있어서 의미를 찾지 못하게 되면 능동적으로 일하기란 거의 불가능하다. 혼나지 않을 만큼만, 내가 피해를 입지 않을 만큼만 움직이게 되어 있다. 만약 수감자가 아니어도 상황은 마찬가지일 것이다.

매일 땅을 파고 다시 그 자리에 묻어야만 하는 이유에 대해서 의미를 찾지 못하게 된다면 아무리 월급을 많이 준다고 하더라도 지시하는 것 이상의 능력을 발휘하기는 어렵고, 또한 어차피 다시 묻을 건데 괜히 일만 만든다며 볼멘소리를 낼 것이 분명하다.

헬멧을 만드는 직원이 있었다. 그는 아이들이 자전거를 탈 때 머리를 보호하기 위해 쓰는 헬멧을 만들었다. 어느 날 이 직원은 편지를 받게 된다. "우리 아이가 얼마 전에 자전거를 타고 가다가 심하게 머리를 부딪쳤는데 다행히도 귀사에서 만든 헬멧 덕택에 머리를 다치지 않았습니다. 감사합니다."라는 내용이었다. 이 편지를 받은 직원은 자신이 하는 일이 단순히 헬멧만 만드는 일이 아니라는 것을 깨닫게 되었다. 그리고 다음과 같이 비전을 찾았다. "나는 인명을 살리는 일을 하고 있다."

이러한 비전을 찾게 된 직원이 일에 임하는 자세는 어떨까? 당연히 성실함 그 자체일 것이다. 이 직원의 직업은 더 이상 헬멧을 만드는 것이 아니다. 사람의 생명을 보호하는 아주 중요한 직업이다. 자신이 만든 헬멧을 보면서 스스로 뿌듯해 한다. 가족에게도 자기 직업을 자랑스러워하고 가족도 역시 같다. 보다 튼튼하고 안전한 헬멧을 만들기 위해 더 많이 연구하고 노력하게 된다. 인명을 보호하는 고귀한 일은 의사만 하는 일이라고 여겼는데 자신도 하고 있기 때문이다.

조직의 만성질환이 시작되는 출발점은 비전과 직결된다. 즉, 공감하는 비전이 없거나 또는 비전이 자기 언어로 명확해지지 못했기 때문이다. 존재하는 이유, 가고자 하는 방향성에 대한 명확한 기준이 없게 되면 조직은 혼란을 가져온다. 무엇을 해야 하는지, 왜 해야 하는지, 어떤 가치를 추구해야 하는지, 각자 옳다고 생각하는 방향으로 업무가 이루어지기 때문이다. 슈퍼비전이 효과를 발휘하려고 해도 슈퍼비전을 주는 사람과 받는 사람이 가고자 하는 방향성이 동일해야 효과가 있다. 조직이 나아가고자 하는 방향이 그때그때 달라진다면 사업의 지속성과 신뢰성을 담보하기는 어렵다. 이런 혼란은 사회복지에 대한 열정이 큰 사람끼리도 충분히 발생한다. 이때는 가치충돌로 더 큰 위기가 오기도 한다.

공감하는 비전* 수립과 확인

비전은 방향성이다. 시설이 가고자 하는 지향점이다. 그리고 궁극적으로 시설이 존재하는 이유다. 때문에 업무의 중요한 기준이 된다. 국가로 생각한다면 헌법과 같은 것이 바로 비전이다. 어떤 사람의 범

---

* 비전과 미션 어느 용어가 더 정확한지에 대한 논의는 여기서 접어 둔다. 사회복지시설처럼 비영리시설뿐만 아니라 영리를 추구하는 기업조직, 정부조직 심지어 외국에서도 이에 대해 명확히 정리된 부분은 없다. 여기서는 조직의 가장 근본적인 존재 이유를 비전으로 보고 서술한다.

무엇이 조직을 병들게 하는가

죄 유무, 처벌 기준 등은 모두 법에 따른다. 그리고 이러한 법의 토대가 되는 것이 바로 헌법이다. 마찬가지로 조직에서 이루어지는 모든 활동은 비전을 지향하고 있어야 한다. 그래야만 혼란을 막고 옳은 일을 하는 기준이 마련된다. 따라서 비전을 숙지하고 이를 내재화하는 것은 가장 기본 중의 기본이다. 조직이 존재하는 이유가 여기에 있고, 조직에서 행하는 모든 활동의 근거가 여기에 있기 때문이다.

경영컨설팅의 대가 짐 콜린스와 제리 포라스^{Jim Collins & Jerry I. Porras}가 쓴《성공하는 기업들의 8가지 습관^{Build to last}》에서 보면 가장 지속적이고 성공적인 사업체를 구별 짓는 가장 근본적인 특징으로 비전을 제시한다. 이러한 조직은 비전을 소중한 핵심 이념으로 잘 간직하고 있을 뿐만 아니라, 동시에 그 핵심 이념이 아닌 것들의 발전과 변화를 자극한다. 다시 말해서 비전을 기준으로 해서 절대 변하지 말아야 할 것과 변화를 위해 열려 있어야 할 것을 구분하고, 이를 지속적으로 강력하게 추진한다는 것이다. 그렇기 때문에 조직 차원에서 무엇을 해야 하고 하지 말아야 하는지, 또한 어떻게 해야 하는지를 명확히 알 수 있게 된다. 하지만 시설의 뚜렷한 비전이 없다면 부서와 직원에게 어디로 가야 하는지 방향을 제시해 줄 수 없다.

비전 없는 시설은 나침반 없이 망망대해를 떠다니는 배와 같다. 육지로 가려던 배가 오른쪽으로 조금 가다가 육지가 보이지 않자 왼쪽으로 가고, 왼쪽으로 가다가 육지가 안 보이자 다시 오른쪽으로 간다고 가정해 보자. 이렇게 반복하다가 '우리가 왜 육지에 가야 하지?' 하는 의문이 생기기 시작하면 내부갈등으로 이어지기 십상이다. 따라서 만성질환을 극복하기 위한 첫 출발은 시설의 비전 확립에 있다.

비전을 수립할 때는 몇 가지 고려사항이 있다. 먼저 비전을 수시로 바꾸어서는 안 된다. 비전은 시설의 존재 이유이기 때문에 한 번 세워지면 지켜야 하는 것이지 상황이 좋지 않다고 바꾸면 안 된다. 그러나 많은 시설이 평가 준비 차원에서 또는 대외적 홍보용으로 만드는 경우가 있는데, 이렇게 만들어진 것이라고 한다면 온전한 비전이라고 보기 어려우므로 직원 전체가 참여해서 제대로 비전을 수립할 필요가 있다.

이미 비전이 마련된 조직이라면 비전을 직원 모두가 내재화할 수 있도록 노력해야 한다. 의도적이든, 일상적이든 조직 안에 있는 동안 가랑비에 옷이 젖듯이 스며들게 해야 한다. 하지만 많은 시설이 바쁜 업무로 인해 또는 비전의 중요성을 제대로 체감하지 못해서 비전 내재화 작업에 소홀하다. 비전 내재화가 제대로 진행되지 못하면 비전이 없는 것과 마찬가지가 된다. 비전 내재화가 되어 있는지 안 되어 있는지는 조직문화를 보면 알 수 있다.

시설 비전 내재화와 관련된 질문에 답해 보자.

① 시설 비전을 이해하는 데 도움이 되는 자료집이 있는가?(비전 서술문이나 실천 사례집 등)
② 직원을 채용할 때 비전에 대한 인식, 공감 정도, 실천 의지 등이 중요한 기준이 되는가?
③ 신입직원 교육 때 비전 중심의 교육이 이루어지는가?(시설 비전

실천 사례 이해, 담당 업무와 비전 실천 적용 방법 등)

④ 해야 할 업무, 하지 말아야 할 업무, 향후 진행 방법 등 업무 판단 기준이 비전 중심으로 이루어지는가?

⑤ 직원 평가의 기준이 비전 실천 중심으로 이루어지고 있는가?

만약 다음의 질문*에서 '예.'가 두세 개라면 비전 내재화가 어느 정도 이루어지고 있다고 할 수 있다. 하지만 '예.'가 한 개 또는 없다면 비전 내재화가 꼭 필요한 조직이다.

비전 내재화가 전혀 안 되어 있을 뿐만 아니라, 현재 비전에 대해서 대부분이 공감하고 있지 않다면 결심해야 한다. 제대로 된 비전을 다시 수립할 것인지 아니면 비전 내재화를 위해 노력할 것인지. 만약 전자라면 가능한 모든 직원이 참여하는 것이 좋다. 전 직원 참여가 어렵다면 서면질의나 인터뷰 등 다른 방법을 통해서라도 의견을 받는 것이 중요하다.

비전 내재화 방법

지금 우리 사회는 우측통행이 일반화되어 있다. 하지만 알고 있는가? 2009년 이전까지는 좌측통행이 일반적이었다는 사실을. 그렇다.

---

* 동일한 시설에서 근무한다고 할지라도 직급에 따라 답이 전혀 다르게 나오는 경우가 종종 있다. 보통 시설장과 직원이 생각하는 비전 내재화 정도는 매우 큰 차이를 보인다. 보통 시설장에게 물어보면 "우리 직원들은 비전에 대해서 잘 공감하고 있다."고 말하지만, 직원들에게 물어보면 전혀 다른 답변이 나오는 경우가 많다. 따라서 직원 각자에게 물어보는 것이 가장 바람직하다.

2009년 10월 1일부터 우측통행이 실시되었다. 그렇다면 좌측통행이 익숙하던 사회가 어떻게 짧은 기간에 우측통행으로 변할 수 있게 되었을까?

그것은 우측통행이 실시되고 있다는 것을 인식시키고 끊임없이 보고 들을 수 있게 하였기 때문이다. 지하철이든 버스든 영상을 통해서, 벽에 붙어 있는 포스터를 통해서, 계단이나 거리 등 눈에 잘 보이는 곳의 스티커 부착을 통해서 지속적으로 인식시켰다. 우측통행이 필요한 이유와 이점에 대해 설명하면서 말이다. 이러한 노력은 우측통행이 시작되기 전부터 그리고 2009년 시행된 이후 현재까지도 계속되고 있다. 앞으로도 계속될 것이다. 완전히 사람들 머릿속에 뿌리가 박힐 때까지 계속 이어질 것이다. 이것이 바로 내재화다.

가능하다면 초기 내재화 작업은 동시다발적으로 강력하게 추진돼야 한다. 할 수 있는 모든 것을 동원해서 내재화를 받아들이기 위한 분위기를 만들어야 한다. 비전을 지키는 것에 대한 부정적인 인식이 자라지 않게 집요하게 노력해야 한다. 때로는 의도적으로, 때로는 자연스럽게 인식시켜야 한다. 어떤 시설은 공감하는 비전이 수립된 이후 자신들이 수립한 비전을 숙지할 수 있도록 일정 기간을 정해 놓고 매일 아침 모여서 큰 소리로 낭독하기로 결의했다. 하지만 시간이 지나자 조직 내에서 불만의 소리가 나오기 시작한다. "이런 행동이 과연 도움이 되겠어?", "꼭 이렇게까지 해야 하나?", "지금 다른 중요한 것도 많은데 이 시간에 매번 이것을 해야만 하나?" 등등 안 하기 위한 불만의 소리가 나오게 된다. 이런 소리에 지면 안 된다. 기간을 정했으면 뚝

무엇이 조직을 병들게 하는가

심 있게 그 기간 동안 진행해야 한다. 다행히도 이 시설은 기간 내에 꾸준히 이어 갔다. 그러고 나서 직원 의견을 수렴해서 또 다른 내재화 방법을 진행했다.

어느 시설은 사무실에서 잘 보이는 곳에 비전 문구를 써서 액자로 만들어 걸어 놓기도 하고, 어떤 시설은 모든 공식문서에 기관명과 함께 비전 문구를 작성해서 발송하기도 한다. 신입직원을 선발할 때도 비전과 업무 연관성에 대한 이해를 통해 비전에 대해 어느 정도 공감하고 실행할 준비가 되어 있는지가 중요한 기준이 된다. 입사하면 3개월 정도 비전 숙지와 함께 자신이 맡을 업무에서 어떻게 비전을 실천할 것인지 교육시킨다. 업무 평가에서도 비전이 중심이 되고 어떻게 비전을 실천했는지 함께 나누는 시간을 가진다. 이러한 전반적인 과정이 이루어지면서 비전을 제외하고 업무를 추진하는 직원은 없게 된다. 그러면 비전 내재화는 어느 정도 이루어지게 된다. 하지만 비전의 지속적 내재화를 위한 작업은 멈추지 않는다. 어디를 가나 비전을 숙지할 수밖에 없는 구조, 업무를 할 때 비전을 실천할 수밖에 없는 구조, 이러한 구조를 만드는 것이 중요하다. 그렇게 되면 누가 와도 비전을 실천하는 직원이 된다.

비전 내재화를 실천하는 과정에서 몇 가지 고려해야 할 사항이 있다. 첫째, 모든 직원이 참여하는 것이다. 둘째, 자기 언어로 비전의 의미를 말할 수 있게 하는 것이다. 셋째, 비전이 내 업무와 어떻게 연결될 수 있는지, 실제 실천된 사례는 있는지 나누어야 한다. 넷째, 이 과정을 모두 공유해서 전 직원이 자기 자신을 포함해 우리가 생각하는 비전의 의미와 실천 사례를 공유할 수 있어야 한다. 마지막으로 이러한 내용을 모두 기록하여 비전과 관련된 비전 서술문이나 실천 사례집으로 만들어야 한다. 이렇게 해서 만들어진 자료집은 직원 교육이나 각자가 자신의 업무를 비전 중심으로 이해할 수 있도록 활용하는 데 많은 도움이 된다.

부서 비전

시설 내에 있는 모든 부서는 필요하기 때문에 만들어진 것이다. 부서가 만들어진다는 것은 곧 시설이 보다 효율적으로 운영되는 데 필요하기 때문이다. 그렇다면 부서 또한 시설의 비전에 부합해야 한다. 그런데 부서마다 비전과 관련해서 직접적인 부서가 있고 간접적인 부서가 있다. 간혹 혼란을 겪는 부서가 간접적인 부서다.

예를 들어 보자. 여기 두 곳의 항공사가 있다. ○○항공사는 세상에서 가장 빠른 비행기를 만드는 것이 비전이다. △△항공사는 세상에서 가장 큰 비행기를 만드는 것이 비전이다. ○○와 △△항공사 모두 직원 음식을 준비하는 식당부서가 있다. 식당부서는 사업의 기획이나 집행과는 직접적으로 상관없기 때문에 항공사의 비전과는 상관없지 않을까 하는 생각을 할 수 있다. 오히려 음식을 맛있고 영양 많게 만드는 것이 비전이 될 수 있다. 하지만 상위비전은 분명히 각 항공사의 비전에 맞추어져 있어야 한다. 예컨대 ○○항공사의 식당부서는 '직원들이 가장 빠른 비행기를 만드는 데 도움이 되도록 음식을 만들겠다.'는 비전을 가지고 있어야 한다. △△항공사의 식당부서는 '직

　　　　　　　　무엇이 조직을 병들게 하는가

원들이 가장 큰 비행기를 만드는 데 도움이 되도록 음식을 만들겠다.'
는 비전을 가지고 있어야 한다. 이처럼 어떤 부서더라도 비전을 실천
하기 위한 부서가 될 수 있어야 하고, 되어야 한다.

개인 비전

시설에서 근무하는 직원 각 개인도 시설에 부합하는 비전을 가져
야 한다. 이것은 선택이 아니라 필수다. 이것이 출발점이다. 그래야
열정이 나오고 주인의식이 나온다. 업무에서 의미를 찾기 쉽고 매 순
간 활기차게 도와준다. 물론 시설에 부합하는 비전이 없어도 열정적
일 수 있다. 하지만 내가 어떤 시설에 속해서 근무한다는 것은 바로 그
시설이 이루고자 하는 것을 위해 근무한다는 의미다. 예컨대 병원에
서 근무하겠다는 사람은 능력과는 상관없이 기본적으로 히포크라테
스의 정신을 기본 마음으로 가져야 하는 일이 의미가 있게 된다. 마찬
가지로 자신이 근무하는 시설의 비전에 관심을 가지고 그에 맞는 인
재상이 되려고 하는 것은 매우 중요하다. 만일 근무하는 곳을 떠나려
는 마음이 없다면 자신이 평소 생각하는 가치와 부합되지 않더라도
시설의 비전에 맞추어야 한다.

간혹 이 부분에서 혼란을 느끼는 사람이 있다. 개인의 비전과 시설
의 비전이 다를 때 어떻게 해야 하는지에 대한 고민이다. 예컨대 만약
어떤 사회복지시설이 부당하게 장애인이나 어르신을 폭행하고 이를
당연하게 여기는 시설이 있다고 해 보자. 만약 당신이 여기에서 근무
한다면 이 시설 분위기에 맞추어서 당신도 그렇게 일을 해야 할까? 전

혀 아니다. 이 시설은 이미 존재 이유를 상실한 시설이다. 이 시설이 처음 존재한 목적, 즉 비전은 장애인과 어르신을 폭행하기 위해 설립된 것이 아니다. 어떤 시설도 그런 목적으로 설립되지는 않는다. 다만 그 비전을 상실했기 때문에 결과적으로 이상한 문화가 형성된 것이다. 만약 당신이 여기에서 근무한다면 당연히 비전을 지키기 위해 노력해야 한다. 이 시설이 원래 설립된 목적을 지키기 위해 조직문화를 바꾸어야 한다. 이것이 비전 실천이다.

열정과 주인의식

열정은 주인의식에서 나온다. 내 것이라는 인식이 강하면 저절로 열정은 일어난다. 그렇다면 어떻게 하면 주인의식을 가질 수 있게 할 것인가? 이것은 비전과 목표가 공유될 때 가지게 된다. 주인과 노예를 구분하는 가장 분명한 차이는 비전과 목표의식이 있느냐다. 주인은 비전과 목표가 분명하다. 이것은 내일을 내다보며 즐겁게 일하게 도와준다. 노예는 적당히 오늘 하루만 때우면 그만이다. 뚜렷한 목표의식이 없기 때문이다. 따라서 그저 시키는 일만 하려고 한다.

목표의식 심어 주기

비전이 명확해질수록 실행 목표도 분명해진다. 분명한 목표는 다시 실행력을 높여 준다.

후발주자로 당당히 시장에 진입한 사우스웨스트 항공은 업무 강

무엇이 조직을 병들게 하는가

도가 높기로 유명하다. 비행기 한 대당 직원 비율이 다른 항공사에 비해 훨씬 낮기 때문이다. 그럼에도 불구하고 미국 항공사 중에서 고객 불만 건수가 가장 적다. 반면에 가장 빠른 수화물 처리, 정시 도착 등에서는 항상 1위를 차지한다. 연간 이직률도 매우 낮다. 그렇다고 다른 항공사에 비해 급여수준이 높은 것도 아니다. 이유가 무엇일까?

그 이유 중 하나가 바로 명확한 방향성이다. 사우스웨스트 항공은 강하면서도 독창적인 메시지로 고객의 마음을 확실히 사로잡았다. 메시지는 사우스웨스트 항공이 무엇을 추구하는지 정확히 알려 준다. 덕분에 고객들도 사우스웨스트 항공이 무엇을 위해 노력하는지 분명히 알 수 있었다. "언제라도 당신이 원할 때, 자동차 여행비용으로 비행기 속도 여행을 즐겨라." 이러한 명확한 목표설정은 30년 동안 지속적인 성장을 하는 데 밑거름이 되었을 뿐만 아니라, 2002년에는 미국 항공 시장의 1위가 되는 것에 결정적인 역할도 하였다.

직원들에게 목표의식을 심어 주기 위해서는 비전과 목표를 명확히 공유해야 한다. 비전과 목표를 공유하지 않고 직원들에게 열정을 요구하는 것은 마치 항해 목적지도 가르쳐 주지 않고 열심히 노를 저으라고 하는 것과 같다.

그렇다면 목표의식은 어떤 방식으로 심어 주는 것이 좋을까? 업무 측면에서 본다면 행동 중심에서 목적 중심으로 부여하는 것이 바람직하다. 예를 들어 '비행기 승무원의 업무에 대한 목표 지시'를 한다고 해 보자. 행동 중심 목표는 다음과 같다. "우리의 목표는 승객에게 안전에 관한 지침을 전달하고, 식사와 음료를 신속하게 제공하는 것이다."

이와 같은 행동 중심의 목표는 직원을 수동적으로 만들 가능성이 크다. 기계적인 안전지침 전달과 신속한 식사와 음료 제공을 목표 달성으로 생각하기 쉽다. 여기서는 직원이 생각하는 능동적인 활동이 나오기 어렵다. 목적 중심 목표는 다음과 같다. "우리의 목표는 승객들을 안전하고, 편안하고, 만족스럽게 모시는 것이다."

이와 같이 목적 중심으로 목표를 구성하게 되면 승무원의 행동이 보다 능동적이 된다. 목적을 이루기 위한 구체적인 행동에 대한 재량은 승무원이 판단할 수 있기 때문이다. 이 과정에서 주인의식이 형성된다.

사회복지를 예로 들어 보자. 어르신 명절맞이 행사를 하는 경우 행동 중심 목표는 다음과 같다. "우리의 목표는 순서지에 오타 없이 준비, 후원자 명단 빠짐없이 기록, 신속한 음식 제공, 현수막 문구 확인 등이다."

목적 중심 목표는 다음과 같다. "우리의 목표는 어르신이 주인공인 명절 행사를 만드는 것, 다양한 경험을 해 보는 행사가 되는 것, 명절 행사의 전문성을 향상시킬 수 있는 기회가 되는 것 등이다."

공유하기

목표의식을 심어 주는 것 못지않게 중요한 것이 직원이 함께 공유하는 것이다. 지식과 정보, 성과 등 조직 내에서 이루어지는 것을 함께 공유하는 것이 중요하다. 열정을 가지지 못하는 이유 중의 하나는 그것에 대해 잘 모르기 때문이다. 우리는 어떤 것에 대해 열정을 가지

무엇이 조직을 병들게 하는가

게 되면 그것을 잘 알게 된다. 반대로 잘 알고 있기 때문에 그것에 대한 열정을 갖기도 한다. 야구를 전혀 모르는 사람이 야구에 대한 열정을 가지기는 어렵다. 따라서 열정을 가져야 하는 부분에 대해서 알게 해 주는 노력이 필요하다.

조직은 직원들에게 개인의 업무에 관한 지식뿐만 아니라 조직 경영에 관한 제반 지식을 습득할 수 있도록 해 주어야 한다. 자신이 근무하는 시설 전체 예산, 지출비중, 수입비중, 자신이 맡은 업무의 예산과 내용 등을 알게 하는 노력이 필요하다. 여기서 말하는 노력은 단순히 자료를 공개하는 것만이 아니라 직원이 이를 제대로 이해할 수 있도록 교육시키는 것을 포함한다. 즉, 내가 속한 시설과 내가 속한 부서, 내가 맡은 업무와 관련해서 사업의 중요성, 역할, 예산비중 등에 대해 자료 공개뿐만 아니라 이를 이해할 수 있도록 교육을 병행하는 것이 중요하다.

이와 함께 성과도 공유할 필요가 있다. 조직의 비전과 목표 달성을 위해 쏟은 자신의 노력이 어느 정도 성과에 기여했는지 피드백되어야 한다. 피드백이 잘 이루어지게 되면 직원들은 자신의 노력으로 무엇을 성취하게 되었는지 알게 되어 자신감을 갖게 된다. 또한 자기 자신이 잘 하고 있는지에 대한 혼란도 줄어들어 열정이 지속되게 된다.

성과를 효과적으로 공유하기 위해서는 명확하고 객관적인 성과지표를 제시할 필요가 있다. 어느 사회복지시설에서는 연말이 되면 자기 업무와 관련한 성과발표회를 한다. 발표회 과정을 통해 직원이 비전을 이루기 위해 어떤 목적으로 사업을 계획했고 진행했는지 직원들

앞에서 때로는 주민들 앞에서 설명을 한다. 설명이 끝나면 그 직원이 그동안 노력했던 점을 칭찬하고 격려해 준다. 이것은 조직을 위해 헌신한 직원의 공로를 공개적으로 인정해 주는 것이기도 하고, 직원 스스로 자기 업무에 대한 주인의식을 강화하는 효과를 주기도 한다. 직원은 자신뿐만 아니라 자신이 속한 조직의 비전과 목표 달성을 위해 일한다. 비전과 목표를 공유하는 것이 열정을 통한 주인의식을 심어 주는 데 매우 큰 영향을 준다.

동기부여와 솔선수범

동기부여

2014년 한국 축구는 침체기에 빠져 있었다. 많은 사람들이 축구에 대한 관심이 줄어들었다. 그때 슈틸리케 감독이 부임한다. 그리고 고민을 한다. '어떻게 하면 침체된 분위기 속에서 선수 개인이 가진 잠재력을 최대한 발휘할 수 있도록 동기부여를 할 것인가?', '어떻게 하면 선수들 스스로 지속적으로 자부심을 갖게 할 것인가?'

슈틸리케 감독은 2015년 아시안컵 결승전에서 간단한 메시지를 활용해 이 고민을 해결했다. 그는 선수들의 동기부여를 위해 교민들을 적극 활용하였다. 결승전을 앞두고 교민들의 응원 메시지를 녹화한 후 그 내용을 선수들에게 보여 준 것이다. 교민들이 느끼는 아시안컵의 의미, 즉 교민들에게 큰 힘이 된다는 아시안컵 메시지는 선수들이 강한 정신력으로 무장하는 데 큰 동기부여가 되었다. 이러한 감독

무엇이 조직을 병들게 하는가

의 기대, 교민의 응원을 접한 선수들은 자신이 가진 능력을 100% 이상 발휘하겠다는 다짐을 하게 된다. 그리고 아시안컵에서 명경기를 펼쳤다.

하지만 아쉽게도 결승전에서 호주에게 지고 말았다. 경기에서 지면 보통 선수들은 크게 낙담하게 되고 자부심은 약해질 수밖에 없다. 하지만 그동안 열심히 했던 노력이 단순히 경기에서 졌다는 이유로 물거품이 되는 것을 원하지 않았던 감독은 선수들이 자부심을 계속 간직할 수 있도록 직접 선수들을 격려했다. "대한민국 국민 여러분, 우리 선수들 자랑스러워해도 됩니다." 서툰 한국말로 직접 감독이 나서서 선수들을 자랑스러워해 달라고 하니 그 이야기를 듣는 선수들 기분이 어떠했겠는가?

실무자로 탁월한 능력을 발휘했던 직원이 관리자가 되면서 그 부서가 혼란에 빠지는 경우가 종종 있다. 그 이유 중의 하나는 바로 팀원에게 동기부여를 잘하지 못했기 때문이다. 실무자는 자기 일만 잘하면 되지만 지도자는 팀원이 일을 잘하도록 동기부여를 해 주어야한다. 지도자는 혼자서 일하는 것이 아니라 함께 일하도록 만드는 사람이기 때문이다. 하지만 실무자로 탁월한 경험을 했던 지도자는 자기만큼 따라오지 못하는 팀원을 보면서 본인도 모르게 비판자의 입장이 된다. 그리고 자신이 했던 만큼 요구하게 되고 그렇지 못한 직원을 다그치면서 문제가 생긴다.

군대에서 있었던 일이다. 한번은 대대장이 힘든 일을 마치고 휴식을 취하고 있던 사병들에게 다음과 같이 말을 한 적이 있다. "내가 은

행에 가 보았더니 은행 직원이 짧은 시간 안에 손님맞이와 전화 상담, 통장 정리 등 여러 일을 동시에 하더라. 이렇게 열심히 일한다. 너희들도 이처럼 해야 하지 않겠느냐?" 대대장의 말은 잠깐의 휴식조차 방해하는 스트레스로 다가왔다.

사회복지시설에서 근무할 때 일이다. 상황은 다르지만 시설장에게 대대장과 비슷한 이야기를 들었다. "보험사에 내 친구가 있는데, 이 친구는 새벽부터 밤늦게까지 쉬지도 않고 열심히 일한다. 우리 직원들도 그렇게 할 필요가 있다. 지금 업무가 많다고 하는데 내가 볼 때는 아니다." 이런 시설장의 말도 나에게는 동기부여가 되지 못했다.

지금 생각해 보면 대대장이나 기관장 모두 옳은 말을 하였다. 그런데 왜 동기부여가 되지 않았을까? 곰곰이 생각해 보니 일방적이었기 때문이었다. 당시 대대장이나 시설장의 공통점은 사병과 직원에게 요구만 했다는 점이다. "다른 조직에 있는 직원들은 열심히 일하고 있고 더 많이 일하고 있다. 그러니 너희도 본받으라."고만 했지, 실제로 동참하지는 않았다. 사병이나 직원이 업무로 힘들게 일하고 있을 때 대대장도 시설장도 그 자리에 없었다. 그리고 열심히 하라는 말만 있지 정작 근무환경 개선이나 일하는 사람을 위한 지원에 대해서는 별로 관심이 없었다.

솔선수범

동기부여를 위한 강력한 힘은 바로 솔선수범이다. 리더의 솔선수범이 강력한 동기부여가 된다. 〈리더스 다이제스트〉에 수록된 이야기다. 1943년 비 내리는 어느 날, 한 대대가 마운트배튼 경의 사열을 기다리며 정렬해 있었다. 장교들과는 달리 사병들은 레인코트를 입지 않았기 때문에 비에 흠뻑 젖어 있었다. 마운트배튼을 태운 차가 모습을 드러냈고 그가 레인코트를 입고 차에서 내렸다. 몇 발자국 걷던 그는 주위를 둘러보더니 다시 차로 돌아갔다. 그리고는 레인코트를 벗고 돌아와 사열을 했다. 이러한 모습을 본 병사들은 어떠했을까? 당연히 열렬히 환호하고 충성심은 배가 되었다.

〈아마존의 눈물〉 제작자 김진만 피디도 동기부여를 위한 솔선수범이 얼마나 중요한지 이야기해 준 적이 있다. 다큐멘터리를 촬영하다 보면 촬영감독과 피디와의 사이에서 종종 갈등이 발생해 촬영을 망치는 경우가 있다. 서로의 입장 차이 때문에 발생하는 것이다. 피디의 입장은 이렇다. 오래도록 비행기를 타고 이 오지에 와서 힘들게 기다리다 이제 멋진 장면이 들어오는 순간인데, 조금만 참으면 멋진 영상을 담을 수 있는데, 좀 더 참지 못한 아쉬움을 드러낸다. 촬영감독의 입장은 이렇다. 이렇게 더운 곳에서 또는 추운 곳에서 나 혼자 무거운 카메라를 메고 오랜 시간 동안 참고 기다려 왔다. 나도 감독의 사명을 가지고 보다 좋은 영상을 담고 싶어서 참을 수 있는 만큼 참았고 기다릴 수 있는 만큼 기다렸다. 하지만 더 이상 참을 수 없이 힘들어서 이제 그만 찍자고 하는 것인데, 좋은 영상도 좋지만 인간의 한계라는 것도 있지 않은가? 아니면 피디 당신이 나와 같은 상황에서 촬영을 해 봐라. 그러면 당신도 그만 찍자고 할 것이다. 이런 입장 차이가 큰 갈등으로 번져 다큐멘터리를 한 번 찍은 후에는 다시는 함께 작업을 하지 않는 경우도 많다고 한다.

반면에 이를 잘 알고 있는 김진만 피디는 다른 피디처럼 피디로서의 역할만 강조하는 것이 아니라 촬영감독의 입장도 고려해서 촬영을 하기 때문에 갈등이 거의 없었다고 한다. 예컨대 촬영감독은 아무리 더워도, 모기떼의 습격을 받아도 그대로 참고 장시간 같은 자세로 있어야 한다. 움직이면 영상을 망치기 때문이다. 춥다고 장갑과 옷을 많이 껴입을 수도 없다. 감각이 떨어져 미묘한 차이를 느낄 수 없기 때문이다. 하지만 피디는 그렇지 않다. 날씨에 맞게 옷을 입을 수 있고 장시간 같은 자세로 있을 필요도 없다. 그러니 촬영감독이 느끼는 고통만큼 피부로 와닿지 않는다. 그래서 김진만 피디는 일부러 촬영감독과 동일한 조건 속에서 함께 촬영을 진행한다. 같은 상황이기 때문에 피디가 참을 수 있는 상황이라고 여겨지면 계속 촬영이 진행된다. 반대로 피디가 참을 수 없는 상황이 되면 촬영감독도 마찬가지기 때문에 아무리 멋진 장면을 놓친다고 하더라도 촬영은 중단된다. 촬영에 대한 책임을 모두 촬영감독에게 지우지 않는 것이다. 이렇게 하니 촬영감독도 피디가 좀 더 요구해도 잘 수용하게 되어 갈등은 거의 없어지게 되었다. 이것이 바로 리더의 솔선수범 자세다. 이러한 리더의 솔선수범은 함께 하는 동료를, 팀원을 움직이게 한다.

필자가 지역사회조사 강의를 하다 보면 신입직원이나 1~2년차 실무자가 참석하는 경우가 종종 있다. 이런 경우 대개 강의에 참석한 사람이 지역조사 담당자라고 보면 된다. 문제는 교육에 참여한 사람이 모두 맡아서 진행한다는 점이다. 지역사회조사는 경력자도 잘 하기

무엇이 조직을 병들게 하는가

어려운 분야다. 조사방법론에 대한 지식도 있어야 하지만 그보다도 시설 주변의 지역사회환경, 지역주민, 각 부서별 업무에 대한 이해 등을 종합적으로 알고 있어야 효과적인 조사 수행이 가능하다. 그런데도 경력이 낮은 사람이 주로 강의에 참석하는 것은 주어진 업무를 거부하기 어려운 직원이 왔을 가능성이 크다. 마치 폭탄 돌리기처럼 누군가가 하긴 해야 하는데 그것을 제일 힘없는 직원이 맡게 된 것과 같다. 문제는 시설 내에 지역조사와 관련해서 자문을 구하거나 도움을 받을 수 있는 상사가 별로 없다는 점이다. 여기에 지역조사를 TF팀 형태가 아닌 개인이 혼자 맡게 되는 경우가 많다. 그리고 지역조사가 큰 사업이라는 것을 알면서도 기존 업무에 덤으로 끼워 넣는 경우가 많기 때문에 조사를 수행해야 할 담당자는 많이 부담스러울 수밖에 없다. 조직에서 근무한 경력이 적은데다가 도와주는 사람도 별로 없고, 자기 업무 외에 지역조사 업무까지 해야 하는 사면초가 상태에 빠지는 것이다.

이렇게 되면 업무 진척도 잘 이루어지지 않을 뿐만 아니라 기존에 자신이 해 왔던 업무에도 차질을 빚게 된다. 첨언하자면 지역조사는 경력자라고 하더라도 혼자서 수행하는 것은 쉽지 않다. 만약 리더가 TF팀을 꾸려 주고 진행이 이루어질 수 있도록 관련 전문가를 파악하는 노력을 함께해 준다면 좋지 않을까 생각을 해 본다. 어느 정도 세팅이 구성된 다음 실무자에게 맡기고 진행 과정에서 함께 고민해 준다면 보다 원활한 진행이 되지 않을까 생각된다. 이런 생각을 직접 실행에 옮긴 리더가 있어 소개한다.

바자회와 관련한 어느 사회복지시설 팀장의 솔선수범 사례다. 바자회를 진행하기로 결정했다면 누군가는 담당해야 한다. 그런데 이 업무를 한 사람이 담당하게 하지 않았다. 바자회를 위해 TF팀을 꾸렸다. 바자회 중에서는 시범사업 차원에서 처음으로 진행되는 부분도 있었다. 시범사업에 대해서는 아무도 해 본 적이 없었기 때문에 팀원들 모두가 부담을 느끼는 상황이었다. 먼저 팀장이 시범사업을 맡겠다고 하였다. 그리고 나머지 부담이 적은 업무를 가지고 각자 원하는 사업을 한 개씩 선택하도록 유도하였다. 팀장이 먼저 가장 부담이 되는 사업을 맡게 되니 행여나 자신에게 부담스런 부분이 떨어질까 염려하던 마음이 사라졌다. 게다가 팀 업무를 분담할 때 먼저 본인이 즐겁게 할 수 있는 사업을 하나씩 선택하게 하였다. 예를 들어, 홍보를 좋아하는 직원은 홍보를 담당하게 하고, 홍보를 부담스러워하는 직원은 본인이 보다 편한 업무를 맡게 하였다. 그러면서 각자 원하는 사업을 가져가게 하였다. 그 결과, 다는 아니더라도 자신이 재미있게 할 수 있는 사업을 맡다 보니까 업무가 이전보다 할 만하고 즐겁게 참여할 수 있게 되었다. 그러자 팀원 동력이 강화되었다.

TF팀 모임을 할 때도 팀원의 부담감을 줄이기 위해 미리 간식을 준비하였다. 분위기를 좋게 유도하기 위함이었다. 회의에서도 팀장이 지시하는 것이 아니라 팀원의 의견을 적극적으로 물어보았다. "어떤 바자회를 하면 좋을까? 무엇을 하면 보다 즐겁게 할 수 있을까?" 이 과정에서 팀원들은 다양한 의견을 제시하였다. "홍보가 중요하다고 생각합니다. 여러 곳을 다니면서 바자회 홍보를 하면 어떨까요?", "우리

무엇이 조직을 병들게 하는가

지역에 짜장면집, 치킨집 등 배달업체가 많은데 이분들이 배달할 때 바자회 소식지도 함께 홍보해서 가면 어떨까요?", "이번 바자회 때에는 신제품 요리코너를 만들면 어떨까요? 여기서 평소 먹어 보지 못한 음식을 접할 수 있는 기회나 외국 음식을 먹을 수 있는 기회를 제공하면 어떨까요?"

의견이 나오면 100%는 아니더라도 그 의견이 어느 정도는 반영되도록 하였다. 그리고 제시된 의견이 진행될 수 있도록 의견을 말한 사람에게 진행하게 하는 것이 아니라 누가 맡을지를 의견을 나누어 구성하였다. 기관에 홍보부서가 있다고 이번 홍보와 관련된 아이디어를 홍보부서가 하도록 강요하지 않았다. 오히려 바자회 TF팀 중에 홍보팀을 만들어 그들이 주도적으로 자신의 아이디어를 진행하도록 하게 하였다. 바자회를 위한 아이디어가 모이면 역할을 구분하고, 다시 팀으로 구성해서 원하는 팀에 배치하였다. 예컨대 홍보팀, 요리개발팀, 봉사자 섭외팀, 간식팀 등. 그리고 담당 역할을 즐겁고 잘할 수 있도록 재량권과 지원을 아끼지 않았다.

바자회가 끝난 후에도 과장의 솔선수범 정신은 이어졌다. 사전에 시설장의 칭찬이 총괄담당자인 팀장 자신에게만 오지 않도록 시설장에게 미리 말씀을 드렸다. 그리고 각 담당자가 자신의 성과를 직접 발표하게 하여 자기가 진행한 사업에 대한 칭찬을 공개적으로 받을 수 있도록 했다. 그 결과, 바자회는 직원을 포함해서 이전보다 훨씬 즐겁고 유익한 행사가 될 수 있었다.

2

머리질환 처방

> 실수하며 보낸 인생은 아무것도 하지 않고 보낸 인생보다
> 훨씬 존경스러울 뿐 아니라 훨씬 더 유용하다.
>
> – 조지 버나드 쇼George Bernard Shaw

인정과 보상

관심과 표현

조직은 기본적으로 업무 중심으로 움직인다. 상사는 업무가 잘 진행되고 있는지가 가장 중요한 관심사가 될 수밖에 없다. 하지만 업무는 사람이 한다. 업무는 논리적이지만 사람은 감정적이다. 그래서 업무도 감정에 영향을 받는다. 감정이 좋으면 업무 능률이 오르는 것은 당연하다. 좋은 감정은 관심과 표현으로부터 형성된다. 예컨대 어느 시설장은 직접 직원용 냉장고를 설치해서 운영하고 있다. 시설장이 직접 직원을 위한 음료와 과자 등을 매달 일정한 금액으로 구입해 놓는다. 그러면 직원들은 냉장고에서 본인이 먹고 싶을 때 간식을 꺼내 먹는다. 특히 무더운 여름에 외부 활동 후 사무실에 들어왔을 때 냉장고에 있는 차가운 음료는 직원의 근로욕구를 높여 준다.

특히 관심을 가져야 하는 부분은 감정을 통해서 어려움이 나타나는 직원이다. 직원이 좌절과 근심을 표현하거나 상담을 원할 경우 조

무엇이 조직을 병들게 하는가

직은 즉각 반응해 주어야 한다. 좌절과 근심이 표면적으로 나타났을 때는 이미 인내의 한계에 봉착했을 가능성이 높다. 그렇기 때문에 직원의 고충과 어려움에 대해서 관심이 많다는 것을 직원이 느끼게 해 줄 필요가 있다. 직원이 느끼는 어려움을 경청하고 직원 입장에서 들어 주는 노력이 필요하다. 조직이 적절한 행동을 취하고 있음을 알게 하는 것도 좋고, 직원의 욕구 불만에 대해서 충분히 충족시켜 주지 못하는 이유를 설명하는 것도 필요하다. '시간이 지나면 적응하겠지.' 하면서 직원을 방치하는 것은 좋지 않다. 근무하면서 소진이 발생하는 직원을 대비해 소진과 관련해서 상담을 할 수 있는 공간이나 시간을 마련하는 것도 좋다. 모든 직원이 소진을 예방하는 데 책임이 있다는 것을 알게 해야 한다. 소진이 의심되는 직원이 나타나면 즉시 관리자에게 보고하고 소진이 심화되지 않도록 지속적인 관심이 필요하다.

어느 시민단체는 강제휴가 제도를 운영하고 있다. 근무를 하다 보면 노력한 결과와 상관없이 봉변을 당하는 경우가 있다. 이용자가 별 이유도 없이 화를 내거나 무언가 오해해서 담당자를 공격하는 경우도 있다. 사회복지시설의 경우는 힘들게 후원을 개발해서 여러 명에게 지원을 해 주면 지원 명단에 없는 주민이 찾아와 항의를 하는 경우도 많다. 이럴 경우 담당자는 힘들게 애쓴 보람은 사라지고 '차라리 아무 것도 하지 말걸 그랬나?' 하는 생각이 들기도 한다. 이런 상황에서 조직이 강제휴가 제도를 진행한다. 강제휴가란 지금 기분으로는 근무하기 어려운 상황이기 때문에 바로 퇴근해서 하루 정도 휴가를 가진 후 출근하는 것을 말한다. 물론 업무에 차질이 없도록 하기 위해 부서장과 동료 팀원이 그 업무를 대신 맡아 준다. 이러한 혜택을 받게 되면 그 직원은 조직이 자신에 대한 관심이 많다는 것을 확인받고 힘을 얻는다. 규정상 강제휴가가 어렵다면 한두 시간 커피 한 잔과 함께 쉴 수 있도록 하는 것도 방법이 될 수 있다. 중요한 것은 내가 어려울 때 조직이 나를 보호해 줄 것이라는 믿음이 생기면 조직은 활기차진다.

직원   윗분들과 의사소통이 잘 안 돼요. 지나다니다가 인사하는 경우는 있지만…. 다른 시설은 이따금 어떤 고충이 있는지 물어봐요. 여기는 그런 피드백이 없는 것 같아요. 따로 보는 것이 부담스러울 수도 있지만, '나한테 너무 무관심한 것이 아닌가?' 하는 생각이 들어요.

보상

바퀴벌레가 있다. 살아 있는 바퀴벌레를 먹을 수 있을까? 만약 바퀴벌레를 먹는 조건으로 보상을 걸면 어떻게 될까? 한 마리를 먹을 때마다 100원을 준다면. 그리 많은 사람이 먹지 않을 것이다. 만약 10만 원씩 준다면. 그러면 먹는 사람이 생긴다. 1억 원을 준다면 대부분 먹을 것이다. 이처럼 보상은 강력한 힘을 가진다. 기본적으로 보상이 크면 클수록 희생을 감수하게 된다. 이처럼 보상은 힘이 있다. 하지만 보상은 양날의 검과 같다. 어떻게 해 주느냐에 따라 약이 될 수도 있고 독이 될 수도 있다.

'마시멜로 챌린지'라는 대회가 있다. 주어진 재료를 가지고 가장 높

무엇이 조직을 병들게 하는가

이 쌓는 팀이 이기는 게임이다. 주로 네 명이 한 팀이 되어서 진행한다. 재료는 스파게티 한 봉지, 90센티미터의 테이프와 실, 그리고 마시멜로 한 개다. 18분 안에 스파게티와 테이프를 활용해서 가장 높이 쌓아야 한다. 그리고 마지막 꼭대기에 마시멜로를 꽂으면 된다.

그런데 간혹 이런 시합을 할 때 큰 보상을 조건으로 내놓기도 한다. 예컨대 18분 안에 가장 높이 쌓은 팀 전원에게 100만 원씩 주겠다고 보상을 제시하는 것이다. 그러면 어떤 결과가 발생할까? 보상이 없을 때보다 높이 쌓는 팀이 많아질까? 아쉽게도 그렇지 않다. 보상이 클수록 오히려 높이 쌓는 팀은 줄어든다.

이유가 무엇일까? 여기에 보상의 함정이 있다. 보상을 받기 위해서는 다른 팀보다 높이 쌓아야 한다. 옆 팀을 보니 우리 팀보다 높게 올라갈 것 같다. 우리 팀이 현재 가장 높이 있어도 곧 옆 팀이 따라올 것 같다. 그러면 우리는 보상을 받을 수 없다. 그러면 터무니없이 무리하게 되고, 곧 무게를 견디지 못하고 무너진다. 그리고 나서 다시 세우지만 보상을 받으려면 세우는 것이 중요한 것이 아니라 다른 팀을 이겨야 하기 때문에 다시 무리를 하게 된다. 이런 과정이 반복되다 보면 18분 동안 결국 1센티미터도 쌓지 못한 팀이 속출한다.

보상과 관련된 또 다른 사례가 있다. 당신은 백과사전 중에서 엔카르타Encarta*와 위키피디아(위키백과) 중 어느 쪽이 더 친숙한가? 아마

---

* 마이크로소프트사가 개발했던 백과사전이다. 1993년에 처음 나온 후 2009년 서비스를 중지했다.

도 위키피디아일 것이다. 여기에도 보상의 함정이 숨어 있다. 위키피디아 개발 과정에는 특별히 물질적 보상이라는 것이 없었다. 따로 개발을 위한 백과사전 전문가도 없었다. 반면에 엔카르타는 엄청난 보상이 약속되어 있었다. 그리고 전문가도 많았다. 그럼에도 불구하고 위키피디아가 성공했다. 이것은 보상이 사업성패에 큰 영향을 주지 못한다는 것을 말해 준다.

이러한 이유는 무엇일까? 이유는 물질적 보상만 생각하기 때문이다. 이렇게 되면 보상 이외의 나머지 부분에 대해서는 돌아볼 여력이 사라진다. 시야가 좁아지고 생각이 편협해진다. 중요하고 의미 있는 것을 하기보다는 보상을 받는 데 도움이 되는 것만 집중하게 된다. 결국 결과 중심의 뿌리 없는 나무가 되고 마는 것이다. 마치 나무꾼이 많은 나무를 정해진 시간 안에 빨리 자르면 큰 보상을 받는다고 생각해서 도끼날은 갈 생각도 안 하고, 적절한 휴식도 없이 무리하게 도끼질만 하는 것과 같다. 지금 당장 서두르지 않으면 큰 보상이 날아갈 판이니 어찌 도끼날을 갈 시간이 있겠는가? 하지만 무뎌진 날 때문에 일이 더 느려지고 속도가 안 난다. 그러니 더 조급해지고 생산성은 낮으나 일은 고된 결과만 초래하게 되는 것이다. 그래서 보상은 잘 활용해야 한다. 대체로 물질 중심의 극단적 보상은 단기적으로는 도움이 될지 모르지만 지속적이면 좋지 않다. 그리고 보상이 꼭 금전적일 필요도 없다. 기계적인 보상도 바람직하지 않다. 별다른 노력을 하지 않았는데도 불구하고, 형식적으로 순서에 맞추어 돌아가면서 보상을 해 주는 경우가 있는데 바람직하지 않다. 이렇게 되면 보상의 가치가 떨

무엇이 조직을 병들게 하는가

어진다. 예를 들어, 이달의 우수 직원을 뽑아 돌아가면서 매달 물질적으로 보상해 주는 경우가 있다. 특별히 우수한 부분이 없음에도 매월 했기 때문에 아무나 추천을 받아서 뽑고 물질적 보상을 해 주게 되면 받는 사람도 이를 보는 사람도 납득이 어렵다. 그렇게 되면 보상에 대한 공신력은 약해진다. 그냥 때가 되면 받게 되는 것으로 생각하게 되고, 아무도 그런 보상을 받기 위해 노력하지 않는다. 뿐만 아니라 이번 순서는 자기 차례로 인식해서 아무런 기여도 한 것이 없지만 보상을 기대하게 된다. 그러다 보상을 못 받게 되면 노력을 더 하려고 하기보다는 부당하다고 생각한다. 보상이 주어질 때는 충분한 근거가 있어야 한다. 만약 사소한 보상을 하고 싶다면 물질비중은 낮게 하고 칭찬과 격려, 감사 편지 등 비물질적인 부분을 강화하는 것이 좋다.

효과적인 인정과 보상 방법

어떤 직원이 이제 연수가 차고 실력이 되어서 진급을 하게 되었다. 진급 취임식이 열린다. 대표는 직원이 모두 있는 자리에서 진급하는 사람이 누구인지 약력을 소개한다. 그리고 그동안 조직에서 어떤 공로가 있었는지 하나씩 구체적으로 읽어 준다. 그리고 진급할 수밖에 없는 타당한 이유를 공식적으로 인정해 준다. 이렇게 되면 진급자는 조직이 자신의 진급을 진심으로 축하해 준다는 것을 알게 된다. 그리고 직원들은 이 진급자가 진급할 수밖에 없는 이유를 다시 명확히 알게 되고 이후 리더로서 존중하게 된다. 이러한 과정을 보는 후임자는 자신도 언젠가 같은 자리에 설 때 더 나은 사람으로 서기 위해 노력하게 된다. 이처럼 효과적인 인정과 보상은 꼭 물질적일 필요는 없다.

효과적인 보상 중의 하나는 도전적인 과제 수행하고도 연관된다. 막걸리 없는 노동도 문제지만 노동 없는 막걸리도 그 맛을 느끼기 어려운 것처럼, 무언가 힘든 것을 이루게 하고 그에 따른 확실한 보상을 해 주는 것도 조직을 활기차게 한다.

우리나라의 유명한 모 대기업은 이러한 부분을 잘 활용해서 성공한 사례가 있다. TF팀이나 부서를 중심으로 매년 반기마다 활동 내용을 결산하면서 BP[Best Practice] 발표대회를 개최한다. 주요한 혁신 사례를 공유하고 포상하는 일종의 축제의 장이다. 이 대회에 참가하기 위해서 먼저 부서원 전체가 혼신의 힘을 다해야만 이룰 수 있는 목표를 설정한다.

물론 이러한 목표를 달성하기 위해 조직 차원에서 적극적으로 지원해 주는 것은 말할 것도 없다. 일단 목표가 정해지면 모두가 일치단결해서 노력하고 결국 이루어 낸다. 그러면 그 노고에 상응하는 큰 보상을 준다. 그리고 이러한 보상은 직원끼리만 축하하고 끝내는 것이 아니라, 가족들이 그 직원을 자랑스러워할 수 있도록 고려해서 제공한다. 예컨대 팀원 전원에게 부부나 가족을 동반한 해외여행 또는 국내여행을 보내 준다. 이것은 그동안 특근, 야근을 자주 했던 남편이나 아내를 이해해 주었던 가족까지 보상해 주는 것이다. 그리고 이 과정에서 우리 아빠, 엄마가 회사에서 어떤 존재이고, 그동안 얼마나 중요한 일을 했는지 자랑스러워할 수 있는 기회가 된다.

보상은 개인 중심으로 하기보다는 팀 중심으로 하는 것이 바람직

무엇이 조직을 병들게 하는가

하다. 여기에 성과를 낼 수 있도록 지원해 준 팀까지 보상해 주는 것은 매우 중요하다. 예컨대 어느 개인이 무언가를 잘 해냈다면 그 팀 전체를 보상해 준다. 그리고 성과 창출에 직접적으로 기여한 팀뿐 아니라 주위에서 도움을 준 팀들에게도 기여도에 따라 보상을 한다. 이렇게 되면 부서 간 이기주의가 사라지고 잘 드러나지 않는 공로도 인정받게 하는 효과를 가져다 줄 수 있다. 여기에 목표달성을 위한 일이라면 어떤 의사결정도 할 수 있는 권한을 준다. 즉, 자신이 하는 일에 대한 선택권이 주어지는 것이다. 이러한 과정을 통해 목표를 향해 한발한발 나아가는 성취감을 얻는다. 보상에 대한 효과는 크다. 그동안 자신이 활동한 부분에 대해서 스스로 매우 가치 있는 일을 하고 있다고 느끼게 된다.

보상으로 업무 선택권을 주거나 예산 자율집행 권한을 확대하는 것도 시도해 볼 만하다. 예를 들어, 일정액 이상은 팀장이나 기관장 결재 없이도 자율권한을 가지게 하는 것이다. 서류상으로는 결재가 이루어지기는 하지만 형식적으로 이루어지게 하고 예산과 관련해서 무조건 신뢰해 주는 것이다. 즉, 과거에 예산과 관련해서 모든 부분을 팀장과 기관장이 개입해서 결정하였다면 일정액 이하는 팀장이나 과장이 바로 추가적인 검토 없이 승인을 해 주는 것이다. 이와 함께 본인이 원하는 교육을 위한 예산 지원도 생각해 볼 필요가 있다. 한 예로 어느 노인복지시설은 직원 중 30시간 교육을 채운 직원에 한해서 보상으로 보수 교육비를 지원하기도 한다.

피드백

아이가 태어나 점점 성장하고 언제부터인가 옹알이를 하면 부모는 이를 경이롭게 바라본다. 어쩌면 아이는 그저 의미 없이 옹알거리고 있을 뿐이다. 하지만 부모는 이에 놀라며 매우 기쁘게 바라본다.

"어버버버, 부바, 어으아….."

아이가 어떤 소리를 내면 부모는 놀랍고 기뻐서 소리친다. "우리 애가 '엄마'라고 말했어, '아빠'라고 말했어.", "아이고, 이뻐라." 하면서 환한 얼굴로 안아 준다. 이 모습에 아이도 기뻐하고 더욱 그 말을 자주하게 된다. 그때마다 부모는 "그래, 내가 엄마야, 아빠야."라고 말하면서 밝게 웃어 주고 안아 준다. 이러한 과정이 반복되다 보면 어느 순간 마침내 "엄마."라고 정확하게 말을 하게 된다. 엄마가 기쁘게 바라보고, 안아 주고, 웃어 주고 하는 모든 행동이 바로 피드백이다. 어떻게 보면 사소할 수도 있지만 이러한 피드백이 아이로 하여금 긍정적인 행동을 더 많이 하게 한다. 그리고 건강하게 자라게 돕는다.

우리는 피드백을 너무 거창하게 생각할 수 있다. 무언가 전문적인 언어로 해 주어야 하는 것, 또는 잘 작성된 문서로 수정해 주거나 시간을 정해서 집중적으로 의견을 주는 것이 제대로 된 피드백이라고 생각할 수 있다. 하지만 평소 바라보는 눈길이나 그 사람에 대한 감정 모두가 피드백이라는 사실을 알아야 한다. 지나가면서 가볍게 던진 조언 한 마디가 업무 수행에 결정적 영향을 줄 수 있다. 이런 것도 중요한 피드백이다.

아이는 부모의 피드백을 통해 성장한다. 성인도 마찬가지다. 사람은 무슨 일을 하게 되면 그 일에 대한 결과를 기대한다. 결과가 기대한 대로 나타나거나 그 이상이면 만족하고 더 계속한다. 만약 기대 이하라면 왜 그런지 이유를 파악하고 수정한다. 만족과 부족의 기준은 스스로 판단하기도 하지만 상당 부분은 외부 피드백을 통해서 정해진다. 그렇기 때문에 피드백 없이는 학습과 발전을 이루기 어렵다. 경영의 대가 피터 드러커^{Peter F. Drucker}가 피드백을 "역사상 알려진 유일하고도 확실한 학습방법이다."라고 한 이유도 이와 같다. 그러나 조직에서 피드백이 상시적으로, 효과적으로 이루어지기는 쉽지 않다. 각자 업무가 있어 바쁘기 때문이다.

직원   보통 직접 연관되는 사업부서 외에 지원부서는 피드백을 받지 못해요. 업무가 많을수록 지원부서의 역할이 큰 편인데, 피드백이 없어서 번아웃되는 경우도 가끔 보았죠. 직접적으로 사회복지 프로그램을 하는 부서만 중요하게 생각하는 것 같고, 우리는 그냥 부속물처럼 여겨지는 것 같아 속상할 때가 있어요.

상사 또한 마찬가지다. 자기 업무를 처리하면서 여러 명의 직원을 적절히 피드백해 준다는 것은 생각처럼 쉽지 않은 일이다. 그러나 피드백은 중요하다. 어떻게 하면 좋을까? 피드백 시스템을 만드는 것도 하나의 방법이 될 것이다.

실시간 피드백

농구 경기가 진행되고 있다. 현재 스코어는 90:90. 상대 팀의 공격이 시작됐다. 순간 우리 선수가 공을 가로채 멋지게 골을 넣는다. 전광판에는 92:90이라는 숫자가 새겨진다. 우리 팀 선수들과 팬들은 환호한다. 그런데 잠시 후 상대 팀이 다시 멋진 골을 넣는다. 전광판의 숫자는 92:92가 된다. 이제는 상대팀 선수와 팬들이 환호한다. 남은 시간은 20초. 우리 선수들은 마지막 공격을 성공시키기 위해, 상대 선수는 이를 막아 내기 위해 혼신의 힘을 다한다. 그리고 비록 먼 거리라고 하더라도 마지막 슛을 날려 남아 있는 1초까지 활용한다.

피드백 시스템 가운데 스포츠 경기의 전광판보다 뛰어난 피드백 시스템은 없다. 경기를 하면서 선수들은 전광판을 통해 득점과 파울, 남은 시간 등과 같은 경기결과를 실시간으로 피드백 받는다. 이러한 실시간 피드백은 선수로 하여금 경기에 몰입하게 하고 최선을 다해 뛰게 만든다. 심지어 누가 이기든 아무런 보상도 주어지지 않는 사람들, 그래서 경기 내용을 바라만 보는 관객들, TV시청자들도 실시간 피드백으로 매 순간 경기에 몰입하게 된다. 그런데 만약 경기 진행과 결과가 즉시 피드백되지 않는다면, 경기 시간을 알 수 없고 득점을 해도 몇 점인지 감독만 알고 선수는 알 수 없다면 감독이 아무리 독려를 해도 선수가 열심히 뛰기는 쉽지 않다. 실시간 피드백이 신속히 이루어지기 때문에 선수가 열심히 뛸 수 있게 되는 것이다.

그렇다면 전광판과 같은 피드백이 조직 내에서 이루어지게 할 수는 없을까? 일의 결과를 월 단위로 피드백하면 사람들은 월 단위로 움

무엇이 조직을 병들게 하는가

직인다. 대개 그 달 중순부터 적극적이 된다. 주 단위로 피드백하면 주 단위로 움직인다. 아마도 수요일이나 목요일부터 적극성을 보인다. 일 단위로 피드백하면 일 단위로 움직인다. 이러한 피드백이 매 순간 이루어질 수 있다면 이것이 바로 실시간 피드백이다. 사실 실시간 피드백은 생산이나 판매와 같은 업무에서 가장 적합하다. 하지만 사회복지시설과 같은 조직에서도 그 조직에 맞는 신속한 피드백을 구성할 필요가 있다. 1년 내내 적용하기는 어렵다고 하더라도 단기적인 목표 과정에서 부분적으로 적용해 본다면 직원의 몰입도를 높여 주는 효과를 볼 수 있다.

한 예로 후원자 모집을 단기적 목표로 잡았던 사회복지시설은 사무실에 후원자 모집 현황을 만들어 매일 인원과 후원금을 누구나 볼 수 있게 하였다. 주민 참여형 모임 확대를 목표로 잡은 시설은 주민 참여형 모임이 몇 개가 만들어지고 있고, 몇 명의 인원이 어떤 역할로 참여하고 있는지 사무실 칠판에 표시할 수 있다. 단, 주의사항이 있다. 첫째는 이러한 실시간 피드백은 시설 전체 차원의 공동 목표로 적용해야 한다. 보험회사처럼 개인별로 실적 비교를 하는 것은 바람직하지 않다. 둘째는 피드백 목적이 직원을 격려하고 몰입할 수 있게 도와주기 위한 것이지 질책이나 처벌을 위한 것이 아니라는 점이다. 농구경기 전광판의 시계, 점수 등은 현재 우리의 위치를 확인하고 무엇을 위해 좀 더 노력해야 하는지를 알려 준다. 각 개인에게 경기시간 동안 시간을 잘 활용했는지, 못했는지를 보여 주지 않는다. 마찬가지로 실시간 피드백 또한 조직 전체 직원이 어떻게 하면 공동의 목표를 가지고 나아갈 수 있을까를 촉진할 수 있게 마련하는 것이 중요하다.

눈으로 보는 피드백 관리

보여 주는 것이 변화의 핵심 요소다. 《기업이 원하는 변화의 기술 _The Heart of Change_》에서 존 코터John P. Kotter는 "'행동 변화'는 분석 자료를 제시하는 것으로 이루어지지 않으며 직접 보게 하는 것이 중요하다."고 했다. 성공하는 조직은 문제가 무엇인지, 문제를 어떻게 해결해야 하는지를 보여 주는 것에 중점을 둔다. 사람들은 행동 변화를 반복하면서 목표를 이루어 가기 때문이다.

토요타는 세계 자동차 시장에서 선두를 달리고 있는 자동차 회사다. 토요타 자동차가 강한 이유는 바로 눈으로 보는 피드백 때문이다. 작업자가 기계에 재료를 넣고 스위치를 누른다. 이후 다른 일을 하려고 자리를 비운 동안 불량이 발생하면 즉시 기계가 멈추면서 불빛 신호를 낸다. 이러면 작업자가 바로 알아채고 달려와서 조치를 취한다. 이렇게 되면 불량품이 나중에 발견되는 불상사가 줄어들고 문제해결은 신속히 이루어지게 된다.

대형마트도 주차문제를 눈으로 보는 피드백으로 관리하고 있다. 과거 대형마트 주차장은 주차공간이 있음에도 불구하고 어느 주차공간이 비어 있는지 알지 못해 고객이 많이 불편했다. 주차요원이 배치되어 차량을 안내해도 진입하고 나가는 차량과 주차공간을 찾는 차량이 엉키면서 혼란이 많았다. 때로는 좁은 주차장 내에서 접촉사고가 발생해 고객의 불만사항이 많았다. 그런데 어느 순간부터 주차공간마다 작은 불빛이 표시되었다. 만약 차량이 주차되어 있으면 빨간색, 차량이 없으면 파란색 불빛이 나온다. 주차하려는 사람들은 이 불빛을 보고 쉽게 빈 공간을 찾아서 주차를 할 수 있게 되었다. 이렇게 되면 주차관리 때문에 따로 직원들이 일일이 나와서 안내할 필요가 많지 않다. 그냥 이용자가 불빛을 보고 알아서 가면 되기 때문이다. 주차 층마다 주차가 가능한 대수를 알려 주는 것 또한 주차 관리를 눈으로 보게 하는 피드백이다.

사회복지시설에서 적용해 볼 수 있는 것이 바로 회의기록이다. 회의를 할 때 눈으로 관리하는 피드백을 적용하면 효과적이다. 보통 회의를 하면 회의록을 기록하는 사람이 따로 있다. 그러면 이 직원은 회의시간뿐만 아니라 회의 이후 회의록을 정리하려고 많은 신경을 쓰게 된다. 게다가 참석자 모두가 회의에 집중하는 것도 아니고, 회의 내용에 대해서 제각기 받아들이는 해석이 다르기 때문에 나중에 회의록을 정리해서 보면 누락되거나 왜곡된 경우가 심심찮게 발견된다. 이를 방지하기 위해 간혹 회의시간에 녹음기를 켜 놓고 하는 경우도 있는데, 이것을 다시 문서로 정리하려면 보통 일이 아니다. 회의 장소에 노트북과 빔프로젝터가 준비되어 노트북에서 작성한 부분을 바로 화면으로 볼 수 있다면 어떨까? 자신들이 이야기하는 내용을 바로 볼 수 있으니 그만큼 오해는 줄어들고 정확한 회의가 될 수 있다. 회의를 마침과 동시에 기록된 부분을 약간만 정리해서 그냥 출력하면 회의록이 되니 따로 시간을 낼 필요도 없다.

사회복지 프로그램을 진행하는 경우에도 눈으로 관리하는 피드백을 적용할 수 있다. 군대에는 사수와 부사수가 있다. 부사수는 사수가 하는 행동을 보고 주어진 임무를 어떻게 완수하는지 전반적인 것을 배운다. 마찬가지로 후임자가 다른 업무를 맡게 되기 전에 자신이 맡게 될 업무를 기존 담당자가 어떻게 진행하는지 전반적인 과정에 참여하게 할 필요가 있다. 누구를 만나고, 어떻게 만나고, 사업 진행은 어떤 식으로 하며, 왜 그렇게 하는지 등 인적 · 물적 자원에 대한 정보, 진행 과정에 대한 노하우, 프로그램 진행 방향성에 대한 공유 등이 진행자와 보조자로 함께 이어질 수만 있다면 업무 인수인계를 할 때 문서나 구두상으로만 얘기하는 것보다 훨씬 효과적일 것이다. 이러한 부분은 직급 간에서도 적용 가능하다. 신입직원이 들어오게 되면 바로 위 선임자를 중심으로 한 명의 멘토를 선정해 주고, 1년 정도 함께 다니면서 조직 전반에 걸쳐 이루어지는 상황을 눈으로 보고 궁금한 것을 물어보게 할 수 있다. 이런 과정이 잘 이루어지면 신입직원이 조직에 적응하는 것은 한결 수월해지게 된다.

잠재력 활용

잠재력이란 잠재되어 있는 능력을 말한다. 이것은 없는 능력이 아니라 있지만 잠재되어 있기 때문에 없다고 생각하기 쉬운 능력이다. 이미 누구나 가지고 있는 숨겨진 능력이 바로 잠재력이다. 잠재력은 또한 사람을 활기차게 한다. 스스로 가진 잠재력을 깨닫게 되는 순간 에너지가 생기고 의욕이 나타나기 시작한다.

무엇이 조직을 병들게 하는가

50대 후반의 시어머니가 며느리와 함께 물김치를 담그고 있었다. 그런데 그날따라 물김치의 맛이 달랐다. 그동안 먹어 보았던 맛이 아니었다. 뭔가 이상했다. 시어머니는 무엇이 잘못된 것인지 이리저리 확인해 보았지만 도무지 알 수 없었다. 20년 넘게 물김치를 담그면서 처음 겪는 일이었다.

　　결국 시어머니는 팔순이 넘어 거동도 불편하신 친정 엄마에게 도움을 요청했다. 팔순 노모는 시어머니에게 물김치 담그는 법을 전수해 준 스승이기도 했다. 거동이 불편해 누워서 설명을 듣던 노모는 순간 자리를 박차고 일어나면서 말했다. "이야기를 들어 보니 어디가 문제인지 짐작이 간다."면서 급히 마당으로 내려가더니 이것저것 확인을 하였다. 그런데 그 순간 발걸음이 얼마나 활기찬지 전혀 거동이 불편한 사람 같지 않았다. 노모는 물김치 담그는 일만큼은 전문가였다. 하지만 고령으로 거동이 불편해 한동안 그 능력을 발휘할 기회가 없었다. 그런데 모처럼 이를 발휘할 기회가 생겼으니 힘이 난 것이다. 자신의 존재 가치를 느끼게 되기 때문이다.

　　편안히 쉬게 하는 것만이 인간 존중이 아니다. 그 사람의 능력을 인정해 주고 그 능력을 발휘하게 하는 것이 진정한 인간 존중이다.

　　어느 목사가 성도와 함께 산에 올랐다. 하지만 나이가 많은 목사는 등산이 힘들었다. 그래도 성도랑 가는 것이니 끝까지 참고 올라갔다. 어느 정도 가자 더 이상 가기 힘들어 같이 온 사람들에게 먼저 올라가라고 했다. 그런데 옆에 있던 한 집사가 많이 힘들어하는 목사의 모습을 보더니 카메라를 꺼냈다. 목사가 사진 찍는 것이 취미라는 것을 알고 있었기 때문이다.

"목사님, 이 카메라로 사진이라도 찍으시면서 쉬엄쉬엄 올라오세요." 카메라를 보자마자 목사의 눈빛이 반짝거리기 시작했다. 카메라를 받더니 벌떡 일어났다. 그리고 이리저리 다니면서 사진을 찍기 시작했다. "우와~, 여기 이렇게 예쁜 꽃들이 있네. 여기 이 나무 좀 봐. 여기 배경이 사진 찍기 참 좋은데!"라면서 활발히 움직인다. 좀 전에 힘 빠진 모습이 전혀 아니었다. 주변 사진을 찍더니 앉아 있던 사람에게 말했다. "자, 빨리 올라갑시다. 좀 더 올라가면 더 좋은 것들이 많을 것 같아요."

한비자는 "자신의 지혜에만 의존하지 않고 세상의 모든 지혜를 빌리는 무위의 군주가 진정 현명한 군주"라고 얘기한다. 군주가 지혜를 쓰면 쓸수록 다른 사람의 지혜를 빌릴 수 없다. 오히려 자기 지혜를 버림으로써 더 지혜로워질 수 있다. 자기가 능력을 발휘하지 않음으로써 더 많은 일을 할 수 있는 것이다.

조직도 마찬가지다. 조직이 성공적으로 혁신을 이루고 성과를 내기 위해서는 복지시설의 건물이나 컴퓨터 등 기자재, 많은 후원금 등 유형적인 자산이 아니라 조직 구성원들이 가지고 있는 무한한 잠재능력을 활용해야 한다. 그것도 탁월한 몇몇 인재의 능력이 아니라 모든 조직 구성원의 능력을 활용해야 한다.

직원 아이디어 활용

일본에 미라이 공업이라는 전기회사 중견기업이 있다. 여기 사장이 야마다 씨다. 그런데 이 사장은 거의 일을 하지 않는다. 근무시간에 주로 하는 일이라고는 벽에 연극 관련 홍보자료를 붙이거나 이리저리 회사를 돌아다니는 것이다. 그럼에도 연 매출 2,000억 원이 넘고 세계적인 전기회사 내쇼날(창업자 마쓰시타 고노스케)을 이길 정도로 막강한 회사다. 이 때문에 오리전기, 닛산 자동차 등 일본 대기업이 벤치마킹하기 위해 찾아온다. 이 회사가 성장을 할 수 있었던 비결이 바로 직원 아이디어다. 이 회사는 매달 직원들이 낸 아이디어를 평가하고 이를 시상한다. 아주 사소한 아이디어라 하더라도 아이디어 제출 격려 차원에서 소정의 금액으로 보상한다. 1등 아이디어라도 크게 보상하지는 않는다. 우리나라 돈으로 약 10만 원 정도 되는 상금을 준다. 이렇게 하다 보니 직원들 다수가 아이디어를 제출한다. 많은 직원이 아이디어를 제출하니 아이디어 심사도 꼼꼼하게 이루어진다. 어느 직원의 경우 한 달에 21건을 제출하기도 한다. 다수가 아이디어를 제시하는 문화가 형성되니 당연히 좋은 아이디어가 나오게 되고, 그 아이디어가 상품과 특허로 이어진다. 그 결과 중견기업임에도 불구하고 일본에서 80~90%의 시장 점유율을 가지고 있다. 회사가 직원 아이디어로만 운영되는 것이다.

찰스 오레일리와 제프리 페퍼Charles O'Reilly & Jeffrey Pfeffer는 잠재력에 대해 다음과 같은 사례를 제시하고 있다. 한때 7,200명까지 고용했던 GM 프리몬트 공장은 1982년 당시 생산성과 품질 면에서 GM 사업장 가운데 최하위를 기록했다. 직원 결근율은 20%나 되었고 극심한 노사갈등과 불법파업이 공장에 만연해 있었다. 그러나 이후 안정된 노사관계를 유지하며 GM의 가장 우수한 생산 공장이 된다. GM 공장들 가운데 가장 생산성이 높고, 품질도 과거에 비해 50% 이상 개선되었다. 비용절감도 무려 86%나 초과 달성될 정도로 상황이 개선되었다. 1998년 기준 직원들은 1인당 평균 3.2건의 아이디어를 내놓았고 그중 81%가 채택되었으며, 최소 한 건 이상의 아이디어를 낸 직원이 전체의 86%나 되었다.

이 공장이 바로 NUMMI^{New United Motor Manufacturing Inc}라는 공장이다. 1983년 토요타와 GM이 공동으로 설립한 합작 투자 기업이기도 하다. 흥미롭게도 NUMMI는 GM이 프리몬트 공장을 폐쇄하고 직원들을 해고한 후에 설립되었다. 놀라운 사실은 설립 후 NUMMI는 이 해고 근로자들을 거의 그대로 흡수했다는 점이다. 같은 직원이 어떻게 이런 다른 결과를 나타낼 수 있었을까? 비결이 무엇일까? NUMMI 직원들이 특별해서일까? 노조가 사라져서일까?

아니다. 여전히 노조도 있는 사업장이었다. 비결은 바로 직원의 잠재력 활용에 있었다. 직원의 잠재력을 최대한 활용할 수 있도록 시스템이 마련된 것이 중요한 비결이었다. 한 예로 여기서는 아이디어가 타당하다고 생각되면 언제든지 실천에 옮길 수 있었다. 이를 위해 현장 실무자와 연관된 계획, 예산 책정 등 행정적인 업무를 현장 팀장들이 맡고 있었다. GM의 다른 곳에서는 중간관리자가 맡거나 따로 기획실에서 맡아서 통보해 주는 형태였다. 하지만 여기서는 현장 팀장이 맡게 되면서 직원들이 생산 실적을 나타내는 지표를 너무나 잘 알고 있었다.

무엇이 조직을 병들게 하는가

토요타가 초일류 자동차로 성장한 배경도 동일하다. 여기서도 현장 근로자들이 1인당 매년 열 건 이상의 아이디어를 제안하고 있다. 이 중 99%가 채택되어 실행에 옮겨진다. 아이디어의 수용은 직원으로 하여금 존중받는다는 느낌을 가지게 한다. 그러면 자신의 잠재능력을 더 발휘하려고 노력하게 되는 것이다.

우리가 알고 있는 영향력 있는 조직은 모두 직원의 아이디어를 매우 중요하게 여긴다. 직원의 아이디어가 바로 업무에 적용될 수 있도록 최대한 환경을 조성한다. 만약 사회복지시설도 지금보다 더 현장 실무자의 아이디어가 바로 채택되어 진행될 수 있도록 한다면 그동안 감추어져 있던 직원의 무한한 능력이 봇물처럼 터져 나오고, 이를 실행하는 직원들 또한 열정을 회복하는 데 도움이 될 수 있을 것이다.

3
손·발질환 처방

> 알렉산드로스는 인도를 정복했다. 그 혼자서 한 것인가?
>
> – 베르톨트 브레히트Bertolt Brecht

신뢰

어떤 사장이 있었다.

'짐이 곧 국가다.'라는 마음으로 회사를 운영했다. 회의시간에 의견을 내보라고 하지만 직원들은 아무도 의견을 내지 않는다. 의견을 내도 소용없다는 것을 알기 때문이다. 만약 의견을 내게 되면 그 사장은 바로 그 의견이 얼마나 터무니없고 바보 같은 이야기인지 30분 넘게 설명을 한다. 그러면 용기를 내어 의견을 낸 사람은 무안해지고 이를 바라보는 다른 직원은 '의견을 내면 안 되겠구나.' 하고 생각한다. 하지만 사장은 답답하다. 왜 직원들이 다른 회사처럼 활발히 자신의 의견을 내지 않는지 궁금할 뿐이다. 그러던 어느 날 리더십 교육에 참여한다. 그리고 '상대방의 이야기를 들어 주는 것이 필요하구나. 말을 부드럽게 하는 것이 필요하구나.'라고 깨닫게 된다. 소통적 리더십의 중요성을 인식한 것이다.

다음날 회의시간에 이전과는 다르게 부드러운 목소리로 회의를 진행한다. 친근한 말투와 행동을 보여 준다. 그리고 자신은 이제 과거와는 다르며 이야기를 들을 준비가 되어 있다고 말한다. 사장은 기대했다. 이렇게 하면 직원이 활발히 의사표현을 하는 조직으로 달라질 것으로 믿었다. 하지만 아니었다. 직원들은 오히려 더 불안해했다. 사장이 평소와 달리 친근하게 말하면서 의견을 내라고 하였지만 아무도 의견을 내는 사람이 없었다. 그렇게 회의가 아무런 소득 없이 끝났다. 그 다음 회의도 결과는 마찬가지였다. 이렇게 몇 번 하고 나니 사장의 생각이 달라졌다. '교육은 교육일 뿐 이론과 현실은 다른 법이구나. 내가 잘못 생각했다. 우리 직원들은 다른 직원들과 다르다. 내가 이끌고 가지 않으면 도무지 움직이지 않을 것이다.' 그리고 교육받기 전에 했

무엇이 조직을 병들게 하는가

던 대로 다시 강압적인 회의를 진행했다. 지시를 하고 질타를 했다. 그제야 직원들은 안심했다. '사장이 이번에는 정말 달라지려고 하는 것일까? 아니면 우리가 모르는 무언가 있는 것 아닐까?' 사장의 갑작스런 태도 변화에 대해 의구심을 가졌던 직원이 많았다. 사장의 태도 변화에 따라 의견을 내려던 직원은 안도의 한숨을 쉬었다. '큰일 날 뻔했다. 괜히 사장의 행동에 속을 뻔했다.'

사장이 교육받고 난 후 적용한 행동은 옳았다. 그러나 직원들은 사장이 정말 달라진 것인지 알 수 없었다. 그렇기 때문에 즉각적으로 반응할 수 없었다. 하지만 사장은 직원들의 즉각적인 반응을 기대했고 기대에 미치지 못하자 옳은 행동이 틀렸다고 잘못 판단하게 된 것이다.

신뢰는 단기간에 형성되지 않는다. 신뢰를 형성하려고 할 때 가장 중요하게 염두에 두어야 할 점이 바로 이 부분이다. 결코 단시간에 상대방이 나를 신뢰할 것이라고 생각해서는 안 된다. 다시 말하지만 신뢰는 단기간에 형성되지 않는다. 설사 내가 오늘부터 최대한 달라진 모습으로 노력을 한다고 하더라도 상대방은 내가 진정으로 변했다고 생각하지 않는다. 계속 지켜볼 것이고 과연 진정으로 변했는지 생각할 것이다. 그리고 아주 조심스럽게 나를 관찰하고 어느 정도 기간이 지나도 변함없는 모습을 보여줄 때 비로소 조금씩 나를 신뢰하려고 할 것이다.

신뢰은행

당신이 가장 신뢰하는 사람을 떠올려 보라. 그 사람이 어느 날 당신에게 전화를 걸어 밥을 사 줄 테니 만나자고 한다. 어떤 마음이 드는가? 좋은 마음이 들 것이고 기쁠 것이다. 하지만 이번에는 가장 신뢰하기 어려운 사람을 떠올려 보라. 그 사람도 마찬가지로 어느 날 당신에게 전화를 걸어 밥을 사 줄 테니 만나자고 한다. 어떤 마음이 들겠는가? 아마도 편한 마음이 들지는 않을 것이다. 이런 감정의 차이는 어떤 행동보다는 그 사람에 대한 신뢰가 밑바탕에 깔려 있다.

우리 모두는 신뢰은행 통장이 있다. 흥미롭게도 이 통장은 내 의지와 상관없이 개설된다. 누군가를 만나기만 해도 저절로 개설된다. 일반은행은 돈을 예입하거나 인출하는데, 신뢰은행은 돈 대신 신뢰를 예입하거나 인출한다. 차이점은 일반은행과 달리 직접 은행에 가거나 인터넷뱅킹, 스마트폰 등 기기를 사용할 필요 없이 저절로 이루어진다는 점과 거래자가 은행이 아니라 상대방이라는 점이다.

만약 당신의 통장에 돈이 아주 많이 예입되어 있다고 해 보자. 500억 이상 예입되어 있다고 생각해 보자. 그러면 삶이 어떻게 달라질까? 많은 불안감이 해소될 것이다. 좀 더 여유롭게 생활할 것이다. 어떤 일을 하는 것에 대해서 두려움은 줄어들고 일에 대한 스트레스도 줄어들 것이다. 사람들을 만나도 여유롭다. 어떤 식당을 간다고 해도 크게 신경 쓰이지 않는다. 하지만 당신 통장에 잔고가 없거나 오히려 마이너스로 빚이 많다면 상황은 달라진다. 삶이 예민해지고 불안감은 늘어난다. 다른 사람을 만나 식사나 차를 마시는 것이 많이 부담된다. 무엇을 하든 걱정이 앞서게 되고 내 행동과 상대방 행동에 대해서 민감해진다.

무엇이 조직을 병들게 하는가

신뢰은행 잔고도 마찬가지다. 우리가 어떤 사람에 대해서 신뢰를 많이 예입해 두었다면 그 사람과의 관계는 매우 편안해진다. 상대방의 농담은 보다 유쾌하게 다가오고 나에게 장난을 쳐도 괜찮다. 그 사람과의 신뢰관계가 높기 때문이다. 하지만 신뢰은행 잔고가 부족하거나 없게 되면 상황은 다르다. 그 사람과 있는 것 자체가 예민해지게 된다. 그 사람의 말 한마디 하나하나가 신경 쓰이고 나 또한 말과 행동이 매우 조심스럽게 된다. 그럼에도 불구하고 신뢰은행 잔고가 거의 없기 때문에 나와 상대방의 행동은 왜곡되어 해석되어 이자와 같이 지출되고 신뢰은행 잔고는 더 줄어든다.

다음의 말을 한번 비교해 보자. 어떤 차이가 있을까?

적극적, 의욕적	나서기 좋아하는, 설치는
언변 좋은, 표현력이 좋은	수다스러운, 말이 많은
소신 있는, 자립심 강한	자기중심적, 고집불통
합리적, 논리적, 객관적	따지는, 냉정한, 비판적
예의범절이 바른	범생이 같은, 고지식한
일을 열심히 하는	일밖에 모르는
협조적, 수용적, 순응적	줏대 없는, 우유부단한
신속한, 추진력 있는	가벼운, 경솔한
센스 있는, 적응을 잘 하는	약삭빠른, 간사한

한 예로 '적극적이고 의욕적이다.'와 '나서기 좋아하고 설친다.'는 말은 어떤 차이가 있을까? 별로 차이가 없다. 내가 신뢰하는 사람이면

적극적이고 의욕적인 사람이 되는 것이고, 내가 신뢰하지 않는 사람이라면 나서기 좋아하고 설치는 사람이 되는 것이다. 다른 부분도 마찬가지다. 우리는 그 사람의 말이나 행동을 보고 판단하는 것 같지만 사실 그 이면에 감추어진 그 사람에 대한 신뢰 정도를 통해 주관적으로 판단한다. 따라서 신뢰가 형성되지 않은 상황에서 이루어지는 어떤 말이나 행동은 그것이 어떻든지 좋게 받아들여지기 어렵다. 그렇지만 상대방과 신뢰를 형성하기 시작하면 협력은 저절로 이루어진다. 상대방의 진심을 알게 되니 도움받기가 한결 수월하다. 복잡하거나 정확한 절차가 이루어지지 않아도 이심전심의 마음으로 협력이 이루어진다. 그래서 협력을 위해서는 신뢰가 중요하다.

그렇다면 신뢰를 어떻게 예입할 수 있을까? 아주 간단하다. 이미 다 알고 있는 이야기다. 상대방에 대한 이해심을 가지면 된다. 성경 말씀처럼 "남에게 대접을 받고자 하는 대로 남을 대접하면 된다"(마태복음 7장 12절).

존 워너메이커라는 백화점 사장이 있었다. 사업에서 아주 탁월한 성과를 보여 큰 백화점은 물론 기업인으로 미국 장관으로까지 영입 제의를 받았던 사람이다. 어느 날 그는 판매에서 고객이 중요하다는 것을 깨닫게 된다. 그리고 미국에서 처음으로 "고객은 왕이다."라는 말을 주요 표어로 사용한다. 직원들에게도 고객은 왕이라는 점을 강조하며 친절 교육을 강조했다.

그러던 어느 날 고객으로부터 투서가 날아온다. 내용은 직원의 불친절에 대해 항의하는 내용이었다. 그는 난감했다. 고객은 왕이라고

무엇이 조직을 병들게 하는가

한 지 얼마 되지도 않았고 백화점을 이용하는 고객에게도 이미 고객을 왕처럼 대접하겠다고 했는데 이런 사달이 발생했기 때문이다. 편지 고객과 싸움을 한 직원을 불렀다. 그리고 이유를 물었다. 해당 직원은 싸우게 된 배경을 설명했다. 이야기를 다 듣고 난 후 존은 자기 책상 서랍에서 봉투 하나를 꺼낸다. 그리고 그 봉투를 건네면서 직원에게 말한다. "미안하지만, 자네같이 성실한 직원이 고객과 싸웠다면 분명히 이유가 있을 것이라 생각해서 사람을 시켜 좀 알아보라고 했네. 용서하게. 알아보니 어머님이 많이 아프시더군. 사랑하는 어머님이 많이 아프신데 어떻게 일에 전념할 수가 있겠는가? 오늘부터 휴가를 며칠 줄 테니 어머님을 잘 보살핀 후 다시 오기 바라네. 그리고 휴가비를 조금 넣었네. 얼마 되지 않지만 도움이 되었으면 하네." 사장에게 혼날 것으로 생각했던 직원, 어쩌면 해고당할지도 몰라 두려워했던 직원은 사장의 이런 따뜻한 마음에 감동을 했고 이후 가장 열심히 근무하는 직원이 된다.

모든 행동에는 다 이유가 있다. 이것을 그 사람의 입장에서 이해하려는 노력은 신뢰를 예입하는 데 많은 도움을 준다.

실행력과 실패

한고조寒苦鳥라는 새가 있다. 한고조는 히말라야에 사는 상상의 새를 말한다. 이름 그대로 추위에 괴로워하는 새다. 높은 곳에 살지만 둥지가 없다. 그래서 밤만 되면 추위에 벌벌 떤다. 그리고 이런 다짐을 한다. '날이 새면, 날이 새면 꼭 집을 지어야지. 꼭 집을 지어야지.' 하지만 날이 밝아 햇살이 따스해지면 간밤에 수도 없이 한 다짐을 잊는다. '그럭저럭 따듯한데 뭐, 다음에 짓자.' 그리고 밤이 되면 다시 추위에 덜덜 떨면서 집을 꼭 짓겠다는 다짐을 한다. 이런 반복을 평생하면서 결국에는 얼어 죽고 만다.

린다 필드Lynda Field는 저서 《자존심을 세워라Creating Self-Esteem》에서 실행력에 대해 다음과 같은 일화를 소개한다.

아들이 어느 날 매우 흥분하며 소리쳤다. "멋진 아이디어가 떠올랐어요. 엄마! 인형극을 할 수 있는 공연장을 세울 거예요. 못과 나무판자 몇 개만 있으면 돼요. 막은 빨간 천으로 만들면 되고요. 인형 다리는 두 부분으로 나누어서 구부릴 수 있게 줄로 연결하려고요. 그리고 …."

아들은 스스로 감동한 눈빛으로 매우 명확한 목표를 얘기했다. 그러나 30분도 안 돼 축구를 하러 뛰어나가는 그 아이에게 물었다. "인형극 공연장을 만드는 일은 어떻게 되었니?" "네, 나무판자가 너무 길어서 톱으로 잘라야 하는데 시간이 많이 걸리니까 조금 놀다 하려고요." 아들의 침대 밑에는 아직도 판자가 그대로 있다.

스티븐 코비Stephen Covey에 따르면, "오늘날 미국 경영자의 95%가 옳은 말을 하지만 실제 실행에 옮기는 사람은 5%밖에 되지 않는다."고 한다. 그만큼 실행에 옮기는 사람이 적다는 뜻이다. 성공하는 사람과 그렇지 못한 사람과의 차이는 실행에 있다. 성공이란 앎의 문제가 아니라 실행의 문제다. 실행력이란 조직이 추구하는 목표와 열망을

무엇이 조직을 병들게 하는가

가시적 성과로서 이끌어내는 연결고리이자 추구하는 목표를 찾고 그 달성 방법을 향해 전진해 나가는 체계화된 과정이다. 더 적게 생각하고 더 많이 행동해야 할 필요가 있다.

최초의 한국 홍보 전문가 서경덕 교수의 이야기다. 전 세계를 다니며 대한민국을 홍보하고, 박물관에 우리나라 역사가 잘못되어 있는 것을 바로 잡고, 〈뉴욕타임스〉에 독도는 우리 땅이라는 광고를 최초로 낸 사람이기도 하다. 누구도 생각하지 못했던 '1호 대한민국 홍보 전문가'의 길을 개척한 서경덕 교수는 어떻게 홍보 전문가가 되었을까? 바로 실행력 덕분이었다. 시작 동기는 단순했다. 대학시절 세계화를 직접 체험하고 싶어서 배낭여행을 갔다. 배낭여행을 하면서 주로 들었던 말은 "당신은 일본인입니까? 중국인입니까?"였다. 누구도 "당신은 한국인입니까?"라고 물어본 외국인이 없었다는 점이다. 그렇다면 왜 이렇게 한국에 대해서 모를까에 대한 관심이 생겼다. 그리고 한국을 알려야겠다는 생각이 들기 시작했다. 한국에 돌아와 아르바이트를 해서 돈을 모았다. 그 돈으로 태극기 배지를 백 개 정도 구입하고, 태극기와 태극부채를 샀다. 그리고 해외에 나가게 되면 외국 배낭여행객들에게 배지를 달아 주기 시작했다. 이런 식으로 하나씩 실행했다. 그 결과 외국인이 한국에 대한 관심을 가지기 시작했다.

그의 실행력은 광복절에도 계속 이어졌다. 배낭여행 중에 때는 8월 15일이 얼마 안 남은 시점이다. 8월 15일은 우리나라에게는 광복절이지만 세계적으로는 전쟁이 종식된 날이기도 하다. 이런 공통점이 있고 중요한 시기를 잘 활용하여 한국을 홍보하면 좋겠다는 생각이 들었다. 그래서 8월 15일에 외국이기는 하지만 한국 사람끼리 모여서 이날을 기념하면 어떨까 하는 생각이 들었다. 이때부터 길을 가다가 만나는 한국인 배낭여행객들에게 얘기했다. "8월 15일 광복기념식을 에펠탑에서 하려고 합니다. 그날 모여 주세요."

그렇게 계속해서 알렸고 8월 15일 약속된 장소로 갔다. '과연 몇 명이나 왔을까? 적은 인원이 왔다고 해도 우리끼리 기념식을 가지자.'라는 생각이었다. 그런데 300명 정도가 모였다. 너무 놀랐고 감격했다. 누구라고 할 것도 없이 애국가를 부르게 되었고 대한민국 만세를 수백 번 외쳤다. 그곳을 지나가던 외국인들도 신기하게 바라보더니 종전 기념이며 평화주의적인 행사라는 것을 알면서 동참하기 시작했다. 이처럼 실행을 통해 얻게 된 경험은 그에게 자신감과 홍보를 위한 노하우를 익히게 하였다. 이러한 실행력 덕분에 그는 어느 순간 제1호 대한민국 홍보 전문가가 될 수 있었다.

실행력이 약한 사람이나 조직이 주로 하는 말이 있다. "완벽한 전략을 수립하기 위해", "보다 철저한 준비를 위해", "아직 성공에 대한 확신이 서지 않아서", "더 검토해 보고 난 후". 물론 틀린 말은 아니다. 필요하기도 하다. 하지만 이런 시기가 너무 길어지면 실행의 타이밍을 놓치게 되고 결국 아무것도 실행하지 못하게 된다. 50점이라고 하더라도 실행하면 50점을 이룬 것이다. 하지만 100점을 만들려고 아무것도 실행하지 않으면 결국 이룬 것은 없게 된다.

실행력이란 크게 두 가지다. 하나는 일단 실행하는 능력이고, 다른 하나는 지속하는 능력이다. 만성질환 조직일수록 실행보다는 검토에

무엇이 조직을 병들게 하는가

많은 시간을 보낸다. 이런 조직일수록 어떤 문제에 직면하게 되면 행동에 뛰어들기보다 어떤 방법이 좋은지, 이 방법이 정말 완벽한 해결책이 될 수 있는지 검토하고 또 검토한다. 그리고 외부 전문가를 불러 또 다시 검토한다. 이런 사례는 대기업이라고 다르지 않다. GE도 과거에는 그랬다. 이 모습을 본 전 회장 잭 웰치Jack Welch는 다음과 같이 비유했다. "○○기업 직원들은 회사 안에 독뱀이 들어오면 보는 즉시 죽여 버린다. 그러나 GM에서는 독뱀이 나타나면 우선 독뱀 처리를 위한 대책위원회를 구성한다. 그리고 나서 독뱀에 대해서 많이 아는 컨설턴트를 초빙한다. 그 후 이 문제를 놓고 1년 내내 왈가왈부 이야기만 하다가 마지막으로 동물원을 세우기로 결정한다."

반면에 높은 성과를 내는 조직은 실행 스피드도 매우 높다. 우선 해 보고 부족한 점을 개선한다. 검토가 중요하고 필요하기는 하지만 여기에 시간을 많이 허비하지 않는다. 몰입해서 검토하고 바로 실행한다. 아무리 검토를 많이 해도 실행과정에는 항상 문제가 생길 수밖에 없다. 그렇기 때문에 일단 실행하고 문제를 해결해 나가는 것이 이들 조직의 방식이다.

미리 준비하고 즉시 실행하기

당신이 식당을 운영하고 있다고 가정하자. 응시자 두 명 중에 한 명을 뽑을 예정이다. 당신이 사장이라면 어느 직원을 채용하겠는가?

• A응시자: 손님이 오면 즉시 빈자리를 찾아 안내한다.

• B응시자: 손님이 올 것에 대비해 빈자리를 미리 파악하고 있다
가 손님이 오면 안내한다.

바쁜 경우에 손님이 올 때 빈자리를 찾게 되면 허둥대기 쉽다. 그
러면 실수가 잦아지게 되고 이는 다시 불필요한 업무를 증가시킨다.
불필요한 업무가 증가된다는 것은 정작 필요한 업무에 집중하기 어렵
다는 것을 의미한다.

어느 날 오전 갑자기 법인 또는 기업에서 후원금이 들어오고 이를
프로그램으로 만들어 주기를 원한다면 어떻게 될까? 보통은 그날 오
후쯤 부장이 관리자 회의를 소집하고 지시를 받은 관리자는 관련 부
서와 회의를 거쳐 다음날쯤 되어서야 담당자를 정하게 된다. 그리고
담당자는 그때부터 계획을 세워 상사에게 보고하고 최종적으로 상사
의 승인을 얻어 실행에 들어간다. 이러다 보면 이슈가 제기되고 실행
에 들어가기까지 며칠씩 걸리는 게 보통이다.

그러나 어떤 조직은 그날 오후에 이미 실행에 들어가 있다. 이것이
가능한 이유는 첫째, 사전에 자율성과 권한이 확보되어 있기 때문이
다. 자율성과 권한이 확보되어 있으니 상사의 지시가 없더라도 스스
로 판단하여 자신의 일이라고 생각되면 즉시 실행할 수 있다. 둘째, 실
행해 나가면서 필요에 따라 관련 부서와 협력하고 상사에게 보고하기
때문이다. 실행하면서 발생하는 문제나 필요한 부분을 그때그때 협력
과 지원을 받으면서 진행이 된다. 상사 보고는 구두로 먼저 이루어지
고 프로그램 진행 후에 서면으로 보고한다. 셋째, 일이 완전히 결정될

무엇이 조직을 병들게 하는가

때까지 기다리지 않고 미리 준비한다. 복지시설에서 이루어지는 프로그램 중에서 신규 프로그램이라고 하더라도 완전히 새로운 것은 거의 없다. 이미 했던 것이거나 약간 응용하거나 또는 이미 확보한 자원을 통해 이루어지는 프로그램들이 대부분이다. 기존에 있는 자원을 활용해서 프로그램에 적용한다. 따라서 이런 부분이 잘 공유되고 있다면 신규 프로그램이라고 하더라도 계획서가 완전히 결정되기 전이라도 미리 준비할 수 있다. 한 예로 현수막을 걸어야 하는데 걸어야 할 자리가 정해지지 않았다고 해서 자리가 정해지기를 무작정 기다려야 할까? 아니다. 미리 끈과 테이프 등을 준비해 놓고 정해지자마자 바로 작업에 들어갈 수 있게 해야 한다.

지속적 실행

지속적 실행의 대가는 음악가에게 많다. 파블로 데 사라사테^Pablo de Sarasate라는 대단한 바이올리니스트가 있다. 10세 때부터 신동이라 불리며 각종 상을 휩쓸었고, 〈지고이네르바이젠〉, 〈스페인 무곡집〉 등 직접 작곡한 바이올린 명곡도 많다. 당시 유명한 작곡가들도 사라사테에게 연주를 해 달라며 많은 곡을 작곡해서 바쳤다. 어느 비평가가 이런 그에게 "바이올린 천재"라고 극찬을 했다. 그러자 그는 다음과 같이 말했다. "천재? 37년 동안 하루도 빠짐없이 열네 시간씩 연습했는데, 그들은 나를 천재라고 부른다."

파블로 카잘스^Pablo Casals라는 첼리스트가 있다. 1876년에 출생하여 1973년에 사망한 그를 가리켜 첼로의 성인이자 금세기 최대의 예술가 중 한 사람이라 부른다. 현대의 첼로 연주법을 이루었으며, 고전 및 낭만파의 첼로 명곡을 부활시키는 공적을 세우기도 했다. 이 연주자가 90세가 넘었을 때의 이야기다. 이미 세계적으로 유명한 첼리스트가 나이가 90이 넘었는데도 매일 세 시간씩 연습을 하고 있었다. 하루는 옆집 이웃이 궁금해서 물었다. "선생님, 왜 아직도 연습하십니까?" 카잘스는 이렇게 답을 한다. "요새 내가 실력이 조금 느는 것 같아."

우리가 알고 있는 천재라고 불리는 사람들, 그 분야가 음악이든, 연기든, 건설이든, 디자인이든 상관없이 공통된 특징은 보이지 않게 꾸준히 연습을 했다는 점이다. 그렇기 때문에 그 결과가 남들이 볼 때 너무 탁월해서 우리랑 다른 존재로 여겨질 뿐이다. 아무리 천재라고 하더라도 꾸준한 실행력이 없으면 그 명성을 유지하기 어렵다.

확률은 성공의 답을 알고 있다. 지속하는 힘이야말로 성공의 핵심이다. 새해가 시작되면 많은 사람들이 계획을 세우지만 작심 3일이다. 그리고 같은 계획을 10년 동안 세운다. 그러나 여전히 달성하지 못한다. 조직도 마찬가지다. 리더들이 훌륭한 전략을 수립하려고 노력한다. 끈질기게 실행하는데 집중하지 못한다. 오늘날 조직의 문제는 전략의 부재가 아니라 전략을 끝까지 밀고 나갈 굳건한 실행력의 부재에 있다. 성과가 높은 조직은 끈기 있게 실행하는 데 최선을 다한다. 남들이 다 아는 전략, 평범한 전략이라도 집중하고 끈질기게 실행하면 훌륭한 전략을 대충 실행하는 것보다 훨씬 뛰어난 성과를 거둔다.

무엇이 조직을 병들게 하는가

실패에 대한 두려움 해소

개구리 마을에 장대높이뛰기 시합이 열렸다. 전국 각지에서 개구리가 모여들었다. 모두 열심히 노력하여 본선에 진출하게 되었다. 그런데 본선 진출 후 한 소문이 돌면서 결승 진출을 포기하는 개구리가 늘어났다. 소문 내용을 요약하면 이랬다. "결승 장대는 너무 높아서 넘는 것은 불가능할 뿐만 아니라 높은 만큼 다칠 확률도 높다. 예전에도 결승에서 크게 다친 선수가 많았는데 이번에는 더 위험하다."

이러한 소문을 들은 개구리들은 모두 장대높이뛰기 시합을 포기하였다. 그런데 한 개구리만 결승에 참여하여 장대를 뛰어넘었다. 구경하던 개구리들은 누가 결승에 참여해서 통과했는지 궁금했다. 더 궁금했던 것은 너무 높고 위험해서 모든 개구리가 포기하였는데 어떻게 용기를 가지고 결승전에 참여하게 되었는지였다. 이에 대해 그 개구리는 이렇게 답하였다. "나는 청각장애가 있어서 그런 소문이 있는지 듣지 못했습니다."

인간은 기본적으로 안정을 추구한다. 변화를 싫어한다. 여기에는 실패에 대한 두려움이 있기 때문이다. 우리가 평상시 쓰는 말 중에는 변화를 거부하는 말이 적지 않다. "가만히 있으면 중간이라도 간다.", "모난 정이 돌 맞는다.", "나대지 마라." 등 말이다.

이런 사고는 조직에서도 그대로 이어진다. 그렇다면 왜 그럴까? 조직 차원에서 보자면 다음과 같은 원인이 있다. 첫째는 아무것도 하지 않으면 피해가 없지만 무언가 실행하게 되면 잘 하면 본전, 못하면 불이익을 당하기 때문이다. 아무것도 하지 않으면 별로 티가 나지 않는다. 하지만 무언가 하다가 실수를 하게 되면 티가 난다. 이에 대해 조직 내 관리자가 실수를 적극적으로 옹호해 주고 격려하는 분위기를 만들지 못하게 되면 직원들은 그냥 가만히 있게 된다. 새로운 도전이라는 것은 과거에 가 본 적이 없는 길이다. 그렇기 때문에 시행착오가 발생할 수밖에 없다. 이러한 시행착오를 최소화하고 무언가 시도하려는 직원을 보호하기 위해서는 관리자가 좀 더 관심과 배려를 해 주어야 한다.

둘째는 자율성과 권한 부족으로 관리자의 통제 속에서 사업 진행을 해야 하기 때문이다. 관리자가 가지고 있는 지식과 경험도 한계가 있다. 관리자의 통제가 강하게 되면 그 관리자의 지식과 경험에서 이해되는 수준만 시도할 수 있게 된다. 이를 벗어난 시도는 관리자가 납득되지 않기 때문에 시도하기 어렵다. 실행력이 강화되기 위해서는 업무 재량권을 충분히 보장해 주는 것이 필요하다. 이 외에도 성공하지 못한 행동이 아니라 행동하지 않는 것에 대해 책임을 묻는 구조를 만드는 것, 새로운 시도를 장려하는 문화를 조성하는 것, 실패를 통해 무엇을 배웠는지 서로 공유하고 발표할 수 있는 기회를 마련하는 것, 현재 진행되는 사업 수행에 있어서 나타난 문제점을 지적하고 이를 개선하려는 직원을 칭찬하고 인정하는 것 등이 정착되면 보다 실행력을 높이는 데 도움이 된다.

조직의 성장은 과거를 그대로 따라하는 것이 아니라 이를 참고해서 기존과 다르게 추진하는 것에서 시작된다. 이 과정에서 충분히 시

무엇이 조직을 병들게 하는가

행착오는 발생한다. 어떤 경우는 일부러 실패를 유도해서 보다 효과적인 사회복지 프로그램이 제공된 사례도 있다. 한 사회복지사가 어떻게 하면 사회복지 프로그램 과정에서 주민이 주도성을 발휘할 수 있게 할지를 고민하였다. 그러다가 사회복지사인 자신이 부족한 모습을 보여 주는 것이 주민 주체성에 도움이 되겠다는 생각을 한다. 어느 날 먹거리 나눔 차원에서 주민과 함께 부침개 먹는 프로그램을 기획하였다. 부침개 재료만 복지시설이 준비하고 프라이팬 등 요리를 위한 나머지 부분은 주민이 준비하게 했다. 그리고 함께 모여서 부침개를 부친다. 예전 같으면 주민은 수동적인 입장에서 사회복지사가 부침개를 해서 마련해 주면 먹기만 하는 형태였다. 간혹 주민이 도와주기도 하지만 그래도 여전히 사회복지사의 보조역할이었다. 그런데 이 사회복지사는 주민이 자발적으로 주도성을 발휘하도록 하기 위해 기막힌 전략을 발휘한다. 그것은 스스로 실패를 많이 해서 무능해 보이게 하는 것이었다. 부침개 재료를 만드는 과정에서 '파'를 썰 때 일부러 크게 썬다. 그러면 주민이 핀잔을 준다. "그렇게 썰면 안 돼. 한 번도 안 해 봤나 보네. 내가 할 테니 잘 봐."

그렇게 되면 자연스럽게 부침개 요리는 주민이 하게 된다. 일부러 물 조절도 실패한다. 이 외에도 이런 저런 과정을 통해서 일부러 실패를 많이 만든다. 그러면 주민 스스로 이렇게 생각한다. '사회복지사라고 요리를 잘하는 것은 아니구나. 내가 사회복지사보다 요리는 더 잘하니 내가 하는 것이 낫겠다.' 이런 생각과 행동이 주민으로 하여금 프로그램 참여에 대한 주체성을 가지게 한다. 그리고 이 과정에서 주민 스스로에 대한 존재감도 살아나게 된다.

먼저 협력하라

한 노부인이 갑작스런 소나기에 비를 피하러 백화점에 들어갔다. 많은 백화점 점원들이 있었지만 누구도 비를 맞은 노부인에게 관심을 보이지 않았다. 노부인은 이런 직원들의 눈치를 보면서 안절부절 못하고 있었다. 그때 백화점의 말단 직원이 노부인에게 다가갔다. "무엇을 도와드릴까요?" 그는 노부인에게 말을 걸었고, 편안하게 비를 피하라며 의자도 준비해 주었다. 두 시간 후 소나기가 그치고 노부인은 감사하다며 직원의 이름을 물었고 그 직원의 명함을 가지고 돌아갔다.

몇 달 후 백화점에는 2년치 매출에 해당하는 거액의 주문을 요청하는 편지가 왔다. 이 편지는 바로 백화점에서 비를 피했던 노부인이었다. 그녀의 이름은 마가렛 모리슨 카네기Margaret Morrison Carnegie, 즉 철강 왕 앤드류 카네기Andrew Carnegie의 어머니였다. 편지에는 자기에게 호의를 베풀어 준 말단 직원 페리를 계약 담당자로 해 달라고 기록되어 있었다. 백화점 사장은 페리를 이사회에 추천하였다. 말단 직원이었던 페리는 바로 백화점의 파트너가 되었다. 그의 나이 22세 때였다. 나중에 이 일을 인연으로 페리는 차후에 카네기와 일할 기회를 얻었고, 미국의 철강업계에서 중요 인사가 되었다는 이야기가 전해 오고 있다.

이와 유사한 이야기는 또 있다. 폭우가 쏟아지던 어느 날 밤 차를

무엇이 조직을 병들게 하는가

몰고 가던 노부부가 한 도시를 방문하였다. 하지만 호텔의 객실을 구하지 못한 채 필라델피아의 허름하고 작은 호텔을 찾았다. 거기도 마침 빈방이 없었다. 노부부는 방을 얻을 만한 곳이 없는지 직원에게 물었다. 직원은 주변의 여러 호텔에 전화를 해서 방이 있는지 알아보았다. 하지만 축제 기간이어서 그런지 어느 호텔에도 방은 없었다.

방이 없다는 소리에 노부부는 매우 난처한 표정을 지었다. 날이 어두워 밖에서 잠을 잘 수도 없는 노릇이고, 방을 구할 수 있는 방법이 없는지 다시 물었다. 직원은 자신은 오늘 야간 당직이라 마침 자기 방이 빈다면서 괜찮다면 자신의 방에서 주무셔도 된다고 조심스럽게 말했다. 노부부는 직원의 친절에 감사해 하며 그 방에서 하룻밤을 묵게 되었다. 다음날 아침 노부부는 방값으로 두 배 이상을 지불하겠다고 하였다. 그러나 직원은 자기 방은 숙박비에 포함되지 않으니 그냥 가셔도 된다고 하였다.

그로부터 2년이 지난 어느 날 그 직원에게 뉴욕행 항공권과 초대장이 전달된다. 자신의 방에서 묵었던 노부부에게서 온 것이었다. 휴가를 내고 노부부를 찾아온 직원에게 노신사는 최고급 호텔을 가리키며 말했다. "이 호텔의 매니저가 되어 주시오." 그 호텔은 당시 세계 최대 규모의 호텔로 알려진 월도프 아스토리아 호텔이다. 뉴욕에 가면 많은 대통령이 숙박시설로 이용할 만큼 최고급 호텔이다. 이 일화는 세계 굴지의 호텔 체인을 이룩한 조지 볼트의 유명한 일화다.

협력에서 가장 중요한 부분은 바로 자신이 협력을 받고 싶다면 먼저 협력해 주는 것이다. 만성질환 조직에서 협력이 잘 안 되는 이유 중의 하나는 직원 상호 간에 보이지 않는 구분이 명확하다는 점이다. 한 조직 안에서 일을 하고 있지만 마치 다른 조직의 직원처럼 의식하는 경우가 있다. 예컨대 사회복지시설에서 함께 근무하지만 사회복지사가 아닌 요양보호사, 치료사, 안전관리인, 조리사, 영양사 등은 스스로 여기 시설에 속한 직원이 아니라고 생각하는 경우가 있다. 일부 사회복지사 중에서는 이들을 자기 업무를 보조해 주는 직원으로만 여기는 경우가 있다. 근무하는 곳이 사회복지시설이어서 사회복지와 직접적인 업무, 즉 사회복지사가 진행하는 업무를 가장 중요하게 생각할 수 있기 때문이다. 그래서 사회복지사 이외의 종사자는 서운함을 가지기 쉽다. 우리 업무도 중요한데 그것을 몰라준다는 서운함이 있다.

만성질환 조직에서 어느 사회복지사가 시설 차원의 큰 행사를 준비하고 있다. 그리고 업무 협조를 요청한다. 그런데 이 과정에서 사회복지사가 아닌 치료사, 안전관리인, 영양사, 조리사 등 다른 직종의 업무 스케줄로 인해 갈등이 생긴다. 각자 업무가 바쁘고 일정이 있다. 업무적으로 만나야 하는 사람도 있고, 오늘, 이번 주 순서대로 처리해야 하는 일도 있기 때문이다. 하지만 사회복지사는 자신이 담당하고 있기는 하지만 이 일은 내 일이 아니라 시설 차원의 일이라 생각하고 한다. 그렇기 때문에 각자의 업무를 조정해서 협조를 하는 것을 당연하게 생각한다. 조직 차원에서도 사회복지사가 진행하는 업무에 대한 협조는 힘을 받기 쉽다. 문제는 사회복지사가 아닌 직종의 업무를 사회복지사가 잘 모른다는 점이다. 그러다 보니 사회복지사 중심으로 입장을 표현하게 되고 이러한 입장 표현에 다른 직종의 직원은 불편

무엇이 조직을 병들게 하는가

하기 쉽다.

반대의 경우도 있다. 다른 직종 측면에서 도움을 요청하는 경우다. 이런 경우에는 종종 '그런 일은 그 부서가, 거기 속한 센터에서 알아서 하라.'는 입장이 많다. 이것은 옳고 그름을 따지기 어렵다. 사회복지 시설이니 사회복지사의 업무가 중심이 되는 것은 어찌 보면 당연한 것이기 때문이다. 하지만 사람은 감정이 있는지라 자신이나 자신의 부서는 계속해서 업무 지원을 해 주는데, 정작 지원을 구할 때 협조를 받지 못하면 '우리가 하는 업무가 시설 차원에서는 중요한 일이 아닌 가보다.'라고 생각하게 된다.

이보다 더 중요한 부분은 행사 진행 과정과 이후 태도에 있다. 만성질환 조직은 다른 직종 직원이 업무 협조를 하는 것을 당연하게 생각하기 때문에 다른 직종 직원이 느끼는 소외감이 훨씬 크다. 자신들을 '같은 직원이 아닌 부하직원으로 생각하는 것' 같다고 느낀다.

만성질환 조직에서는 다른 직종의 직원이 쉽게 이런 느낌을 가지기 쉬운 구조다. 업무 협조자가 스스로 무언가 할 수 있게 하기보다는 그냥 시키는 대로 지시 이행만 따르게 하는 경우가 있다. 행사의 목적이 무엇인지, 여기에서 내가 기여할 수 있는 부분은 무엇인지, 내가 가진 전문성으로 협조할 수 있는 방법은 무엇인지 물어본 적이 없기 때문에 업무 협조를 통해 얻는 성취감은 약할 수밖에 없다.

행사 이후에는 협조에 대한 진정어린 인정과 감사 표시 없이 지나가는 경우도 있다. 하지만 업무 협조를 해 준 사람 입장에서는 자기 업무를 보류한 채 진행한 것이기 때문에 행사 이후 업무 차질에 따른 수

습을 추가적으로 해야 하는 부담감이 있다. 이런 일이 반복되면 '왜 우리만 희생해야 하느냐.'는 불만이 생기고, 이런 불만은 은연중에 나타난다. 그러면 사회복지사가 아니어서 충성심이 약하다는 반응을 조직 차원에서 보내기 시작하고, 이런 과정이 반복되면서 점점 형식적인 협력만 이루어지게 된다. 물론 이런 부분이 직종 간에서만 발생하는 것도 아니다. 같은 직종에서도 발생할 수 있고 부서 간, 직급 간에도 발생할 수 있다.

그렇다면 어떻게 하면 조직에서 협력을 이끌어 낼 수 있을까?

첫째, 홈그라운드에 있는 사람이 먼저 노력해야 한다. 축구를 보면 홈경기가 유리하다. 이유는 안방에서 경기를 하는 것이기 때문에 경기장에 적응하기 쉽고 우리 팀을 응원해 주는 사람도 많다. 즉, 유리하다는 것이다. 사회복지사의 홈그라운드는 아무래도 복지시설이다. 복지시설은 사회복지를 전문적으로 진행하는 시설이기 때문이다. 사회복지사가 다른 직종에 비해 업무 협조를 요청할 일이 많은 것도 이 때문이다. 따라서 사회복지사는 홈그라운드의 이점을 가지는 대신, 더 많이 다른 직종의 직원 등에 대해서 관심을 가져야 한다. 안전관리인, 조리사, 간호사, 치료사, 요양보호사 등 다른 직종의 업무도 중요하다는 인식을 가지고 그들의 업무 프로세스를 최대한 알려고 노력해야 한다. 다른 직종의 업무 구조를 알면 알수록 효과적인 업무 요청이 가능하다. 만일 업무 협조를 요청하게 된다면 사회복지사의 관점에서 업무를 설명하기보다는 다른 직종이 이해하기 쉬운 방식으로 공유하는 것이 좋다. 전문용어나 특정 언어 등 사회복지사는 익숙하지만 다

　　　　　　　　　　무엇이 조직을 병들게 하는가

른 직종에게 익숙하지 않은 언어는 이해하기 쉽게 풀어서 설명해 주는 것이 좋다. 그리고 업무를 요청받은 사람은 말 그대로 지원이기 때문에 업무 요청 후에는 자신의 업무가 그만큼 늘어난다는 사실을 기억하고 업무 협조에 대한 감사표시를 잊지 말아야 한다. 그리고 업무 협조로 인해 어떤 도움이 이루어졌는지 구체적으로 알려 주면 좋다.

둘째는 권한 있는 사람이 먼저 노력해야 한다. 권한이 높을수록 협력을 이끌기 쉽다. 권한이 있는 사람이 어디에 힘을 실어 주느냐에 따라 협력은 크게 영향받는다. 예컨대 고위 관리자가 직원들이 협력한 부분을 격려하고 칭찬해 주면 직원들은 보다 협력에 임할 가능성이 크다. 과거 부설센터에서 추진하는 업무에 대해 전혀 관심이 없던 시설장이 어느 날 거기서 근무하는 요양보호사나 간호사 등을 격려해 주기 시작했다. 프로그램 진행 전에 직접 찾아가서 이용하고 있는 어르신이나 장애인에게 인사말을 한다. 평상시에도 잠시 들러 이용자와 인사를 나누고 직원들의 노고를 치하하였다. 이렇게 부설센터에 힘을 실어 주기 시작하자 소속감이 강화되어 사회복지사와 업무 협력이 보다 잘 이루어진 경우가 있다.

셋째는 개인에서 조직으로 협력을 하는 방법이 있다. 실무자 차원에서, 주임이나 대리급 차원에서, 과장급 차원에서 협력할 수 있는 방안을 논의하고 함께 노력하는 것이다. 부서 차원에서 할 수도 있다. 일부 개인만 하는 것은 어려움이 많다. 한 예로 컨설팅 과정에서 직급별이나 부서별로 할 수 있는 협력 방안을 논의하게 되니 그동안은 하지 못했지만 앞으로 할 수 있는 다양한 아이디어가 나왔다. 그리고 혼자 하는 것이 아니라 함께 하는 것이기 때문에 실행력도 높아졌다.

4

입·귀질환 처방

> 내가 하고 싶어 하는 말보다 상대방이 듣고 싶어 하는 말을 해라.
> – 유재석

칭찬은 공개적으로, 질책은 개인적으로

관리자는 항상 직원들의 눈 속에 있다는 말이 있다. 직원들은 말만 하지 않을 뿐이지 관리자의 행동 하나하나에 관심이 많다. 누구와 무슨 말을 주고받는지, 누가 관리자와 친한지, 누구에게 더 신경을 쓰는지 의식한다. 그렇기 때문에 관리자의 칭찬과 질책은 신중할 필요가 있다. 칭찬은 공개적으로 하는 것이 좋다. 칭찬을 개인적으로 따로 불러서 하게 되면 오해가 생기기 쉽다.

어느 조직의 사례다. 힘든 환경에서도 열심히 일하는 직원이 있었다. 주어진 업무도 성실히 수행하고 새롭게 제시되는 부분도 말없이 책임감 있게 수행했다. 시설장이 보기에 너무 괜찮은 직원이라 칭찬을 해 주고 싶었다. 말보다는 밥도 사 주면서 애쓴 부분에 대해서 격려도 하고 감사표시도 해 주고 싶었다. 그래서 조용히 따로 불렀다. 그리고 점심을 사 주기 위해 밖으로 나갔다. 시설장은 이 직원에게 비싼 점심을 사 주며 그동안 노고를 치하했다. 이후에도 이 직원은 열심히 일을 했다. 그때마다 시설장은 때로는 점심을, 때로는 저녁을 사 주는 것으로 칭찬과 보상을 해 주었다. 이 직원과 친하고 함께 성실히 업무를 보는 다른 직원 두세 명과도 같이 식사를 했다. 하지만 시간이 지날수록 칭찬을 받고 있는 직원이 부담스러워했다. 시설장과 함께 식사하러 나가는 일이 많아지면서 다른 직원들이 '시설장 측근', '시설장이 예뻐하는 직원' 등으로 자신을 경계하는 것 같은 느낌을 받았기 때문이다.

시설장은 성실히 일하는 직원에게 보상을 해 주는 것은 당연하다고 생각했다. 다른 직원들도 열심히 일하면 충분히 동일하게 점심이든, 저녁이든 사 줄 용의가 있었다. 하지만 그렇게 하는 직원이 두세 명밖에 없기 때문에 결국 이 직원들만 음식을 사 주게 된 것이었다. 문제는 이러한 과정이 반복되다 보니 직원 사이에서 그 두세 명의 직원은 시설장의 친위대로 인식되기 시작했다는 점이다. 서로 말을 할 때도 이 직원들은 소외되었다. 행여나 자신들이 하는 말이 이 직원들을 통해 시설장에게 전달될까 무서웠기 때문이다. "시설장과 친하니 좋겠네."라며 다소 빈정대는 듯한 반응을 보이는 사람도 있고, "우리는 버림받은 자식이다."라면서 시설장의 차별에 불만을 제시하는 직원도 생기기 시작했다. 점차 이렇게 되자 일을 성실히 수행하는 것은 당연한 것인데도 불구하고 그렇게 하면 시설장이 또 불러서 자신들만 맛있는 것을 사 줄까봐 불안해 하기 시작했다. 이 직원의 소망은 차라리 우리에게 밥을 사 주지 말든가, 아니면 다른 직원도 함께 사 주는 것이었다.

개인적이고 은밀하게 진행되는 칭찬은 오해를 낳을 수 있다. 칭찬은 가급적 공개적으로 해야 한다. 어떤 업무를 성실히 마쳤다면 공개적으로 하는 것이 좋다. 직원들을 모아 놓고 "이 사람이 한 이번 일은 훌륭한 일이다."라고 공개적으로 칭찬하는 것이 오히려 직원의 자부심을 올려 준다. 반대로 개인적으로 따로 표현하게 되면 직원의 공보다는 "왜 따로 불러서 하지?"라는 괜한 오해만 불러일으키기 때문에 별로 효과적이지 않다.

같은 칭찬이더라도 더 효과적인 방법이 있다.

첫째, 결과나 재능보다 과정과 노력을 칭찬한다. 어느 직원이 작성한 공모사업이 선정되었다면, "역시 A직원은 재능이 탁월합니다. 능력자입니다."보다는 "바쁜 업무 상황에서도 공모사업서 작성하느라 얼마나 많이 힘들었습니까? 참 수고 많았습니다."라고 하는 것이 좀 더 낫다.

둘째, 애매모호한 것보다 구체적으로 칭찬하는 것이 좀 더 낫다. 두루뭉술하게 "수고 많았다."고 이야기하기보다는 이러저러한 노력, 노력으로 인한 이러저러한 효과가 있었다는 점, 현재 이런저런 측면에서 어려운 환경이었음에도 이러저러하게 노력한 점 등 구체적으로 표현해 주면 보다 효과적이다.

셋째, 말로만 그치지 말고 보상과 함께 칭찬하는 것이 효과적이다. 말로 "수고했다.", "잘했다."고 하는 것도 좋지만, 때에 맞는 음료수나

　무엇이 조직을 병들게 하는가

간식, 식사, 선물 등을 제공하면서 칭찬하면 효과는 더 커진다.

반대로 질책은 개인적으로 하는 것이 낫다.

관리자 중에서는 다시는 같은 잘못이 되풀이되지 않도록 하겠다는 취지나 좀 더 반성하라는 의미로, 또는 다른 직원들에게 잘못하면 어떻게 되는지 본을 보여야 한다는 측면에서 공개적으로 질책을 하는 경우가 있다. 공개적인 장소에서 질책이 크면 클수록 당사자는 자존심이 상하기 때문에 행동을 수정하는 데 별로 효과적이지 않다. 특히 부하직원이나 이용자가 있는 앞에서 혼을 내는 것은 금물이다. 혼을 내야 하는 경우라면 따로 조용히 불러서 이야기하는 것이 보다 바람직하다.

소통훈련

만성질환 조직에서 나타나는 가장 큰 특징은 소통의 문제다. 서로 소통이 되지 않는다고 많이 하소연한다. 많은 말을 하고 많은 대화를 한다고 해서 소통이 잘 되는 것이 아니다. 이들 조직은 어느 조직보다 오랜 시간 회의를 하고 상호 간에 소통의 장애를 없애려고 수많은 서류와 절차를 만들지만 소통을 위한 행정서류만 많아질 뿐 정작 소통은 잘 되지 않는다. 이것은 마치 마음이 전혀 다른 축구선수가 경기에 참가하는 것과 같다.

어떤 축구팀이 있다. 선수 열한 명 가운데 두 명 정도만 골에 대한 관심을 가지고 있다. 그리고 자기가 어떤 역할을 해야 하는지, 어느 포지선인지 안다. 또한 열한 명 가운데 네 명 정도만 어느 쪽 골대에 골을 넣어야 하는지 알고 있고 나머지 일곱 명 정도는 어느 쪽에 골을 넣어야 하는지 조차도 모른다. 게다가 두 명을 제외한 아홉 명의 선수들이 사소한 이유와 오해로 자기들끼리 싸우고 있다. 이런 팀이 과연 승리할 수 있을까?

좀 더 생생하게 설명을 해 보자.

한 선수가 상대방 골문으로 골을 넣고자 달려간다. 중간에 같은 팀 선수가 묻는다. "왜 그렇게 열심히 뛰어? 골 넣는다고 뭐가 달라져?" 다른 선수가 말한다. "이봐~, 우리는 주 공격수가 아니야. 우리는 수비수야. 수비수는 골을 막아야지. 아무리 골을 넣을 찬스가 있다고 하더라도 골을 넣으면 안 돼. 그것은 공격수의 몫이야. 공격수의 영역을 침범하는 것이라고." 또 다른 선수가 맞장구친다. "이 선수 말이 맞아. 수비수인 우리는 한 번도 골을 넣어 본 적이 없어. 감독이 자리를 지키라고 했잖아. 그러니 설사 기회가 오더라도 하면 안 돼."

감독이 자리를 지키라고 한 말의 진정한 목적은 무엇인가? 바로 경기에 이기기 위함이다. 골을 넣지 않고 상대팀을 이길 수 있는가? 골을 넣을 찬스가 있으면 넣는 것이 바로 경기에 임하는 선수의 자세여야 한다. 하지만 만성질환 조직은 경기에 참여하는 진정한 목적, 감독이 말하고자 하는 의도 등을 모르거나 알고 있어도 행여나 피해가 나에게 오지 않을까 하는 두려움, 또는 귀찮아서 등 다양한 이유로 마땅히 할 역할을 하지 못하고 있다.

해리스인터랙티브 사가 핵심 사업, 핵심 업무 분야에서 일하는 미국인 2만 3,000명을 대상으로 설문조사를 실시했다. 결과 내용에 따르면, 조직의 37%만이 무엇을 왜 달성하려고 하는지 분명하게 알고 있었다. 그리고 22%만이 조직의 목표에 대해 열의를 갖고 있었다. 조직의 22%는 자신의 업무가 팀과 조직의 목표와 일치한다고 하였고, 17%만이 조직이 다양한 의견을 존중하고 더 좋은 새로운 아이디어를 수용하는 커뮤니케이션 문화를 갖고 있다고 했다. 다른 그룹 혹은 다른 부서와 서로 신뢰하고 협력하는 업무 관계를 갖고 있다고 한 경우는 13%에 그쳤다.

이것은 다수의 직원이 자기 조직이 추구하는 목적도 모르고, 열의도 없으며, 서로 의견을 나누거나 협력하는 경우가 매우 낮다는 것을 의미한다. 문제는 만성질환 조직의 경우 이보다 더 낮다는 점이다. 그렇다면 보다 효과적인 소통 방법에 대해서 알아보자.

간결하고 명확한 소통

소통에서 가장 중요한 것은 메시지다. 메시지를 잘 전달하기 위해서는 간결해야 한다. 간결한 메시지는 핵심 내용을 쉽게 익히고 기억하게 해 준다.

"침대는 가구가 아닙니다."

"오리온 초코파이 정情"

기업에서 광고 효과를 극대화하기 위해 간결한 메시지를 사용하는 이유가 바로 이 때문이다. 조직이 가고자 하는 지향점도 간결하고 명확하게 구성하는 것이 소통에 큰 도움이 된다. 간혹 비전(미션), 또는 목표 등을 서너 문장으로 길게 하는데, 이럴 경우 명확한 의사전달이 어렵다.

디즈니랜드의 비전은 "모든 사람들을 행복하게 만드는 것"이다. 이 비전을 실천하기 위해 직원을 '배우'라고 한다. 배우로 불리는 직원들이 일을 하는 것은 '무대에서 연기를 한다.'고 표현된다. 이러한 의사전달은 신입직원에게도 쉽고 명확하게 전달된다. 그러면 소통이 쉬워진다.

시각적 소통

매년 우리나라 피서지에서 발생하는 쓰레기는 2만 4,000톤이 넘는다. 이런 쓰레기의 대부분은 모래사장이나 주변에 무단으로 버려진다. 무단투기에 대한 벌금도 주고, 환경보호라는 공익적·감정적인 부분에 호소하기도 하지만 쉽지가 않다. 어떻게 하면 무단으로 쓰레기 버리는 것을 줄일 수 있을까?

네덜란드에서 이러한 고민을 해결한 사례가 있다. 로테르담의 한 축제에서 독특한 쓰레기통이 등장했다. 투명한 쓰레기통 두 개를 설치하고 그 위에 재미있는 투표 주제를 달아 놓았다. 예컨대 감자에 설탕이 나은지 아니면 소금이 나은지 쓰레기로 투표를 하는 것이다. 이렇게 가져다 놓고 투표를 시작하자 놀라운 일이 발생했다. 사람들은 투명 쓰레기통이라 금방 어느 곳의 선호도가 높은지 알 수 있다. 그러면 자신의 생각이 옳다는 것을 입증하기 위해 또는 단순한 승부욕으로 자신이 가지고 있는 쓰레기를 거기에 넣는다. 흥미로운 점은 이기

무엇이 조직을 병들게 하는가

기 위해 자신이 버린 것이 아닌 쓰레기도 주워서 채운다는 점이다.

삼성의 사례다. 이건희 회장은 일명 〈후쿠다 보고서〉를 통해 삼성이 양적으로만 치중해 있고 질적으로는 아무런 준비가 되어 있지 않아 세계 경쟁력이 없다는 상황을 인지하게 된다. 1993년 삼성은 신 경영을 선언한다. 양에서 질로 대대적인 변화를 요구한 선언이다. 그때 유명한 말이 "마누라 빼고 모두 바꾸자."다.

하지만 회장이 직접 질적인 성장을 그렇게 강조했는데도 불구하고 직원들은 전혀 달라지지 않았다. 여전히 양적인 부분에 치중했고 질적인 성장에는 관심을 보이지 않았다. 게다가 세탁기 제조과정에서 뚜껑이 맞지 않자 직원이 임의적으로 칼로 잘라내는 모습을 보게 된다. 납품기일을 맞추기 위해서 평소 하던 대로 했던 것이다. 이 모습을 본 이건희 회장은 화가 나서 이 비디오를 전 직원이 보게 하고 재차 질 중심의 경영을 진행할 것을 강조한다. 그럼에도 불구하고 변화는 적었다. 이 와중에 불량 휴대폰이 시중에 유통되는 일이 발생하게 된다. 이에 전 직원을 수원 공장에 모이게 하고 거기서 수거한 모든 불량 휴대폰에 대한 화형식을 거행한다. 전 직원이 직접 보고 느끼게 하기 위함이었다. 이를 계기로 삼성은 양에서 질 중심으로 대변혁을 일으킨다. 그 결과 삼성은 한국을 넘어 세계 기업 속에서 영향력 있는 기업으로 성장하게 된다.

어떤 인터넷 쇼핑몰 경영자는 직접 고객처럼 자신의 회사 제품을 주문하고 포장지까지 뜯는 시연을 직원들 앞에서 진행했다. 이 과정에서 자기 회사가 만든 포장지가 뜯기 쉽지 않다는 것을 전 직원과 함

비전을 왕래가 잦은 공간에 설치하였다.

께 직접 눈으로 확인했다. 이를 통해 직원들은 상품뿐만 아니라 포장지도 매우 중요하다는 것을 바로 인식할 수 있게 되었다.

이처럼 시각적인 부분을 활용하면 소통을 하는 데 많은 도움이 된다. 조직이 가고자 하는 지향점이나 목표, 전달하고자 하는 메시지 등에 대해서 말로 하는 것도 중요하지만 평상시에 잘 볼 수 있도록 시각화한다면 보다 원활한 소통이 이루어질 수 있다.

어느 노인복지관은 자신이 추구하는 비전을 계단 벽에 예쁘게 만들었다. 사실 많은 사회복지 종사자가 자신이 속한 시설의 비전에 대해서 거의 모른다. 하지만 이 시설은 모든 직원이 자기 시설의 비전을 분명히 알 것이다.

체감적 소통

컴퓨터와 관련해서 고객의 AS를 전문적으로 처리해 주는 기업에서 있었던 사례다.

고객의 AS에 대한 불만이 점점 더 늘어났다. 하지만 직원들은 이에 대해서 별로 심각하게 생각하지 않았다. 직원들은 나름대로 최선을 다하고 있다고 생각했다. 고작 20분, 30분 늦어지는 것이 큰 문제는 아니라고 여긴 것이다. 오히려 고객들이 너무 성급한 것이 문제라

무엇이 조직을 병들게 하는가

고 생각했다. 그리고 사람의 생명을 다루는 것도 아니기 때문에 너무 서두를 필요가 없다고 생각했다. 고객의 불만이 증가하는 것을 보여 주어도 그리 심각하게 받아들이지 않았다. 그러던 어느 날 사장이 전 직원에게 할 말이 있다며 지하 강당으로 모이게 했다. 직원들은 또 무슨 일인가 하며 삼삼오오 자리에 앉았다. 직원이 다 모이자 사장은 단상에 섰고 마이크를 잡고 직원에게 말하려는 순간 갑자기 '지지직~' 하는 소리와 함께 마이크와 형광등을 비롯한 모든 전기 제품이 꺼져 버렸다. 강당은 어두워서 아무것도 보이지 않았다. 직원 몇몇은 무슨 일이 벌어졌는지 허둥지둥 이리저리 다녔다. 앉아 있는 직원들은 "이게 무슨 일이냐."며 수군대기 시작했다. 일부 직원은 "행사 준비를 어떻게 했기에 사장님이 말씀하시는데 불이 나가냐."며 준비한 직원에 대해 불만을 말하기도 했다. 잠시 후 불이 들어 왔고 마이크도 원상태로 회복되었다. 사장은 마이크를 잡고 다시 말하기 시작했다. "여러분은 약 2분 정도밖에 되지 않았지만 잠시 전기가 나간 것을 두고 많이 불편해 하였습니다. 그러면서 고장 때문에 고객이 20분, 30분 불편을 겪는 것에 대해서는 별로 중요하게 생각지 못하고 있습니다. 지금 우리가 느끼는 불편함을 고객 또한 느끼고 있다는 점을 잘 기억했으면 좋겠습니다." 불이 나간 것은 사장이 의도적으로 지시한 것이었다. 고객이 느끼는 감정을 직원도 체험할 수 있게 해 주고 싶어서였다. 직원은 이 사건을 계기로 고객이 어떤 불편함을 느끼는지 알게 되었고, 고객의 AS 불만은 전보다 많이 해소되었다.

제2차 세계대전 중 연합군 함대에서 있었던 일이다. 함대를 지휘하던 함장은 선상과 달리 배의 갑판 아래서 일하는 병사들이 명령을 제대로 듣지 않아 골치를 앓고 있었다. 선상에서는 전투가 격렬하게 전개되고 있었다. 그럼에도 불구하고 갑판 아래 병사들은 그다지 적극적으로 움직이지 않았다. 참다못한 함장이 가끔씩 갑판 아래로 내려가 독려를 했지만 별 소용이 없었다. 이때 함장은 함대의 방송을 통해 전투상황을 모든 대원들과 공유하게 했다. 함장은 직접 마이크를 손에 들고 선상에서 얼마나 치열하게 전투가 진행되고 있는지 전투상황을 시시각각 대원들에게 상세하게 알려 주었다. 이렇게 하자 갑자기 갑판 아래의 모든 병사들이 적극적으로 움직이기 시작했다. 자신들이 직접 적군과 맞서 싸우지는 않지만 자신들이 하는 일이 전투에 어떤 영향을 미치는지 느낄 수 있었기 때문이다.

만약 우리 복지시설 이용자의 마음을 느끼고 싶다면 자신을 전혀 모르는 다른 사회복지시설에 이용자로 가장해서 방문하고 상담을 받아 보면 도움이 된다. 처음 시설에 방문할 때의 느낌, 그 시설에 있는 직원들의 태도를 통해 얻게 되는 느낌 등을 알게 되면 자신이 만나는 이용자에 대해서 좀 더 민감해질 수 있다. 관리자의 입장을 알고 싶다면 그 관리자가 되어 보고, 실무자의 입장을 알고 싶다면 현재 실무자의 업무 환경 속에서 일을 해 보면 이해가 쉽다. 다른 직종의 입장을 이해하고 싶다면 스스로 치료사, 영양사, 안전관리인 등이 되어 그 일을 해 보는 것이다. 각자 처한 상황을 설정해 보고 내가 상대방이 처한 유사한 상황을 동일하게 경험할 수 있다면 그 사람이 느꼈던 감정과 고민을 이해하는 데 도움이 된다.

무엇이 조직을 병들게 하는가

직접 소통

소통의 목적은 상대방을 설득하는 것이 아니라 공감하는 것이어야 한다. 소통의 본질은 설득이 아니라 공감이다. 공감하지 못하면 소통은 이루어지지 못한다. 이러한 마음을 가지고 최고경영자와 리더들은 끊임없이 조직 구성원들과 소통해야 한다. 이왕이면 소규모 사람들, 부서 단위의 인원들을 수시로 만나 직접 소통하는 것이 좋다. 이렇게 할 때 조직 구성원들은 최고경영자와 리더의 의지와 열정을 피부로 느끼게 된다. 간혹 관리자 중에는 실무자를 자유롭게 하기 위해서 일부러 만나지 않는 경우도 있다. 하지만 만나서 주로 나누는 대화가 잘못에 대한 지적이 아니라 실무자의 고민을 들어 주고 지원하기 위한 것에 초점이 있다면 실무자가 느끼는 불편함은 크지 않다. 오히려 실무자와 자주 이야기가 되지 않을 때 실무자는 자신이 중요하지 않은 사람으로, 자기가 맡은 업무가 중요하지 않은 업무로 오해할 수 있다. 다시 말하지만 관리자는 감시가 아니라 격려, 문제해결과 지원, 경청을 하겠다는 마음으로 실무자를 자주 만나 이야기해야 한다.

스칸디나비아 항공의 얀 칼슨 회장은 항공산업 전체가 어려웠던 시기에 스칸디나비아 항공사를 흑자로 전환시켰다. 그리고 '올해의 최우수 항공회사'로 선정시켰다. 사람들이 그 비결을 묻자 다음과 같이 말했다. "저는 스칸디나비아 항공사에 취임한 날부터 지금까지 직원과의 의사소통을 최우선으로 하였습니다. 나는 첫해부터 정확히 내 근무시간의 절반을 스칸디나비아 항공사 직원들과 대화하는 데 사용했습니다. 직원들이 '직원 세 명이 모이기만 해도 얀 칼슨이 곧 나타나

대화를 나눌 것'이라고 할 정도였습니다. 나는 직원들과 대화를 통해 나의 열정과 개입이 순수하다는 것을 보여 주었습니다. 그리고 이런 노력이 내가 책임자로서 마땅히 해야 할 역할이기도 합니다."

관리자는 기꺼이 목소리를 높여 열정적으로 조직 구성원들에게 자신의 메시지를 전파해야 한다. 이렇게 하는 데 있어서 물론 직접 소통하는 것보다 더 좋은 방법은 없다.

일상적 소통

가장 효과적인 소통은 자연스러움이다. 일상 속에 스며든 소통이 가장 좋다. 조직이 분명히 활발한 소통을 하고는 있지만 직원이 그것을 잘 눈치채지 못하고 있다면 일상적 소통이 잘 이루어지고 있다고 볼 수 있다. 아침에 가볍게 모여 인사를 나누고 서로를 격려하는 것, 중간 중간 차를 마시면서 상호 간에 편안한 이야기를 나누는 것, 사무실이나 프로그램실, 화장실 등에 목표에 대한 문구를 벽에 부착하여 누구나 쉽게 볼 수 있게 하는 것 등이 일상적 소통이라 할 수 있다. 특히 화장실은 가장 효과적인 일상적인 소통 공간이다. 화장실에서 가장 핵심적인 소통 공간은 좌변기가 있는 문짝과 남성 소변기의 위쪽 공간이다. 이미 많은 조직에서 조그마한 게시판을 설치하여 좋은 글귀나 명언, 간단한 생활영어, 조직의 경영 전략과 최고경영자의 메시지를 요약하여 게시하고 있다. 좋은 방법이다.

무엇이 조직을 병들게 하는가

5

내장질환 처방

> 팀 고유의 문화를 제대로 만든다는 것은
> 제대로 된 팀을 만드는 것에 50% 이상 성공했다는 뜻이다.
> — 제시카 헤린 Jessica Herrin

시스템을 만들기 위한 준비

사람은 본능적으로 다른 사람의 행동을 따라가는 경향이 있다. 만약 어떤 시스템이 마련되어 있다면 누가 입사하든 초기에는 그 시스템에 따라갈 수밖에 없다. 그래서 어떤 시스템이 마련되어 있느냐가 중요하다.

국수 봉사를 하면서 경험한 일이다. 설거지를 담당하게 되었는데 사람들이 다 먹은 빈 그릇을 가져다주는 것에 한 가지 패턴이 있었다. 음식으로 국수와 김치가 나간다. 그러면 설거지로 나올 만한 것은 많지 않다. 국수그릇, 김치그릇, 물컵, 젓가락 등이 전부다. 그런데 한번에 많은 사람이 식사를 하기 때문에 설거지도 한번에 몰린다. 설거짓거리를 놓는 방식은 미리 교육을 통해 이루어지는 것이 아니기 때문에 각자 놓고 싶은 대로 한다. 여기에 재미있는 현상이 있다. 뒷사람은 앞사람이 놓은 방식을 따라하려는 경향이 있다. 만약 당신이 설거지를 보다 수월하게 하려면 설거짓거리를 종류별로 나누어 두면 된다. 그러면 뒷사람도 그렇게 놓을 가능성이 크다. 하지만 이러한 조정이 없으면 온갖 그릇들은 대혼란을 겪게 된다. 국수그릇과 김치그릇이 뒤섞이고, 그릇 안에 물컵과 젓가락이 섞인다. 자기 앞에 있는 그릇에 음식물이 남아 있는 상태라면 뒷사람도 음식물을 버리지 않고 똑같이 놔두고 간다. 모두 무의식적으로 남이 한 대로 하는 것이다.

조직도 마찬가지다. 선임자가 어떻게 했느냐에 따라 후임자도 그대로 따라가려고 한다. 그런데 비전 내재화가 잘 이루어지려면 중간중간 이탈하려는 그릇을 관리해야 한다. 처음에 그릇 세팅을 잘해 놓았다고 하더라도 시간이 지날수록 흐트러진다. 이때마다 다시 질서 있게 보완을 해 주면 처음 세팅한 것처럼 질서 있게 유지가 된다. 그리고 이런 기간이 길어질수록 스스로 학습이 되기 때문에 보완하는 시간은 점점 더 줄어든다.

또 하나 눈여겨볼 것이 있다. 그릇을 하나씩만 놔두기보다는 두세 개 정도 쌓아 두는 것이 더 효과적이다. 두 개 이상이 되면 한 사람이 아닌 두 명 이상이 참여한 질서가 되기 때문에 이를 지킬 가능성이 더 높아지는 것이다. 사람은 한 명보다는 두 명, 두 명보다는 세 명이 같은 행동을 한 것을 더 따라가려는 경향이 있다.

조직이 변화를 꿈꾸려면 초기 누군가 시도해야 하겠지만 초기 시도자에게 힘을 실어 주기 위한 후속작업이 꼭 병행되어야 한다. 한 명이 실천하는 것보다 두세 명 이상이 실천하게 될 때 후임자가 따라올 가능성이 더 크기 때문이다.

무엇이 조직을 병들게 하는가

관리 적용을 안 했을 때

관리 적용을 했을 때

정리문화 형성

평가의 커뮤니케이션

평가의 부작용

평가를 하는 목적은 평가를 통한 성장이다. 이전보다 더 잘하기 위해서 무엇을 더 하거나 개선해야 하는지, 또는 하지 말아야 하는지 파악해서 이를 수정하려 한다. 잘한 사람은 칭찬해서 더 잘하게 하고, 못한 사람은 행동을 수정하게 유도하기 위한 것이 평가다. 하지만 평가를 제대로 활용하지 못하면 오히려 부작용이 많다.

평가의 부작용과 관련된 재미난 실험이 있다. 심리학자 브로스넌과 드발Sarah F. Brosnan & Frans B. M. de Waal은 꼬리말이 원숭이 실험으로 이를 증명하고자 하였다. 연구진은 우리에 칩을 던졌다. 꼬리말이 원숭이가 칩을 돌려주면 그 대가로 오이 한 조각이나 포도 한 송이를 주었다. 또 다른 꼬리말이 원숭이도 칩을 돌려주는 대가로 다른 원숭이와 동일한 보상을 받았다. 실험 초창기 꼬리말이 원숭이의 세상에는 아무런 동요도 없었다. 그러나 불공평한 상황이 시작됐다. 두 번째 실험에서 두 원숭이 중 한 마리는 칩을 돌려줄 때 항상 오이 한 조각을 받은 반면 다른 원숭이는 매번 훨씬 맛있는 포도 한 송이를 받았다. 오이를 받은 원숭이는 동료가 자기와 똑같이 칩을 돌려주는 행동을 했는데도 훨씬 좋은 보상을 받는다는 것을 두 눈으로 똑똑히 보았다. 어떤 일이 벌어졌을까?

얼마 지나지 않아 오이를 상으로 받던 원숭이는 눈에 띄게 흥미를 잃었다. 이 원숭이는 이 놀이에 동참하려 들지 않았다. 우리 안으로 칩을 던져도 그냥 그 자리에 내버려뒀다. 게다가 이번에는 다른 원숭이가 아무것도 하지 않았는데도 포도를 먹이로 받자 지금까지 참아 왔던 분노를 표출했다. 이 지점에서 불공평한 대우를 받은 원숭이는 날카롭게 울부짖으며 우리 안의 칩을 밖으로 던져 버리고 대가로 주는 오이마저 완전히 거부했다. 얼마 전까지만 해도 기쁨의 대상이었던 오이가 어떻게 이렇게 빠른 시간 안에 가치를 잃어버릴 수 있었을까? 이는 원숭이가 자신의 보상을 다른 원숭이의 것과 비교한 것이 분명하다. 또 동일한 행동에 동일한 대가를 바라는 기대가 생긴 것이다. 그러나 상황이 그렇지 못하자 원숭이는 불공평한 대우를 받았다는 감정으로 불만이 쌓인 것이다.

관찰 내용의 정확성을 확인하기 위해 브로스넌과 드발은 또 다른

무엇이 조직을 병들게 하는가

테스트를 했다. 만약 행동의 대가로 오이보다 좋은 상, 즉 포도를 줬어도 결과는 마찬가지였을까? 원숭이가 단순히 이 게임에 흥미를 잃어버린 것은 아니었을까? 연구진은 원숭이 눈에 보이게 포도 몇 송이를 늘어뜨려 놓고 상으로 오이를 주는 칩 주고받기 놀이를 다시 시작했다. 그러자 꼬리말이 원숭이는 적극적으로 동참했다. 어떤 원숭이에게도 포도를 주지 않자 원숭이들은 오이만으로도 적극적으로 놀이에 참여했다.

사회복지시설에서 근무하는 A직원은 몰입도가 아주 좋다. 높은 집중력과 성실함으로 성과가 좋을 뿐만 아니라, 근무시간 내에 대부분 업무를 마친다. 오후 6시가 되어 퇴근을 준비한다. 반면 B직원은 근무시간에 전혀 몰입하지 않는다. 오후 4시가 넘어서야 슬슬 일하기 시작한다. 그러다 보니 6시가 다 되어도 아직 일을 마치지 못한다.

관리자가 퇴근하려는 A직원을 보고 말한다. "일 마쳤으면 먼저 가지 말고 B직원 일을 도와주고 같이 퇴근하세요." 이런 일이 며칠 동안 반복된다. 이후 A직원의 태도에 변화가 생긴다. B직원과 마찬가지로 오후 4시가 넘어서부터 일에 몰입하기 시작한다.

아무리 열정적인 사람도 그 열정에 대한 평가를 제대로 받지 못하게 되면 열정을 지속하기 어렵다. 공정하지 않은 평가는 오히려 안 하는 것이 낫다. 게다가 공정하지 못하다고 여겨지는 평가를 통해 보상과 처벌이 이루어지게 된다면 조직은 심각한 상황에 직면하게 된다.

① 평가 기준과 영향력

평가 기준은 직원의 행동을 유발하거나 막는 데 아주 결정적으로 작용한다. 그렇기 때문에 올바른 평가 기준을 마련하는 것이 중요하다.

완두콩 캔 제조회사에서 콩에 벌레가 생겨 자꾸 품질이 떨어진다는 것을 알고 벌레 제거 작업에 들어갔다. 직원을 독려하기 위해 벌레를 많이 잡는 직원에게 보너스를 주는 새로운 평가 기준을 마련했다. 이에 따라 작업자는 그때부터 벌레를 잡는 것에만 집중했다. 그리고 확실히 벌레가 많이 잡혔다. 그런데 희한하게도 새로운 평가 기준을 마련하기 이전보다 훨씬 더 벌레가 많이 잡혔다. 이유는 직원들이 출근하면서 벌레를 가지고 와서 완두콩에 붙였기 때문이다.

삼성의 핵심가치 중에 하나는 '인재 제일'이다. 그래서 한 명의 우수한 인재 확보를 매우 중요하게 여긴다. 사장단의 경우 아무리 성과가 높다고 하더라도 우수 인재를 영입하지 못하면 높은 인사점수를 받을 수 없다. 인사평가에서 약 40% 이상이 우수 인재 영입 여부에 달려 있다. 그렇기 때문에 삼성 임원은 전 세계를 다니며 우수 인재 영입에 혼신의 노력을 다한다. 만약 외국인인데 자신의 나라에서 근무하고 싶다면 삼성직원으로서 모국에서 근무할 수 있도록 편의를 봐준다. 삼성에 우수한 인재가 많은 것도 이러한 평가 기준과 무관하지 않다.

② 강력한 처벌 VS 가벼운 처벌

일을 잘 못하는 직원을 강력하게 처벌하는 것이 효과적일까? 아니면 가볍게 처벌하는 것이 효과적일까? 이와 관련한 실험이 하나 있다.

애런슨과 칼스미스Elliot Aronson & J. Merrill Carlsmith는 취학 전 연령의 어린이들을 대상으로 한 가지 실험을 했다. "어떤 특정 장난감을 가지고 놀아서는 안 된다."고 금지하고 난 몇 주 후에도 과연 지시를 지키는지 알아보는 실험이었다.

첫 번째 실험에서는 '위협을 통한 강제적인 복종'을 활용했다. 연구자가 아이들에게 다섯 개의 장난감 중에서 로봇 장난감 한 개를 정해 강제로 놀지 못하게 하였다. "이 중에서 로봇 장난감은 가지고 놀아서는 안 된다. 만일 너희들 중에서 누구든지 가지고 놀다가 들키면 큰 벌을 받을 거야."라고 경고했다. 그러고는 옆방으로 가서 관찰거울을 통해 행동을 관찰했다. 실험에 참여한 스물두 명의 아이 중 한 명을 제외한 아이들이 연구자의 지시를 따랐다. 몇 주 후 첫 번째 실험에 참여했던 아이들을 모아 놓고 연구자가 아닌 다른 여성 실험자를 투입해 같은 상황에서 놀게 했다. 그러자 다수가 넘는 아이들이 몇 주 전에 금지했던 로봇 장난감을 가지고 노는 것이 목격되었다. 즉, 위협과 강제적 통제가 사라지자 복종했던 부분이 사라진 것이다.

두 번째 실험에서는 '가벼운 경고'를 활용했다. 다섯 개의 장난감 중에서 로봇 장난감 한 개를 정하고 "여기 다섯 개 장난감 중에서 이 로봇 장난감 한 개는 가지고 놀면 안 돼."라고 가벼운 경고만 하였다. 마찬가지로 그 방을 떠나 옆방에서 관찰거울로 행동을 관찰했다. 그러자 강제적으로 금지했던 것과 마찬가지로 실험에 참여한 스물두 명의 아이 중 한 명을 제외한 아이들이 연구자의 지시를 따랐다. 이번에도 몇 주 후 연구자가 아닌 다른 여성 실험자를 아이들에게 보내서 같은 상황에서 놀게 했다. 그러자 이번에는 아이의 3분의 1 정도가 몇 주 전에 금지했던 장난감을 가지고 노는 것이 목격되었다. 이것은 강제적으로 금지했을 때보다 훨씬 더 낮은 수였다. 즉, 강한 처벌보다 가벼운 경고가 더 효과적이라는 것을 의미한다. 강력한 처벌은 그 행위 자체보다는 행위로 인해 얻게 되는 두려움에 대해 더 관심이 높다. 반면 가벼운 처벌은 행위로 인해 얻게 되는 두려움보다 행위 자체에 대해 관심을 가지기 때문에 행동 수정에 더 효과적이다.

마시멜로 챌린지 실험에서도 처벌이 강력할수록 효과적이지 못하다는 것은 입증된다. 앞서 설명한 마시멜로 챌린지 실험에서 가장 낮게 쌓은 팀에게는 처벌을 받게 했다. 그러자 전체적으로 성과는 매우 낮았다. 처벌 없이 진행했을 때의 평균 높이보다 훨씬 낮게 나타났다. 이유는 자신들의 능력을 발휘해서 높이 쌓는 것이 중요한 것이 아니라 무너지지 않게 안정적으로만 쌓으려고 했기 때문이다. 처벌이 강하면 강할수록 능력 발휘보다는 '어떻게 하면 처벌을 피할 수 있을 것인가?'에만 초점을 맞추게 된다. 그러면 안정적인 활동, 기존에 해 왔던 활동 중심으로만 행동하게 되고 조금이라도 위험하다 싶으면 그 행동을 멈춘다. 즉, 도전은 사라지는 것이다.

정리하자면 어떤 긍정적 행동을 유발하거나 부정적 행동을 멈추게 하는 데 있어서 즉각적인 위협이나 강력한 처벌은 별로 효과적이지 않다. 이러한 부분은 일시적으로만 효과를 보여 준다. 그렇기 때문에 평가의 기본 기준은 강력한 처벌의 근거를 찾기보다 직원 스스로

무엇이 조직을 병들게 하는가

행동의 동기가 되는 내부적인 요소를 찾도록 해야 한다. 물론 부득이
하게 강력한 처벌을 해야 하는 경우도 있다. 명확히 구분하기 어려운
부분이 있기는 하지만 고의적인 근무태만, 중대한 업무상 과오 등도
모두 일반화해서 가벼운 처벌이 더 낫다는 것을 말하는 것은 아니다.

비전 중심 평가

시설 비전이 "주민이 주체가 되는 사업을 실천하는 기관"이다. 비
전을 이루기 위해 시설장인 당신은 평상시에 주민이 중심이 되어야
한다는 이야기를 자주 한다. 1년이 지났다. 직원이 각자 자신이 한 사
업을 평가받는 시기가 왔다. 당신이 시설장이라면 어느 직원에게 높
은 점수를 주겠는가?

A직원은 어르신과 장애인 등 주민을 만나서 의견을 듣는 데 많은
시간을 보냈다. 그 결과 사업보고서를 많이 작성하지 못했다. B직원
은 서류 작성, 구청 보고, 기관 대표 사업보고서 작성 등에 많은 시간
을 보냈다. 그 결과 주민들을 많이 만나지 못했다.

직원에 대해서는 비전 실천을 위해 노력하는 직원을 좋게 평가해
야 한다. 사업보고서를 잘 쓰지 못하는 부분은 차순위다. 사업보고서
작성도 주민이 주체가 되는 사업 실천을 위한 하나의 방법으로 개선
할 필요는 있지만 목적이 되면 안 된다. 만약 직원이 사업보고서 작성
전담 직원이 아니고 사회복지사업을 해야 하는 위치에 있으면서 사업
보고서 작성에만 대부분의 시간을 활용했다면 좋은 평가를 해서는 안
된다. 사업보고서 작성은 차순위다. 주민을 만날 수 있는 시간이 늘어

날 수 있도록 업무를 조정할 필요가 있다.

　비전과 상관없는 평가 기준 때문에 조직이 혼란에 빠지는 경우가 종종 있다. 비전을 세워 놓고 이를 중요하다고 말하면서 정작 평가 기준에 반영하지도 않거나 중요하다고 말하는 부분과 다른 평가 기준을 적용해서 오히려 비전 실천을 한 사람보다 그것과 상관없이 일한 직원이 높은 점수를 받는 경우가 있다.

　비전은 사회복지 가치를 추구하며 주민 중심으로 사회복지를 실천하라고 하면서 실제 평가는 사회복지시설 양적 평가에 맞추어서 진행되는 경우가 있다. 이렇게 되면 직원은 평가 기준에 부합하기 위해서 행정 서류에 집중한다. 평가 기준에 부합한 서류는 상대평가로 이루어지기 때문에 매번 할 때마다 추가적인 양식이 늘어나고 모든 행정 서류를 완벽히 준비해 놓기 위해서는 주민을 만날 시간이 없다. 행정 서류에 매달리지 말라는 것이 아니라 먼저 선행되어야 하는 부분을 놓치지 말아야 한다. 물론 정부가 추진하는 평가를 무시하기 어렵다. 그럼에도 정부 평가 기준에만 맞추어서 사업을 진행하게 되면 내부 직원의 힘은 약해질 수밖에 없다. 쉽지 않지만 비전 중심으로 진행되는 평가가 정부 평가 기준에도 부합될 수 있도록 노력할 필요가 있다. 비전에 맞게 노력한 직원이 인정받을 수 있어야 평가를 하는 목적이 달성될 수 있기 때문이다.

　비전 중심 평가는 연간 1회, 양적 수치 결과에 의존한 기계적인 평가를 지양하고, 일하는 과정을 직접 들여다보면서 '어떤 목적과 방법으로 일을 판단하고 처리하는지', '장애물은 어떻게 극복하는지' 등에

　　　　　　　　　무엇이 조직을 병들게 하는가

대해 총체적으로 평가하는 것이다. 연간 일회성의 기계적 평가는 새로운 변화를 위한 노력을 활성화시키기보다 '현상 유지'에 에너지를 더 많이 투입하게 만든다. 관리자는 조직의 비전과 전략에 대해 치열하게 토론하고 논의하면서 이를 토대로 평가를 수행해야 한다. 그래야 직원들은 시설장이 최종 숫자만 가지고 평가하는 것이 아니라, 일의 과정을 중시하여 평가한다는 믿음을 가질 수 있다. 이것은 결국 조직의 비전 달성을 위해 필요한 올바른 일 자체에 더욱 몰입할 수 있게 한다.

비전 중심 평가는 직원의 내적 동기를 유발하는 데 매우 효과적이다. 단, 공감하는 비전이 수립되고 이러한 부분이 내재화되어 있는 조직에서만 가능하다. 사업을 잘 했다, 못했다의 기준은 비전 실천에 도움이 되었는지 그렇지 못한지로 설정해야 한다. 그래야 내부적으로 설득이 되고 행동 강화 또한 수정이 된다.

어느 복지시설의 비전은 주민이 주체가 되는 것이다. 그렇다면 사업을 잘 했는지 못했는지의 평가 기준은 프로그램을 통해서 얼마나 주민이 주체가 되도록 노력했는지 파악하는 것이어야 한다. 그래서 업무를 평가할 때 양적으로 몇 회, 몇 명 달성이 중요한 것이 아니라 비전을 실천하기 위해 어떠한 노력을 해 왔는지(부서, 업무, 대인관계, 자기계발, 직원·자원봉사자·주민과의 협력 등 전반적인 사항에서), 어떤 사업을 어떻게 진행했고 그 사업이 비전 실천에 어떤 도움을 주었는지 구체적으로 파악한다. 구체적인 사례 제시를 통해 지나친 주관적 해석을 지양하고 자신이 판단한 근거를 제3자가 납득할 수 있게 한다.

예컨대 경로식당을 운영하는 데 있어서 기존에는 사업계획서에 있는 대로 횟수와 인원을 달성하면 된다. 하지만 비전 중심 평가는 다르다. 경로식당 운영을 통해 주민이 주체가 되는 역할을 했는지가 중요하다. 만약 경로식당에서 어르신 모임이 새롭게 생기고, 이를 통해 신규 어르신의 복지시설 적응을 기존 어르신이 돕는 구조가 마련되었다면 좋은 점수를 받게 된다. 장애인 모임에서 사회복지사가 계획한 대로 사업을 진행하지 않고, 장애인과 사회복지사가 함께 진행할 사업 내용을 준비하든가 일정 부분 장애인이 담당해서 진행하는 부분이 많아졌다면 이 또한 높은 점수를 받는다. 일일 행사에 참석해서 복지시설에서 세팅한 대로 음식만 먹고 갔던 주민이 직접 일부 진행을 맡거나 또는 직원과 유사하게 담당 업무가 주어지고 그 일을 주체적으로 할 수 있게 하였다면 이 또한 좋은 점수를 받게 된다. 때로는 진행하는 과정에서 주민이 주체가 되는 역할이 이루어졌다면 이 부분 또한 평가 점수에 도움이 된다.

CEO의 강력한 의지

시설장은 조직을 꼭 변화시키겠다는 강력한 의지를 보여 줘야 한다. 비전이나 전략 등의 내용 못지않게 '이를 주도할 사람이 얼마나 강력한 의지를 가지고 있는지'에 대해서 직원들은 관심이 많다. 무엇을 하든 '과연 지속할 수 있겠는가?', '하다가 잘 안 되면 중단하지 않겠는가?'와 같은 인식을 가진 직원은 얼마든지 많다. 이런 생각이 퍼지지

무엇이 조직을 병들게 하는가

않도록 해야 한다. 이전까지 한 번도 시도해 보지 않았다는 이유로, 과거에도 비슷한 것을 해 보았지만 결국 아무런 성과도 내지 못했다는 이유로 시작도 하기 전에 이미 중단할 것을 생각하는 분위기를 막아야 한다. 이를 위해선 먼저 시설장 스스로 조직 변화에 적극적으로 몰입해야 한다. 가고자 하는 방향성을 수시로 알리는 것은 물론 이것이 얼마나 중요한 과정인지 강력하게 설명해야 한다. 언제, 어디서나 변화에 대해서 이야기하고 몸소 변화하려고 노력하는 모습을 보여 주어야 한다. 직원 모두가 'CEO 의지가 정말 확고하구나.'라는 것을 확실히 느낄 수 있도록 해야 한다.

한 예로, 월풀의 전임 CEO 피트앰은 2000년대 초 비전, 세부적인 전략체계도 등을 함께 발표하면서 변화를 추구했다. 이 모습을 본 직원들의 첫 반응은 '어디서 많이 본 그림인데, 너무 뻔한 것 같다.'라며 남 몰래 웃었다. 하지만 피트앰이 언제, 어디서나 확신을 가지고 열정적으로 계속해서 설명하자 CEO가 하고자 하는 변화가 '쉽게 끝날 것이 아니겠구나.' 하는 생각을 하게 되었다.

물론 CEO의 강력한 의지라는 것이 밀어붙이는 것에만 있지는 않다. 솔선수범이 선행되어야 강력한 의지가 효과를 발휘한다. 먼저 실행해야 하고 먼저 달라져야 한다. 그리고 직원들을 자주 만나 이야기해야 한다. 모든 답은 현장에 있다. 실제 업무를 진행하는 사람들은 직원이기 때문에 그들의 이야기를 들어야 한다. 그러면 답이 보인다.

월마트 창시자 샘 월튼의 주 업무는 매장을 다니며 직원들과 담소를 나누는 것이었다. 고객들과 상품 및 서비스에 대해 이야기를 나누고, 매장 관리자 및 부서 책임자들과 월마트 방식으로 일해 나가는 것에 대해 오래 대화했다. 또한 서비스 데스크에서 마이크를 잡고 특유의 순박한 스타일로 즉흥 연설을 하기도 했다. 이것이 중요한 이유는 이 과정에서 자연스럽게 월마트가 가고자 하는 비전에 대해 직원들의 생각을 들을 수 있고, 또한 직원들에게 비전에 대한 인식을 현장 중심으로 반복해서 심어 줄 수 있기 때문이다. 직원들은 이런 샘 월튼이 나타나면 한껏 고무되었다. 자신들의 업무가 가치 있는 것임을 인정받는다고 느꼈기 때문이다.

월튼이 전하는 메시지는 간결했고 항상 같았다. "우리 모두는 고객 가치를 만들기 위해 이곳에 모여 있다. 여러분은 자신들이 하는 일에 대해 자랑스러워할 자격이 충분하다. 만일 여러분이 일을 해 나가는 데 관리자나 내 도움이 필요하다면 주저하지 말고 도움을 청하라." 정리하면, '고객 가치를 위해 노력하고 도움이 필요하면 말하라.'는 것이다. 고객 가치는 월마트가 추구하는 비전이었다. 월튼은 현장에 서서 한결같이 자신의 경영 철학을 널리 알렸다.

CEO는 관심의 눈 대부분을 직원에게 두어야 한다. 직원의 장애요인 제거, 직원을 지원할 수 있는 방안 고민, 즉 직원이 자신의 능력을 최대한 발휘할 수 있도록 장애요인을 제거하고 필요한 부분을 적절히 지원해 줄 수 있어야 한다.

어느 공장에서 있었던 이야기다. 그 공장의 벽면 맨 위에는 다음과 같은 글이 걸려 있었다. "공장을 내 집처럼, 직원을 가족처럼."

그리고 사장은 공개석상에서 다음과 같은 말을 자주 했다. "우리

무엇이 조직을 병들게 하는가

공장의 주인은 여러분입니다. 여러분은 저의 소중한 가족입니다. 제가 여러분을 가족처럼 생각하듯이 여러분도 가족의 일이라 생각하고 임해 주십시오." 직원들은 이런 사장의 말을 믿고 열심히 일했다. 그 일이 있기 전까지는….

어느 날 직원 중 한 명이 작업을 하다가 손을 크게 다쳤다. 손에 피를 많이 흘리고 있어서 빨리 병원에 후송을 해야 하는 상황이었다. 마침 공장 앞에 사장이 타고 다니는 차가 주차되어 있었다. 공장장은 급한 상황이라 그 차를 타고 병원에 가기 위해 다친 직원을 태우려고 했다. 그 순간 순찰을 돌던 사장이 그 상황을 보았다.

"자네 지금 뭐하고 있는 건가?"

"사장님, 차 좀 쓰겠습니다. 여기 직원이 피가 많이 나서 빨리 병원에 가야 합니다."

그러자 사장이 떨떠름하게 말한다.

"그러면 내 차에 피가 묻잖아. 저기 있는 차를 타고 가게."

"아니 급하니까, 우선 이 차라도…."

"어허. 저기 회사차 보이지 않는가? 저 회사차를 타야지 내 차를 타면 되겠나?"

공장장은 알겠다며 뛰어가 회사차를 몰고 와서 다친 직원을 병원으로 후송했다. 이후 사장은 예전처럼 다시 '공장을 내 집처럼, 직원을 가족처럼'을 강조했다. 하지만 직원들의 반응은 말하지 않아도 알 수 있을 것이다.

강력한 의지란 바로 CEO가 먼저 비전을 지키겠다는 노력이기도 하다.

어느 CEO는 직원의 노력을 잊지 않겠다고 말하며 직원의 성과를 기억하기 위해 손편지로 감사편지를 작성했다. 바쁜 와중에 손편지를 쓰는 것은 쉬운 일이 아니다. 그럼에도 CEO는 시간을 내서 자신이 직접 이 직원이 얼마나 훌륭한 의견을 내었고 그 결과 얼마나 많은 사람이 혜택을 보았는지 장문의 편지를 썼다. 그리고 이 편지를 가족에게 보냈다. 편지와 함께 케이크나 선물을 준비해서 보내기도 하였다. 어느 날 직원이 집에 가 보면 가족들이 그 직원을 극찬하는 경우가 발생한다. 가족들은 우리 아빠, 엄마가 그동안 얼마나 중요한 일을 했는지, 회사에서 얼마나 중요한 사람인지 알게 되었다며 직원을 칭찬한다. 이런 경험을 한 직원은 자기 일에 책임감을 가질 수밖에 없다.

권한 위임(업무 재량권)

권한 위임이 잘 되는 조직은 바로 스포츠다.

축구가 시작되었다. 선수들이 하나 둘 운동장에 들어갔고 곧 경기를 시작했다. 서로 골을 넣기 위해 이리저리 달린다. 축구 감독은 운동장 주변에서 계속해서 자기 선수들이 경기하는 모습을 지켜본다. 이리저리 왔다갔다하면서 선수들을 살핀다. 상황에 따라 선수를 독려하기도 하고 작전을 지시하기도 한다. 하지만 직접 공을 차지는 않는다. 그렇다고 축구 감독이 경기에 참여하고 있지 않다고 말하는 사람은 없다. 오히려 감독이 선수들이 잘 하지 못한다고 화가 나서 직접 뛰

무엇이 조직을 병들게 하는가

려고 하면 문제가 된다. 이것이 바로 권한 위임이다. 축구 선수는 담당자와 같다. 골을 직접 차고 넣어야 하는 사람이 바로 담당자다.

그런데 만약 축구 선수를 경기장에 보내고 나서 감독이 스스로 생각하기를 '경기는 선수가 직접 뛰면서 하는 것이니까 이제부터는 나만 신경 쓰자.'고 하면서 경기 중에 스마트폰 게임에 열중하고 있다면 이것은 문제가 된다. 그렇다. 감독은 직접 뛰지는 않지만 선수가 경기하는 모습을 유심히 지켜봐야 한다. 선수에게 어떤 지원이 필요한지, 어떤 전략을 쓰면 선수가 보다 제 기량을 발휘할 수 있을지 등 경기에 이기기 위한 다양한 고민을 한다. 이것이 바로 권한 위임이다. 권한을 위임했더라도 중간중간 어떻게 일이 진행되는지 살펴보는 것은 타당하다. 하지만 언제나 골을 넣는 사람은 선수라는 인식을 잊어서는 안 된다. 마찬가지로 관리자도 선수가 골을 더 잘 넣을 수 있도록 관심을 가지고 지원 방안과 장애 요인 제거를 끊임없이 고민하는 것 또한 잊어서는 안 된다.

조직의 권한과 책임은 네 가지 영역으로 구분된다.

제1영역은 건강한 조직으로, 권한도 책임도 모두 강하다. 그러나 나머지 영역은 건강하지 못한 조직에서 나타난다.

제2영역은 친목단체와 같은 조직이라고 할 수 있다. 권한은 많지만 책임이 없기 때문에 조직의 목표를 달성하기보다는 직원을 위해서만 존재하는 조직이다. 직원 상호 간에 받을 수 있는 혜택이나 보상에만 관심을 가질 뿐 조직을 통해 이루어야 하는 공익적 성과에 대해서는 별로 관심이 없다.

제3영역은 소진되기 딱 쉬운 조직이다. 무언가를 계속 요구하고 성과를 보이기를 원하지만 권한이 없기 때문에 늘 상사의 눈치를 봐야 하는 조직이다.

제4영역은 무기력한 조직이다. 권한도 없고 책임도 없기 때문에 아무런 의욕이 없다. 그냥 조직이 유지되는 것에만 집중한다.

제1영역 권한 강함 책임 강함	제2영역 권한 강함 책임 약함
제3영역 권한 약함 책임 강함	제4영역 권한 약함 책임 약함

만성질환 조직은 직원 권한에 있어서 두 가지 특징을 가진다. 첫째는 직원 권한이 매우 약하다는 점이다. 이 안에는 서로에 대한 불신이 깔려 있다. 상사는 하위 직원이 맡은 업무를 제대로 수행하지 못하기 때문에 어쩔 수 없이 권한을 주기 힘들다고 말한다. 여기에는 관리자도 포함된다. 상위 관리자가 하위 관리자에게 권한을 줄이는 것 또한 이와 같다. 하지만 말단 직원 입장에서는 충분한 권한을 주지 않기 때문에 책임감 있게 일 처리가 어렵다고 말한다. 책임만 있고 권한이 없으니 책임질 일은 회피할 수밖에 없다고 항변한다. 둘 다 맞는 말이다.

무엇이 조직을 병들게 하는가

둘째는 직원에 대한 방임이다. 쉽게 말해서 "나는 모르겠다. 알아서 하고 책임져라." 하는 것이다. 각자 업무를 알아서 처리하게 하는 측면에서 권한 위임이 잘된 것처럼 보이지만, 실상은 서로 영역을 간섭하지 말고 각자 알아서 하라는 '각자도생'의 의미가 숨겨져 있다. 어떻게 보면 전자와 후자는 상반된 개념이고 양립할 수 없는 것처럼 보인다. 하지만 올바른 권한 위임은 권한에 대한 자유로움 속에 강한 책임이 따르게 하는 것이다.

건강한 조직으로 가기 위해서는 권한도 강하고 책임도 강한 제1영역으로 가야 한다. 그래야만 직원 스스로 주도성과 책임의식을 가지고 업무에 몰입할 수 있다.

미국의 유명한 업체 중 하나인 '오라클'이라는 회사가 있다. 2018년 기준 매출 규모 세계 2위의 소프트웨어 회사다. 여기 직원들은 매년 대단한 성과를 발휘하는데 그 이유를 살펴보니 권한 위임과 책임에 있었다. 직원들은 매년 목표를 스스로 정하고 이를 관리자와 상의한다. 그리고 합의된 목표를 정한다. 그러면 그동안 직원들이 어떻게 일을 하든 신경을 쓰지 않는다. 근무시간에 무엇을 하든, 언제 출근하고 퇴근을 하든 특별한 제약이 없다. 다만 1년 중 1~2회 정도 중간 점검을 통해 올해 세운 목표가 어느 정도 달성되고 있는지만 확인을 한다. 만약 직원 중에 업무와 관련해서 도움이 필요하거나 어떤 의논을 하고 싶다면 언제든지 관리자와 이야기를 나눌 수 있다. 그리고 연말에 1년 목표 달성에 대한 평가를 한다. 그러면 대부분 목표를 달성한다.

직원들이 합의된 목표를 달성하기 위해서는 아무리 근무시간을 자유롭게 한다고 하더라도 관리자가 우려하듯 근무태만이 잘 나타나지 않는다. 무엇보다 중요한 것은 관리자가 원하는 방식으로 목표를 달성하는 것이 아니라는 점이다. 목표 달성 그 자체에 관심을 가지기 때문에 직원이 잘할 수 있고, 관심 있어 하는 방식으로 달성할 수 있게 충분히 재량권을 보장한다. 이 과정에서 직원은 스스로 자기 시간을 조절하게 되고, 업무 강도와 개인 역량 강화를 위한 노력을 하게 된다. 이것이 개인과 조직의 성장으로 이어지게 되는 것이다. 만약 어느 직원이 목표 달성을 하지 못하게 되면 타당한 이유를 묻고 타당한 근거를 대지 못하면 큰 징계를 받게 된다. 권한을 충분히 주되 그에 대한 책임을 강하게 묻는 방식은 자유와 책임을 조화롭게 유지시켜 준다.

LG전자는 책임을 관리자와 함께 지게 함으로써 팀워크가 상시적으로 이루어질 수 있게 하고 있다. 매년 목표를 담당자와 관리자의 합의하에 작성하게 되는데, 주목할 점은 목표 달성에 대한 책임을 담당자뿐만 아니라 서명한 관리자에게도 둔다는 점이다. 사회복지시설로 예를 든다면 지역조직사업 부서에 속한 어느 실무자가 목표를 세웠다면 이를 지역조직사업 과장과 논의해서 합의된 목표를 설정하고 이에 대한 책임을 공동으로 지게 하는 것이다. 이렇게 되면 목표가 능력보다 낮게 설정될 우려가 있기도 하지만 목표에 대한 합의는 부장 또는 국장까지 동의하에 이루어져야 하기 때문에 터무니없이 낮은 목표는 설정되기 어렵다.

업무 재량권 속에 아이디어가 나온다

사우스웨스트 항공은 직원에 대한 업무 재량권 강화로 크게 성장한 기업이다. 다른 항공사 직원과 달리 여기 직원들은 마음껏 자신의 유머를 고객과 나눌 수 있다. 예컨대 직원이 우스꽝스러운 복장을 하고 비행기에 탑승하는 고객을 맞이해도 괜찮다. 안내방송도 직원이 재량껏 즐겁게 바꾸어서 할 수 있다. 한번은 기내 안전과 관련된 안내방송을 랩을 통해 유머러스하게 하자 미연방항공청이 시정 명령을 내렸다. 너무 장난스러워 정보전달이 잘 안 된다는 이유였다. 이에 대해 CEO인 허브 켈러허는 오히려 이런 방송이 승객들에게 보다 효과적으로 전달된다고 강조했다. 결국 미연방항공청은 자신들이 조치한 권고를 철회했다. 중요한 점은 직원들의 유머러스한 행동 등이 CEO의 강요로 이루어지지 않았다는 점이다. 면접 과정에서 회사 비전에 맞게 즐거운 사람을 중심으로 뽑기는 하지만 어떻게 즐겁게 할 것인가는 전적으로 직원에게 맡겨져 있다. 그러다 보니 자연스럽게 직원이 좋아하는 아이디어가 나오게 된다. 그리고 회사가 이런 아이디어가 실행될 수 있도록 보장해 주니 더 많은 아이디어가 나오고 결국 회사의 매출로 이어진 것이다.

활기찬 조직으로 인정되는 대부분의 조직은 업무 재량권이 강하다. 수평적 조직문화로 인식되는 카카오도 대표적으로 업무 재량권이 높은 조직이다. 누구나 자유롭게 아이디어를 내고 자신의 책임을 완수할 수 있는 조직문화가 형성되어 있다. 유연하게 업무를 배정받고, 각기 다른 업무를 배정받을 때마다 그때그때 팀이 구성된다. 현재 사

내 팀이 18개라 하더라도 내일은 20개가 될 수 있는 조직이 바로 카카오다.

직원의 업무 재량권을 보장하고 이를 적극 반영해 주게 되면 직원들은 다양한 아이디어를 쏟아낸다. 만성질환 조직이라고 하더라도 자신이 낸 아이디어가 실행되는 것을 목격하게 되면 직원은 활기차게 되고 활기찬 직원이 많아지면 만성질환에서 충분히 벗어날 수 있다.

업무 재량권은 근무만족도에도 영향을 준다. 어느 사회복지사와 나눈 이야기다. 이분은 정부로부터 지원받는 예산이 많지 않아 인건비가 낮은 사회복지시설에 근무하고 있었다. 그럼에도 불구하고 근무만족도가 높다고 하였다. 그 이유를 물어보니 주된 이유 중의 하나가 바로 업무 재량권과 관련되어 있었다. 그 직원이 한 말을 정리해 보면 다음과 같다.

우리 시설은 직원의 업무 재량권을 다음과 같이 보호해 준다. 관리자와 실무자가 의견 충돌이 발생한다. 관리자가 볼 때 분명히 문제가 될 만한 사항이다. 하지만 실무자는 경험이 전혀 없기 때문에 의욕만으로 추진하고 싶어 한다. 그러면 관리자는 이렇게 말한다. "좋아. 그러면 경험해 보는 것도 중요하니까 한번 열심히 해 봐. 단, 하다가 혹 이런저런 문제가 생기면 ○○○ 직원이나 △△△ 직원에게 문의해. 그 사람이 그 부분에 대해서는 잘 알고 있으니까 도움을 받을 수 있을 거야. 나에게도 언제든지 도움이 필요하면 말하고." 그 직원은 현재 자기가 근무하는 시설에서는 자기가 할 수 있는 것은 거의 다 할 수 있고, 자기가 저지른 실수까지도 보호받을 수 있어서 너무 좋다고 한다.

무엇이 조직을 병들게 하는가

또한 이 과정에서 많은 것을 배울 수도 있어 만족한다고 한다.

도전적인 성과 목표 추진

어느 시골에 쥐 한 마리가 있었다. 배가 고파 이리저리 헤맸다. 그러다 쌀독 하나를 발견한다. 운 좋게도 그 쌀독에는 쌀이 가득 있었다. 쥐는 쌀독 입구까지 가득한 쌀을 마음껏 먹을 수 있었다. 살은 점점 오르고 몸은 건강해졌다. 그래도 여전히 쌀은 많았다. 며칠 동안 계속해서 쌀을 먹었다. 그러자 그렇게 많던 쌀이 줄어들기 시작했다. 문제는 쌀이 줄어들면서 쌀독의 깊이도 더욱 깊어진다는 점이었다. 처음에는 쌀을 먹고 바로 나올 수 있었다. 하지만 시간이 지날수록 쌀은 줄어들어 쌀독 입구는 점점 더 높아져 다시 나오기가 힘들어졌다.

어느 날은 쌀을 먹고 쌀독에서 가까스로 빠져나왔다. 많지 않지만 여전히 쌀독에는 쌀이 남아 있었다. 하지만 이제는 선택의 기로에 섰다. 쌀이 남아 있는 쌀독을 포기하고 다른 곳을 예전처럼 힘들게 찾을 것인가? 아니면 비록 빠져나오기는 힘들지만 확실히 쌀이 있는 현재의 쌀독의 쌀을 좀 더 먹을 것인가? 이런 갈등 속에서 "내일 찾아보고 하루만 더 먹자. 하루만 더 먹자."며 하루하루 현재의 쌀독에서 쌀을 먹었다. 그러던 어느 순간 쌀을 먹고 나가려 하니 이제 더 이상은 쌀독 밖으로 나갈 수 없게 되었다. 결국 쥐는 쌀독 안에 있는 쌀을 다 먹고 나서 굶어 죽고 말았다.

안정적인 직업이 존재할까? 안정적인 조직이 존재할까? 4차 산업

혁명으로 불과 10년 전만하더라도 예상치 못했던 새로운 직업이 생겨나고 반대로 오래갈 것이라 믿었던 직업이 사라질 위기에 처해 있다. 지금 안전하다고 해서 우리 조직이 계속해서 안전할 것이라는 보장은 없다. 조직은 끊임없이 성장해야 하고 그 안에 있는 직원도 마찬가지다.

가위바위보를 해 보자. 사전에 내가 '가위'를 낸다고 알려 주겠다. 그렇다면 독자는 무엇을 낼 것인가? 당연히 '바위'를 낼 것이다. 왜 그런가? 이기기 위해서다. 만일 '가위'랑 같은 것을 내면 절대 이기지 못한다. 이처럼 도전이란 새롭게 무엇인가를 하는 것이다. 새롭게 무엇을 하는 것은 이기기 위함이다. 이긴다는 것은 다른 시설을 이긴다기보다는 어제의 우리 조직, 무력해진 우리 조직을 이긴다는 의미다. 현재 무언가 문제가 있다는 것을 알면서도 안주하고자 하는 마음을 이기는 것이다. 물론 다른 것을 내서 항상 이기는 것은 아니다. 만약 상대방이 '가위'를 내었는데 내가 '보'를 내면 지게 된다. 하지만 졌기 때문에 이 경험을 가지고 다시 도전할 수 있다. 만일 계속 가위만 내면 실패의 쓰라린 경험은 없겠지만 성취의 경험도 가지지 못한다. 그리고 발전하지 못한다. 계속 다른 것을 내면서 시도하다 보면 결국은 성공하게 되고 그 성공요인을 발견해서 계속 시도하면 어느 순간 확 달라진 조직의 모습을 발견할 수 있다.

도전적인 목표는 직원을 부담스럽게도 하지만, 동시에 자신도 모르는 잠재력을 깨운다. 도전적인 목표는 조직을 좀 더 변화된 모습으로 나아가는 데 도움을 준다.

무엇이 조직을 병들게 하는가

화곡동에는 봉제산이 있다. 산이라고 부르기에는 약간 민망한 작은 산이다. 어린아이들도 조금만 빨리 걸으면 20분 이내로 정상에 오를 수 있는 산이다. 만약 어느 회사가 앞으로 3개월 안에 전 직원이 봉제산 정상에 오르는 것을 목표로 설정한다고 해 보자. 그러면 직원들은 내일부터 어떤 노력을 하게 될까? 당연히 아무것도 하지 않는다. 노력할 필요가 없다. 지금 당장 올라간다고 하더라도 누구나 정상에 오를 수 있기 때문이다. 하지만 만약 3개월 안에 에베레스트 등반을 목표로 세웠다고 해 보자. 그러면 직원들이 말도 안 된다고 불평은 하겠지만 내일부터 에베레스트 등반에 도움이 되는 노력을 하게 될 것이다. 평소에 못했던 체력 관리도 하고, 등반과 관련한 전문지식을 배우려고 할 수도 있다. 설사 3개월 후 에베레스트 정상에는 오르지 못하더라도 준비하는 과정을 통해 정상을 향해 간 만큼 얻게 된 성취가 있게 된다. 하지만 봉제산 정상을 목표로 하게 되면 3개월이 지나도 아무런 성취를 얻을 수 없다. 이처럼 도전적인 목표는 그 자체가 힘들지만 과정 속에서, 성취 속에서 자신도 미처 몰랐던 능력을 개발하게 만든다. 만약 이루게 되면 그 성취감은 이루 말할 수 없게 되고 조직은 큰 자신감을 공유하게 된다.

　어느 사회복지시설이 이런 도전적인 목표를 가지고 후원금을 대폭 모금한 적이 있다. 2개월 과정으로 전 직원이 함께 달성하기 위한 후원금과 후원자 확보 목표를 세웠다. 그러자 직원들의 태도가 달라지기 시작했다. 후원은 후원 담당자의 몫이라고 생각했던 직원들이 자기 일로 인식하기 시작했다. 평소에는 한 번도 생각하지 못했던 방식으로 이런 저런 고민과 행동을 하기 시작했다. 예컨대 교육을 받으러 갈 때 후원 관련 자료를 가지고 가는 것, 후원을 할 만한 사람을 직접 만나 보는 것, 후원을 받기 위해 우리 시설이 가진 좋은 프로그램이 무엇인지 고민하는 것, 후원 관련 지식을 얻기 위해 노력하는 것, 아는 지인에게 우리 시설이 하고 있는 프로그램을 알리는 것 등 각 직원이 자기 역량에 맞게 다양한 시도를 하였다.

그 결과, 몇 가지 성과를 얻게 된다. 첫째, 도전적 목표에 다가가는 것이다. 결과적으로 볼 때 목표 달성은 하지 못했다. 그러나 그 시설이 수년 동안 확보한 후원자와 후원금보다 두 달간 진행하면서 확보한 후원자와 후원금이 더 많았다. 직원들 스스로도 놀랐다. 둘째, 소중한 경험이다. 목표 달성을 위해 노력하다 보니 자연스럽게 우리 시설에 대해서 지역사회가 어떻게 생각하는지 알게 되었다. 그리고 나라면 어떤 시설에 후원을 해 줄까 하는 고민을 갖게 되었다. 이미 후원을 하고 있는 사람들에 대한 감사함이 생겨나고, 후원금을 소중하게 사용하겠다는 마음이 생기기 시작했다. 셋째, 후원 담당자에 대한 인식 변화다. 그동안 후원 활동은 후원 담당자의 몫이라고 여겼다. 후원금이 부족해도 책임을 후원 담당자에게만 돌렸다. 하지만 직접 해 봄으로써 후원을 위해서는 스토리가 필요하고 자기가 진행하는 프로그램에 대한 확신이 있어야만 보다 효과적이라는 것을 깨닫게 되었다. 그 결과 사업에 대한 시야가 넓어져 내 업무만 생각하는 것이 아니라, 시설 차원에서 내 업무를 생각하는 것이 중요하다는 것을 알게 되었다. 이런 부분이 조직을 활력 있게 한다. 또한 함께 공동 목표를

무엇이 조직을 병들게 하는가

진행하는 과정 속에 우리 부서의 가능성 등을 체험하고 공유하면서 자신감이 강해지기도 하였다.

도전적인 목표를 이루고자 하는 부분이 정착하려면 도전적인 목표에 맞는 보상을 설정하는 것도 도움이 된다. 도전적인 목표를 달성하는 것은 쉬운 일이 아니다. 그렇기 때문에 목표를 달성했다는 것은 직원들이 매우 노력했다는 것을 의미한다. 따라서 보상도 직원의 기대 이상을 뛰어넘는 보상을 마련해야 한다. 방법적으로는 도전적인 목표를 세울 때 직원과 상의해서 보상을 정하거나 제시할 수도 있다.

반면 도전적인 목표를 달성하지 못했다고 해서 처벌하는 것은 금물이다. 도전적인 목표 자체가 원래 힘든 것이기 때문에 이를 달성하지 못했다고 처벌을 하게 되면 조직은 크게 위축된다. 따라서 도전적인 목표를 성취하기 위한 동기부여는 보상이 되어야지 처벌과 같은 방법은 효과적이지 못하다.

3
활기찬
사회복지조직
만들기

누구나 활기차게 근무했던 소중한 경험을 가지고 있다. 놀랍게도 필자가 만난 사람 중에 예외적인 경우가 거의 없었다. 다만 잠시 잊고 있었거나 아련한 추억으로만 간직하고 있을 뿐이었다. 그래서 그분들의 소중했던 경험을 정리해 보았다.

'열정요인'과 '지원체계' 편은 인터뷰 과정에서 직원이 직접 말한 내용을 토대로 무엇이 직원을 열정적이게 했는지 알아보았다. 그리고 현재 어떤 지원을 해 준다면 보다 활기차게 일할 수 있는지 알아보았다.

'아이디어 엿보기' 편은 이미 다양한 조직에서 적용되고 있는 아이디어를 정리한 부분이다. 사회복지시설은 물론 영리조직의 사례도 많이 참고하였다. 실제 실천해서 어느 정도 성과를 보인 부분이기에 어떤 조직인가와 상관없이 적용해 보는 것도 좋지 않을까 생각된다.

'A센터 이야기' 편은 실제 활기차게 조직을 운영하고 있는 사회복지시설 센터장의 이야기를 통해 현장에서 진행되는 사례를 담았다.

1

열정요인

사람은 모두 열정적이다. 단지 회사 밖에서….

많은 직원이 회의시간에는 잘 말하지 않는다. 그러나 정작 퇴근 후에는 열정적이 된다. 배우자에게 또는 친구나 선후배 등 지인 모임을 통해서 우리 회사가 나아가야 할 방향성, 현재의 문제점 등을 열변을 토하며 이야기한다. 때로는 회사를 떠나고 싶다고 이야기를 하지만 그 이면에는 지금보다 좀 더 잘하고 싶지만 조직 환경 때문에 할 수 없는 괴로운 심정이 담겨 있다.

그렇다면 직원은 어떤 순간에 열정적이게 되는지 실제 사회복지 종사자의 진솔한 이야기다.

우리만 할 수 있는 특화 사업 진행

사람은 누구나 특별한 존재이고 싶어 한다. 특별한 대우를 받고 있다는 생각이 들면 동기부여가 되기 쉽다. 특별한 대우는 개인적으로 이루어질 수도 있고 조직적으로 이루어질 수도 있다.

삼국시대 화랑도는 신라를 대표하는 특별한 조직이었다. 신라시대 화랑을 우두머리로 한 수련단체로 청소년이 중심이 되었다. 화랑도에 소속된 화랑과 낭도는 스스로 자부심이 대단하였고, 그 자부심이 삼국을 통일하는 데 결정적인 힘으로 작용한다. 오늘날 특수부대원이 느끼는 자부심도 이와 같다. 우리 시설만이 할 수 있는 프로그램을 진행하게 되면 자부심이 생긴다. 그리고 열정을 불러일으키는 데 도움이 된다.

어느 종합사회복지관은 부설시설에서 성교육을 아주 탁월하게 진행하고 있었다. 성교육은 많은 전문성을 필요로 하고, 사회복지와는 또 다른 전문 영역이기도 하다. 그렇기 때문에 성교육을 전문적으로 운영하는 사회복지시설은 거의 없다. 성교육을 제대로 받고 싶지만 받을 수 있는 곳이 마땅히 없다 보니 전국에서 교육을 받기 위해 찾아온다. 직원들은 이런 부분에 대해서 많은 책임감을 느끼면서 동시에 자부심을 갖는다. 우리가 정말 중요한 일을 하고 있다는 생각을 한다. 우리가 하지 않으면 수많은 사람이 성교육을 받을 수 있는 기회를 잃게 된다는 것을 안다. 그러다 보니 보다 실질적인 교육 프로그램, 보다 다양한 프로그램을 고민하면서 성장하고 있다.

A직원 우리 체험관의 시스템은 성문화센터와 비교해도 떨어지지 않고 좋아요. 대한민국 유일의 장애인 성교육 체험관이죠.

B직원 장애 친구들한테는 조금 더 편안하게 성이라는 것을 이해하기 쉽게 다가갑니다. 비장애인들에게는 장애 친구들이 하는 행동을 잘 이해할 수 있도록 인식교육을 하고요. 여기서 근무하는 직원은 모두 자부심이 높죠. 자기 업무와 관련해서도 특화 사업이라는 생각을 가지고 있어요. 그래서 그런지 모두 열정적이에요.

C직원   우리 복지관만 할 수 있는 특화 사업을 할 때 자부심을 느끼죠. '룰루랄라 장애아동 프로그램'이 있었어요. 장애아동과 그 형제까지도 깊게 터치해 주는 프로그램이었죠. 이 사업으로 부모와 아동이 복지관에 대해서 감사해 하고, 복지관이 어떤 프로그램을 한다고 하더라도 적극 협력해 주고, 후원자도 연결해 주었어요.

D직원   관변 단체가 아닌 정말 동네 장애인분이 주체가 되는 모임은 여기 말고는 거의 없어요. 장애인이 주체가 되어 실질적으로 자신들이 고민하는 부분을 함께 말하고 이를 해결하는 모임이죠. 회의도 이분들이 계획하고 진행합니다. 이런 모임은 장애인을 위해 꼭 필요한 모임이에요.

단! 조심해야 할 것은 특화 사업을 위한 특화 사업은 오히려 열정을 가로막는다. 많은 사회복지시설이 대외적인 평가를 잘 받기 위해 특화 사업을 급하게 만드는 경우가 있는데, 이러면 오히려 역효과가 날 수 있으니 주의가 필요하다.

신뢰와 인정, 그리고 격려

우리는 자신이 진행한 사업에 대해서 인정받고 싶어 한다. 사업이 성공적으로 마무리될 수도 있고, 잘 되지 않아 노력한 결과가 무의미한 것처럼 다가올 수도 있다. 결과와 상관없이 그 사업을 준비하면서

무엇이 조직을 병들게 하는가

부터 마무리할 때까지 어떤 어려움이 있었고 얼마나 힘들었는지는 그 사업을 진행한 자신이 가장 잘 안다. 그런데 이러한 부분을 다른 직원도 알아 준다면 얼마나 힘이 되겠는가? 때로는 나의 노력과 수고를 지역주민이 인정해 주면서 "당신이 진정한 사회복지사입니다."라고 말해 주는 그 한 마디는 강력한 동기부여를 가져다준다.

A직원   작은 셔틀버스에는 장애인이 열 명도 타기 어려워요. 이분들과 함께 하지 못할 때 안타깝죠. 이분들은 주로 힘들다는 말보다는 감사하다는 표현을 많이 하세요. 운전사인 저에게 복지사보다 더 복지사답다고 할 때 기분이 가장 좋아요.

B직원   물리치료를 받는 장애아동이 엘리베이터에 탔는데 저를 꼭 안더라고요. 장애아 엄마가 "이 아이는 잘 안지 않는데…."라고 얘기하는데 기분이 너무 좋았어요. 저를 여기 직원으로 인정해 주는구나 하는 소속감도 느끼게 되었죠.

C직원   거주인들에게 신뢰받고 있을 때 보람을 느끼죠.

D직원   각종 행사나 평가 준비 등으로 야근을 하면서도 행복해요. 직원들이 서로 칭찬해 주고 격려해 주니까요.

E직원   이용 어르신이나 주위 사람들에게 현재 하는 일에 대해 인정받았을 때 뿌듯해요.

F직원   최근 '지역환경 개선사업'이라는 노인일자리 활동을 진행했었어요. 어르신들이 고맙다고, 감사하다고 한마디씩 해 주시더라고요. 저에게는 큰 힘이 되어 업무를 할 때 좀 더

열정을 가지고 할 수 있게 되었죠.

G직원 일정에 쫓겨도 다그치지 않고 믿고 시간을 주고, 슈퍼바이저가 곁에서 잘 할 수 있도록 지지를 해 줬을 때 가장 열정적으로 일을 했던 것 같아요.

H직원 클라이언트뿐만 아니라 직원들이 인정해 주었을 때 업무에 몰입하게 되었습니다.

I직원 교육문화사업을 담당하게 되었을 때, 업무 책임감 때문이기도 하지만 주변에서 인정하고 칭찬해 주니 열정이 생기게 되었어요.

J직원 서비스를 제공한 후 참여자가 긍정적으로 변화하는 등 결과가 좋으니 사회복지사로서 인정받는 것 같았어요. 상사가 격려해 주니 스스로 더욱 노력하고 흥미를 가질 수 있게 되었습니다.

K직원 전 직장에서 센터장의 열정과 리더십, 어려운 일에 솔선수범하고 직원을 아끼는 모습을 보고 많이 깨달았습니다.

사회복지시설에서 근무하다 보면 다양한 이용자를 만나게 된다. 이 중에는 술을 마시고 화가 난 상태에서 오는 방문자도 있고, 자신이 받은 서비스에 대해서 불만을 가지고 방문을 하는 경우도 있다. 따지기 위해 작정하고 오게 된 이용자와 의사소통하는 것은 쉽지 않다. 무슨 일이 있었는지 그 내막을 잘 모르는 상황에서 이용자가 사무실에서 무작정 화를 내며 담당자에게 언성을 높이는 상황을 다른 직원이

무엇이 조직을 병들게 하는가

보게 되면 자칫 "담당자가 일을 어떻게 처리했기에 이런 일이 발생하느냐."면서 담당자를 곱지 않은 시선으로 볼 수 있다. 하지만 이런 상황에서 클라이언트, 동료, 상사 등 누구 할 것 없이 자신을 믿어 주고 자신이 하는 사업에 대해서 격려해 주면 직원은 열정적이 된다.

> **A직원** 나를 믿고 전적으로 신뢰해 주는 상사가 있었기에 업무가 더욱 신이 났어요.
>
> **B직원** 실무자가 힘들다는 것을 이해해 줘서 마음이 편합니다. 이용자에게 불만이 들어와도 무조건 실무자에게 잘못했다고 하지는 않거든요.

성장

성장은 직원에게 부담을 주는 요소이기도 하다. 하지만 교육이나 업무를 통해서 또는 클라이언트, 동료 간의 긍정적 피드백, 조언 등을 통해 무언가 배우는 느낌을 가지게 되면 열정을 회복하는 데 도움이 된다. 다만 주의사항은 상사가 성장에 대한 과도한 목적을 가지고 이를 너무 급하게 추진하거나 무리하게 요구하게 되면 오히려 열정이 식을 수 있으니 주의가 필요하다.

> **A직원** 지쳐 가고 있을 무렵 희망연수는 제게 사회복지가 무엇인지, 사회복지사로서의 자긍심을 갖게 만들어 준 동기가 되

었죠.

B직원   홍보사업 2년차 때 고민을 하던 중, 그에 맞는 강의를 듣게
되었어요. 사업의 중요성과 필요성을 깨닫고 업무를 계획
하니 보다 체계적이고 진행이 원활하였죠.

업무 주도권

사람들이 스마트폰이나 컴퓨터 등을 이용해서 게임을 많이 하는
이유는 내 마음대로 할 수 있기 때문이다. 잘하든 못하든 내가 원하는
대로 할 수 있다. 즉, 완벽한 주도권 행사가 가능하다. 그래서 최선을
다한다. 실패해도 다시 한다. 더 잘하려고 한다. 그리고 재미를 느낀
다. 업무도 마찬가지다. 주도권은 직원의 열정을 회복시킨다. 굳이 사
회복지사와 같은 전문가가 아니고 사회복지 서비스를 이용하는 장애
가 있는 사람이라고 하더라도 주도권을 주게 되면 열정은 늘어난다.
주도권이 프로그램 참여에 어느 정도 영향을 주는지 한 사회복지사의
경험담을 소개한다.

지적장애(초등학교 저학년 수준의 장애)가 있는 청소년 여덟 명을 대
상으로 프로그램을 두 가지 방법으로 진행했다. 하나는 사전에 자치
회의를 통해 참여하는 청소년이 프로그램 진행 과정을 선택하고 책임
을 지게 하였다. 다른 하나는 사회복지사가 모든 것을 준비하고 진행
하게 하였다. 결과는 확연히 다르게 나타났다. 청소년 스스로 선택하
게 한 프로그램에서는 청소년이 적극적이고 능동적인 책임감을 가졌

다. 예를 들어 요리 프로그램이라면 담당 선생님께 "요리재료로 ○○
가 필요한 것 같아요."라고 말하거나, 음식을 만드는 상황에서도 "제
가 할게요." 하는 경우가 많았다. 하지만 사회복지사가 직접 모든 것
을 담당해서 진행한 경우에는 프로그램에 집중하지 못하고 중간중간
집에 가겠다는 청소년이 많았다. 이처럼 주도권은 누구에게나 열정을
불러일으킨다.

A직원   제가 원하던 업무를 처음 맡게 되었을 때, 업무를 수행할
수 있는 능력이 충분하다는 모습을 보여 주고자 하는 욕심
이 생겼어요.

B직원   제가 행사를 주관하여 우리 식구들의 가장행렬을 기획한
적이 있었어요. 업무에 대한 주도권을 가졌을 때, 처음 치곤
잘 했다고 인정받았을 때가 가장 열정적인 순간이었어요.

C직원   사업계획서, 결과보고서를 작성할 때나 대상자가 지원신
청을 할 때 시간과 체력 소모가 많거든요. 제가 그 일을 맡
았을 때 열정적으로 임했던 거 같아요. 스스로 할 수 있도
록 맡겨 주니 보다 능동적인 사고로 책임감을 가지고 업무
에 몰입할 수 있었죠.

D직원   제가 개발하고 담당했던 업무를 진행할 때 가장 몰입했던
거 같아요.

E직원   개관한 지 1년이 안 된 신규 기관이어서 새롭게 기획하고,
대상자도 확대하고, 자원도 개발해야 해서 힘들었어요. 하

지만 제가 주체적으로 할 수 있고, 주체적으로 해야 하는 부분들이 많아 열정적으로 할 수밖에 없었어요.

F직원 제가 사업을 기획하고 실행도 하면서 어르신들과 함께 할 수 있고 행복해 하시는 모습을 볼 때 내가 더 열심히 하면 어르신들이 더 행복하시겠다는 것들이 더 열심히 일하게 만들었습니다.

G직원 대학생을 대상으로 활동 지원에 대해 홍보강의를 했을 때 가장 열정적이었어요. 제가 스스로 준비하고 책임을 짊어져야 했기 때문이죠.

H직원 근무하면서 가장 열정적이었던 순간은 제가 활동보조인 교육을 준비해서 강의했을 때였어요. 기존 보수교육을 할 때는 강사만 초청했었는데, 지금은 제가 강의를 다 합니다.

I직원 처음 공동모금회 프로포절에 당선되어 기획부터 계획, 모집, 실행, 평가를 진행했던 적이 있었어요. 어르신과 함께 사업의 의미를 얘기하고 공감하고 참여하면서 기획한 대로 사업이 잘 수행되었죠. 그때가 가장 열정적이었던 것 같아요.

변화와 기여

누군가에게 도움이 되거나 중요한 일을 하고 있다는 생각이 들거나 내 자신이 클라이언트와 조직 등 변화의 중심 역할을 하게 되었다

무엇이 조직을 병들게 하는가

는 사실을 알게 되면 열정은 회복된다. 자신의 존재감을 느끼게 되는 것이다.

직원들이 이와 관련해서 열정적이었던 순간을 어떻게 말하고 있는지 살펴보자.

A직원 대상자에게서 격려의 피드백이 오고, 제가 개입해서 상황이 긍정적으로 변화하였을 때와 일로써 보람을 느꼈을 때 가장 열정적이었어요.

B직원 생활인에게 결정권을 주고 무엇을 해 보게 한 적이 있어요. 전혀 그러지 않을 것 같았던 생활인이 잘 해내는 것을 보고 일하는 열정이 살아나는 것을 느꼈지요.

C직원 저로 인해서 달라지는 모습을 보면 열정이 살아나요. 작게는 그분들의 우울했던 표정이 밝아지거나 자살까지 시도하려다가 밝아진 모습을 보일 때 말이죠.

D직원 목욕을 해 드리는 분 중에 당뇨로 한쪽 다리를 잃어버린 분이 계세요. 엘리베이터가 없는 4층 상가에 사는데, 일주일에 한 번씩 업고 오르내리죠. 밖에 햇볕을 쐬게 해 드렸더니 "선생님이 오지 않았다면 … 너무 고마워요."라며 눈물을 보이시더라고요. 명절 때는 전화도 주시고, 그럴 땐 보람을 느낍니다. 따뜻한 말 한마디가 근무하는 데 원동력이 되죠.

E직원 형편이 어려운 사람에게 도움을 줄 수 있도록 연결해 주는

일을 했는데, 보호자가 고맙다고 표현해 줄 때 일할 힘이 많이 났어요. 장애가 있는 그 아이는 지능이 많이 낮지 않아 사회생활이 가능할 정도였어요. 그래서 주간보호센터를 통해서 취업소개서도 알려 주었죠. 나중엔 그 아이가 직업훈련소 생활을 하면서 보호작업장 직업도 갖고, 취미활동도 하게 되었어요. 주간보호센터에서 모든 선생님이 모인 자리에서 이 상황을 말씀드리니 전 직원이 힘을 보탰어요.

F직원 누군가가 내 도움을 필요로 할 때 '내가 필요한 사람이구나.' 하는 생각이 들면서 일에 더 몰입하게 돼요.

G직원 담당하는 사업의 대상자나 자원봉사자들을 위한 프로그램을 준비하고 진행할 때 집중하게 됩니다. 제 노력으로 인해 대상자나 자원봉사자가 즐거워하고, 좋은 기억을 갖게 되는 것이 기대되어 업무에 더 몰입하게 되는 거죠.

협력

"백지장도 맞들면 낫다."는 말이 있듯, 오래 가고 싶다면 함께 가라. 그래야 지치지 않으니까. 사람은 동고동락할 때 힘을 얻고 열정이 회복된다.

다음은 협력이 업무에 몰입하는 데 어떻게 도움이 되는지 직원들과 인터뷰한 내용이다.

무엇이 조직을 병들게 하는가

A직원 일이 힘들더라도 모든 직원들이 제 의견을 지지해 주고 도와주려고 나서면 고되다는 생각이 안 들죠.

B직원 생활시설에서는 지능이나 정신적으로 어려움이 있는 분들이 많아요. 고령에다 사리판단능력이 약해지면 자주 위험한 상황에 처하죠. 특히 음식을 먹을 때 사고가 많이 나죠. 예를 들어, 간식으로 떡이 나오면 생활인이 드시는 모습을 직원이 주의 깊게 관찰을 해도 삼키는 과정에서 응급상황이 발생하는 경우가 생기거든요. 이럴 때는 간호사, 사회복지사, 안전관리인 등 모든 직원이 순식간에 자기 일처럼 응급상황에 대처하죠. 이런 모습을 보기만 해도 직원들이 열정적이구나 싶어요.

C직원 조직원들이 신뢰와 애정을 기반으로 공동 목표를 위해 노력하였을 때 몰입도가 높아집니다.

D직원 예전 위스타트센터에서 근무했을 때가 가장 열정적이었던 것 같아요. 늦은 시간까지 야근을 해도 함께 하는 동료들이 있어 즐겁게 일했거든요. 저와 함께 고민하는 동료, 제가 하는 것들에 대한 지지, 격려가 자신감을 생기게 하고 몰입하게 만들죠.

E직원 직원 모두가 함께 업무를 수행해 나갈 때 함께라고 느껴지면서 업무에 몰입하게 돼요.

새로운 경험과 시도

    새로운 경험은 사람을 자극하고 활력을 불어넣어 준다. 새로운 프로그램을 시도하게 되면 자연스럽게 평소 접해 보지 못한 경험을 하게 된다. 새로운 경험은 관심을 불러일으키고 이전에 몰랐던 무언가를 배우게 된다.

A직원   생활인 가족 찾기를 통해 소진을 극복한 적이 있어요. 게임을 하면서 "집이 육지고 바다인 사람 모여 보세요."라고 했더니 연고지가 없는 생활인이 바다 쪽으로 서는 거예요. 왜 바다에 서냐고 물었더니 "나 바다에 살았어." 하더라고요. 평상시 말씀도 잘 안 하는 분이라 깜짝 놀랐죠. 그래서 전국적으로 수백 명의 이장에게 전화를 하고 직접 찾아다녔고 결국 가족을 찾았어요. 지금도 가족들이 찾아오고 있어요. 소진되는 이유가 같은 일을 반복하는 매너리즘 때문이거든요. 타성에서 벗어나려고 새로운 프로그램을 진행했던 것이 가장 열정적으로 일하게 된 계기가 되었어요.

B직원   한 번도 안 해 본 업무를 새로 시작했다는 것에 자부심을 느껴요.

C직원   어떤 기관에서 일에 대한 질문을 했는데 제가 아무것도 모르고 있다는 것을 인지하는 순간 내 자신이 너무나 부끄러웠어요. 그래서 어차피 하는 일이니 즐겁게 이 분야의 전문

가가 되자며 열심히 최선을 다해 배우고 익히며 공부했죠. 그렇게 되자 일에 대한 두려움도 없어지고, 실수를 하더라도 자신감은 결여되지 않고 배우는 계기가 되어 오히려 감사하게 되었어요. 그로 인해 큰 기업재단 산하기관에서 그 분야의 과장이 되어 일하는 기회도 주어졌고, 더 열심히 열정과 사명을 갖고 일할 수 있게 되었어요.

D직원 첫 직장인 사회복지기관에 입사해서 처음으로 프로그램을 만드는 작업을 할 때 가장 몰입했던 것 같습니다.

E직원 부모님들을 대상으로 진로설명회를 할 때 보람이 컸어요. 이전 기관에서 형식적으로 운영되던 것을 제가 좀 더 잘 구성했죠. 참여 인원도 늘어나고 호응도 좋았어요. 과거와 달리 취업을 시킨 부모님이나 선배 장애인들의 부모님을 모셔서 성공한 사례를 후배 부모님들에게 강의형식으로 진행했거든요. 장애인 취업자도 불러서 어떤 일을 하는지도 소개하고요.

F직원 새로운 업무를 맡아 기획부터 진행, 결과보고까지 마무리할 때 가장 열정적이었어요. 항상 처음에 시작하는 것이 두렵고 설레지만, 그 순간에만 경험할 수 있는 부분이라고 생각하다 보면 몰입하게 되는 것 같아요.

G직원 신규 후원물품 후원자를 개발할 때였어요. 새롭게 후원자를 발굴하는 일이 재밌었고, 새로운 물품이 기관에 들어와 바자회와 같은 행사를 진행할 때 유용하게 쓰이는 것이 가

장 뿌듯했었죠. 더 열심히 후원자를 발굴하는 데 몰입했었던 것 같아요.

H직원 본 센터에서 첫 근무를 시작한 지 7개월 됐습니다. 평소 장애인 복지에 관심이 많아 일이 재미있습니다.

I직원 처음 직장에 입사하여 회사에 누가 되지 않도록 눈치 있게 행동하려고 노력했어요. 뭐든 적극적으로 잘 하려는 마음가짐을 가졌을 때였죠.

J직원 첫 직장이었고 자립생활센터에 대한 관심이 있었기에 기대감이 높았어요. 입사하자마자 인수인계를 해 주는 사람도 없이 센터 사업을 맡아서 진행했죠. 일은 많았지만 새로운 걸 배울 수 있어 업무에 몰입할 수 있었어요.

새로운 경험은 외부기관 또는 외부 직원과의 협력도 포함된다. 다른 조직에서 근무하고 있는 다양한 사람을 만나 함께 협력하는 것도 활력을 불어다 준다. 일을 하다 보면 자기가 속한 기관뿐만 아니라, 다른 기관과도 협력해서 일해야 하는 경우가 종종 발생한다. 예컨대 서울시 차원에서 함께 협력하는 경우도 있고, 서울시 산하 구 차원에서 함께 협력하는 경우도 있다. 좀 더 작게 보면 구 안에 있는 동 차원에서 협력하기도 한다. 이러한 지역 안에는 종합사회복지관, 노인복지관, 장애인복지관 등 여러 종류의 사회복지시설이 있을 뿐만 아니라 초·중·고, 대학교 등 교육기관이 있고, 다문화센터도 있고, 상담센터도 있다. 이런 여러 시설이 협력해서 일을 추진하게 되면 다양한 사

무엇이 조직을 병들게 하는가

람을 만나 여러 의견을 접할 수 있기 때문에 매너리즘을 극복하는 데 도움이 되기도 한다.

> **직원** 지역사회 차원에서 일을 추진해야 하는 경우가 있어요. 여러 기관에 종사하는 사람들을 만나 업무논의를 하는데, 이러한 외부 기관과 협력한 것이 좋았어요. "내가 속한 ○○○ 시설이 이런 큰 것도 하네."라는 말을 외부 사람들을 통해 들으면 왠지 뿌듯하고 좋죠. 이야기를 하다 보면 솔직히 일의 규모가 커지는데, 이럴 경우 일은 많아지게 되지만 불만은 없어요. 오히려 함께 협력해야 하는 일들이 추진되지 않았을 때 불만이 생기죠.

감사 표시와 행복한 모습

이용자 또는 직원을 통한 긍정적인 피드백은 열정을 불러일으킨다. 이와 함께 마더 테레사 효과처럼 나로 인해 누군가 행복해 하는 모습을 보는 것만으로도 열정이 일어날 수 있다.

> **A직원** 서비스를 받은 대상자들이 도움이 많이 되었다고 진심으로 감사를 표현했을 때 보람을 느껴요. 더 열심히 업무에 몰입하는 데 동기부여가 되죠.
> **B직원** 전에 근무하던 복지관에서 일자리사업과 더불어 어르신

교육문화사업 보조업무를 진행했었어요. 사업에 참여하시
는 어르신이나 복지관에 교육문화를 이용하러 오신 어르
신들께서 "고맙다.", "우리들 위해 애쓴다." 같은 말씀을 해
주실 때 더 능동적으로 변했던 것 같아요.

C직원 어르신들을 모시고 연극공연을 한 적이 있어요. 어르신들
이 저한테 "복지관에 오면 너무 행복하다.", "복지관에 다닐
수 있는 나는 너무 행복한 사람 같다.", "우리가 다른 어려
운 사람들에게 도움이 되면 좋겠다."는 말씀을 하실 때 힘
이 났어요.

관계 강화

사람과 자주 만나고 친밀감을 형성하게 되면 열정적이 된다. 특히
사회복지 종사자는 클라이언트, 지역주민을 자주 만나야 한다. 물고기
가 물을 떠나서는 살 수 없듯이 사회복지 종사자는 사람을 자주 만나
좋은 관계를 형성해야 열정적이 된다. 행정 서류도 중요하지만 이를 약
간 더 간소화하고 사람 만나는 것에 집중할 수 있게 도와주어야 한다.

A직원 이전 기관에서 치료사랑 특수교사랑 아이랑 소풍 갔던 일
이 재미있었어요. 만날 아이들이랑 다람쥐 쳇바퀴 돌 듯 안
에만 있었는데 나가니 좋았어요. 서로 상의도 하고 이야기
할 수 있어서 좋았거든요. 그런데 여기서는 요구하는 분들

무엇이 조직을 병들게 하는가

이 있어도 소풍 가기가 어려워요. 지금 하는 업무나 서류적인 일을 줄여 주든지 해야 하는데 일이 늘어난 상황에서 소풍까지 가려면 너무 벅차요. 소풍 프로그램을 진행하려면 계획도 짜고 업무 조정도 해야 하는데, 하던 일을 그대로 하면서 이 프로그램까지 하라고 할까봐 부담스러워요.

B직원 이용인과 함께 프로그램과 놀이를 진행할 때 열정적이게 됩니다.

C직원 독거노인들 방문하여 안전도 확인하고 대화를 나눌 때 더 열심히 하게 돼요.

D직원 현장에서 발로 뛰고 부딪히면 몸은 더 힘들지 몰라도 정신적으로는 보람차고 열정적이게 돼요.

E직원 회원분하고 만남을 계속해서 이어가는 게 중요하죠. 장애인을 위해서 우리 센터가 있는 것이고, 장애인과 소통을 하면서 문제점을 서로 공유한다는 것이 중요해요. 한 장애인에게 글을 잘 쓰니 글 쓰는 곳에 도전해 보라고 했더니 이력서를 써서 신청을 해 글을 쓰는 사람이 되었어요. 또 한 명은 국가대표예요. 운동을 하다 보면 슬럼프가 생기는데, 슬럼프를 극복하는 방법을 알려 주었더니 잘 극복했다고 하더라고요. 이런 얘기들을 들으면 뿌듯해요.

2

지원체계

각 시설마다 지원방식은 달라야 한다. A시설에서 적용한 지원방식이 B시설에서는 맞지 않을 수 있다. 그럼에도 불구하고 보다 나은 사회복지조직을 만들어 가는 데 도움이 될 수 있기를 희망하며 사회복지 종사자가 직접 답한 내용을 정리해 보았다. 여기서 나온 내용은 참고용으로 그대로 하기보다는 각 시설에 맞게 적용하는 것이 바람직할 것이다.

비전 공유와 실천

《어린왕자*Le Petit Prince*》의 저자 생텍쥐페리Antoine de Saint-Exupéry는 비전의 중요성을 언급하며 다음과 같은 말을 했다. "만약 배를 만들려고 하려면 목재를 가져오고 사람들에게 일감을 나누어 주는 것보다 먼저 해야 하는 중요한 일이 있다. 그 사람들에게 끝없이 넓은 바다에 대한 경이로움과 동경심을 심어 주는 것이다."

누구나 일을 지시할 수는 있다. 그러나 그 일에 대한 큰 그림을 제시해 주는 것은 아무나 할 수 없다. 리더라면 무언가 지시하기보다는 넓은 바다를 상상하고 그 바다에 대한 동경심을 가지도록 비전을 심어 주어야 한다.

무엇이 조직을 병들게 하는가

A직원 직원을 채용할 때 비전을 공유할 필요가 있어요.

B직원 비전을 실현하기 위해 사업을 논의할 필요가 있어요. 직원 워크숍 과정에서도 이 부분이 이루어지면 좋겠어요.

C직원 비전 실천을 위해 내적 동기 강화 교육이 필요해요. 직원들이 자신이 생각하는 사회복지가 어떤 것인지 돌아볼 필요가 있죠. 가끔 이 일을 돈벌이로만 생각하는 친구가 있어요. 처음 사회복지를 시작하게 된 마음가짐을 이어갈 수 있도록 독려해 주고 이끌어 주기 위한 교육이 필요한 이유죠. 업무에 필요한 교육만이 아니라 기관의 비전, 미션을 심어주기 위한 신입직원 교육도 꾸준히 병행되어야 해요.

믿음과 격려

피터 드러커는 "어느 조직이든 10%는 말하지 않아도 스스로 하지만 80%는 관심과 격려, 지원 등 어느 정도 동력을 만들어 주면 열심히 일한다."고 하였다. 이처럼 믿음과 격려는 다수의 직원들에게 스스로 일하게 만드는 중요한 원동력이 된다.

A직원 일을 실천할 때 지지와 격려를 해 주면 좋겠어요.

B직원 입사 당시 원장님이 생활관에 계속 왔다갔다 하면서 제가 땀을 많이 흘리는 것을 보고 에어컨을 설치해 주었어요. 어떻게 보면 별일 아닐 수도 있었지만 내가 하는 일에 대해 원

장님이 중요하게 생각하고 격려하시는 것 같아 그때는 일이 많았지만 힘든 줄 몰랐어요.

C직원 '너는 할 수 있을 거야.'라는 단순한 믿음만 주어도 힘이 나요.

D직원 슈퍼바이저나 동료의 격려와 응원, 칭찬이 중요해요.

E직원 직원들을 믿고 지지하는 상호 신뢰적인 분위기 형성을 위해 기관 차원에서 멍석을 깔아 주었으면 좋겠어요. 직원들에게 "너희가 잘 해야지."라는 말을 굳이 하지 않아도 직원들이 알아서 잘 하는 조직 문화가 형성될 수 있도록 칭찬 같은 지지적인 표현이 필요해요.

의견 존중과 소통하기 쉬운 분위기

한 손을 펴 보라. 그리고 손 안에 있는 다섯 손가락을 서로 만나게 해 보자. 서로 몸을 부비며 바로 만날 수 있는 손가락은 어느 손가락일까? 오직 엄지손가락만이 검지를 비롯해서 모든 손가락을 만날 수 있다. 다른 손가락은 마주보는 것이 아닌 옆에 서 있거나 아니면 서로 마주보는 것이 아닌 손톱이 있는 뒷모습으로 만날 수 있을 뿐이다. 그래서 다른 모든 손가락이 엄지손가락을 최고로 인정한다. 우리가 누군가를 보며 최고라고 표현할 때 엄지손가락을 치켜세우는 이유가 바로 여기에 있다. 엄지손가락만이 유일하게 다른 손가락과 소통하기 쉽고 직접 만나 존중해 주기 때문이다.

A직원 자연스럽게 의견을 낼 수 있는 분위기가 만들어졌으면 좋겠어요. 의견을 낸 직원에 대해 비난이나 질책 등 민망한 상황을 만들지 않았으면 좋겠어요.

B직원 자유로운 사내 분위기를 제공해 주면 좋겠어요. 예를 들어 카페에서 회의를 진행하는 것도 좋지 않을까 해요.

C직원 적극적이고 능동적인 분위기를 만들기 위해 사무실에서 서로 대화를 많이 하고 본인의 의견을 잘 표현할 수 있게 하는 것이 가장 시급해요.

D직원 업무능력 활성화를 위해 낡은 관례를 넘어서는 다양한 제안을 적극 검토해 주고 좋은 제안은 바로 적용해 주었으면 해요. 좋은 제안을 한 사람에게는 표창을 해 주면 좋을 것 같아요.

E직원 눈치 보지 않고 정해진 횟수 내에서 근무시간에 팀 소풍을 갈 수 있다든가 하는 식의 물리적인 환경 조성이 있었으면 좋겠어요.

협력하기 위한 의사소통 구조 마련

'부부싸움은 칼로 물 베기'라는 속담이 있다. 이것은 아무리 싸워도 결국 다시 예전의 좋은 원상태로 돌아간다는 의미다. 물론 모든 부부가 다 그런 것은 아니겠지만 부부싸움이 칼로 물 베기 형태로 이루어지는 경우도 많다. 조직도 마찬가지다. 어떤 조직도 갈등이 없을 수는 없다. 하지만 조직이 협력하기 위한 의사소통 구조를 잘 마련한다면 얼마든지 칼로 물 베기가 될 수 있다.

A직원   직원들 간에 신뢰감 있게 의사소통을 할 수 있는 구조가 되었으면 좋겠어요. 의사소통이 일방적일 때 가장 기운이 빠지는 것 같아요. 팀별로 목표로 한 사업을 위해서 함께 토의하고 논의할 시간이 있으면 좋겠어요.

B직원   무엇을 하든 '그냥 해.'가 아니라 '왜 해야 하는지'에 대해 이해할 수 있게 설명해 주었으면 좋겠어요. 그리고 '기관의 입장'도 중요하지만 '실무자의 입장'이라는 일선 사회복지사에 대한 역지사지도 이루어졌으면 합니다.

C직원   실천을 위한 직원 의견에 긍정적인 피드백과 함께 같이 고민하고 나아가는 것이 필요합니다.

슈퍼비전과 피드백

직원들은 자신이 한 업무가 제대로 가고 있는 것인지, 언제 홈런을 쳤고 언제 스트라이크 아웃이 되었는지 궁금해 한다. 그래서 슈퍼비전과 피드백을 받고 싶어 한다. 적절한 슈퍼비전과 피드백이 없으면 소진되기 쉽다. 슈퍼비전과 피드백은 동료보다 상사의 영향이 더 크다. 따라서 상사는 수시로 슈퍼비전과 피드백을 줄 수 있도록 직원들을 직접 만나는 데 시간을 써야 한다. 또한 우리 기관이 아닌 다른 외

부 전문가를 통해 시야를 넓혀 주는 슈퍼비전도 근무활력을 이끄는
데 도움이 된다.

A직원 외부 전문가의 슈퍼비전을 받기 위해 교육이나 자문, 컨설
팅 등과 같은 기회 제공이 필요해요.

B직원 슈퍼바이저가 없어요. 내가 잘하고 있는지를 잘 모르겠어
요. 누군가 조언을 해 주거나 하는 교육이 있다면 도움이
될 것 같아요.

C직원 비전을 유지하기 위해서는 각자 점검하는 시간과 지속적
으로 피드백을 해 주어 비전을 상기시켜 주는 역할이 중요
하다고 생각합니다.

D직원 부족한 부분에 대해서 편하게 조언을 해 주고 방법이나 의
견제시 등을 함께 해 주면 좋겠어요.

E직원 어떤 직종이든 상관없이 제가 잘못된 행동과 케어를 하고
있을 때 코치를 해 주었으면 좋겠어요. 잘못을 바로잡아 주
면 더 나은 사회복지사로 발전할 수 있을 거 같아요.

업무 권한 강화

1978년 이전까지 중국 농업은 집단농장의 형태를 띠고 정부가 시
키는 대로 해야만 했다. 농민들에게 토지가 있었지만 그 토지를 마음
껏 활용할 수 있는 재량권은 없었다. 그러나 1978년 중국 샤오강촌에

서는 일대 대변혁이 일어났다. 토지 사용의 재량권을 농민에게 주었고, 그 결과 평소보다 농작물 수확량이 여섯 배나 증가하였다. 이때부터 굶주림에 허덕이던 농민의 삶이 해결되기 시작하고, 중국 경제가 세계 2위가 될 수 있는 발판이 마련되었다. 이것은 농민들에게 권한 위임을 부여한 결과였다.

> **A직원** 제시한 의견에 대해 가급적 비판하지 않고 업무를 수행할 수 있는 권한이 있으면 좋겠어요.
>
> **B직원** 하고 있는 일에 대한 모든 권한과 책임이 주어지면 좋겠어요.

도전에 대한 지원

우리가 배를 만드는 이유는 안전한 항구에 정박해서 보관하기 위함이 아니다. 비록 파도와 풍랑이 거세 위험해도 아직 알 수 없는 미지의 바다를 항해하기 위해 만드는 것이다. 설령 배가 난파될 수 있는 큰 위험이 있다고 하더라도 그 길을 가도록 하기 위해 배를 만든다. 우리는 그것을 미지의 세계로 나아가는 도전이라 말한다.

> **A직원** 최소한 못하게만 하지 않았으면 좋겠어요. 그냥 "해 봐." 하고 믿어 주면 좋죠.
>
> **B직원** 실패에 대한 두려움을 없애 주었으면 좋겠어요.

C직원   그동안 해 왔던 안정된 형식보다는 조금은 위험해도 직원들의 창의성을 존중할 필요가 있어요.

D직원   실패, 단점, 돈만 따지기보다는 희망, 가능성, 긍정적인 면을 보며 기관에서 지원할 수 있는 최대한의 지지가 이루어졌으면 합니다.

3
아이디어 엿보기

생일연차휴가

웅진코웨이는 '생일연차휴가'라는 제도가 있다. 직원들이 생일에 지인과 추억을 만들 수 있도록 연차 사용을 권장하는 것이다. 생일날 연차를 신청하면 무조건 팀장의 승인을 받을 수 있다. 특별휴가의 개념은 아니다. 자신이 쓸 수 있는 연차휴가 안에서 사용을 한다. 하지만 이날만큼은 전혀 눈치를 보지 않고 편하게 휴가를 쓸 수 있다.

생일 게시판

동부대우전자는 매주 생일을 맞는 직원들의 명단을 만들어 게시판에 전시한다. 게시판에는 부서, 직급, 이름, 생일 등이 표시된다. 게시판을 통해 직원들은 서로 자연스럽게 생일을 축하해 주는 가족적인 분위기를 만들어 낸다. 자칫 무심코 지나갈 수 있는 동료의 생일을 게시판을 보고 "축하한다."는 인사 한마디라도 건네게 된다.

직장에 가족 초대

기아자동차

2009년부터 전국 초등학교를 대상으로 '아빠는 기아인'이라는 프로그램을 운영하고 있다. 자녀 학교에 방문해서 재미있는 자동차 이야기, 종이 모형 자동차 만들기, 미래 자동차 소개, 교통안전교육 등 자동차 관련 교육을 아빠가 진행한다. 이 과정을 통해 자연스럽게 아빠가 어떤 일을 하는지 자녀가 알게 되고, 반에서 강의하는 선생님으로 아빠를 자랑스럽게 생각한다.

롯데하이마트

회사의 핵심가치인 '가족사랑'을 실천하기 위해 open office 제도를 운영하고 있다. 이것은 한 직원이 "막내 아이가 아빠가 어떻게 일하는지 궁금해 한다."는 얘기에서 착안한 아이디어다. 직원 가족들을 회사 사무실로 초청해서 가족문화행사를 진행한다. 예를 들어, 총 스무 가족의 아이들에게 엄마 또는 아빠가 일하는 사무실을 둘러보고 동료들과 인사를 나누며 명예사원증, 명함을 포함한 다양한 선물을 받을 수 있는 기회를 제공한다. 또한 기념 영상 및 사진 촬영 등 직원 가족

무엇이 조직을 병들게 하는가

들에게 소중한 추억이 될 수 있는 기념품을 제공한다.

임명 또는 승진 행사

문재인 대통령

2017년 문재인 대통령은 장·차관 등 주요 인사 임명식에 꼭 가족을 동반하도록 하였다. 최고통수권자가 임명하는 자리에 가족이 참석하여 임명장 증정, 기념 촬영 등 모든 진행 상황을 직접 보게 하였다. 이렇게 되면 가족은 임명된 우리 아빠와 엄마가 그동안 사회에서 얼마나 중요한 존재였는지 다시 한 번 피부로 느끼게 된다.

A사회복지시설

A사회복지시설은 진급하는 직원에 대해 공식적인 행사를 가진다. 식순이 마련되어 있고 기관장이 직접 전 직원 앞에서 승진하는 직원을 호명하고 축하하고 격려한다. 식순에는 이 직원이 그동안 시설에서 이룬 업적 등을 공개적으로 알려 주어서 승진을 할 수밖에 없는 이유를 전 직원 앞에서 자랑을 한다. 이러한 과정에서 승진자는 공식적으로 리더로 존중받게 되고 권위가 실리게 된다.

칭찬메시지

카카오는 동료를 격려하는 칭찬메시지를 제도화했다. 특정 동료를 칭찬하는 글을 메모장에 적어 사내 게시판에 붙이면 칭찬받은 사람은 메모장 개수당 5만 원의 상금을 받는다. 재미있는 것은 메모장을 개당 1,000원을 받고 판매한다는 점이다. 그만큼 지나친 칭찬 남발을 막는다. 메모장 판매비는 모아서 사회공헌활동에 사용한다.

강제휴가 제도

아름다운가게에서는 강제휴가 제도라는 것이 있다. 직원이 근무하면서 이용자의 부당한 항변이나 욕설, 기타 직원이 근무하기 곤란한 상황에 처하게 되면 이 직원만 빼놓고 다른 직원이 모인다. 그리고 그 직원이 담당하는 업무를 서로 협력해서 맡는다. 그리고 나면 그 직원에게 가서 말한다. "당신은 강제휴가자로 임명되었으니 지금 퇴근하시고 내일 하루 쉬신 다음 출근하세요. 업무는 걱정 마세요. 저희가 문제없도록 조치하겠습니다." 그러면 그 직원은 바로 퇴근을 하고 하루 쉰 다음 기분 좋게 출근을 하게 된다.

지각데이

"어느 날 출근을 하는데 봄꽃이 너무 예쁘게 피어 있었습니다. 출근길을 좀 더 우회해서 가면 그 봄꽃을 즐기며 갈 수 있지만 지각입니다. 하지만 봄꽃을 외면하고 바로 직진해서 오면 지각이 아닙니다. 그러면 바로 직진해서 오지 않고 봄꽃을 즐기며 와도 괜찮습니다. 5분

무엇이 조직을 병들게 하는가

10분 늦는다고 크게 문제가 되지는 않습니다."

어느 노인복지센터에는 지각데이가 있다. 일을 하다 보면 지각을 하게 되는 경우가 있다. 이것을 근무태만으로 여길 수도 있지만, 이 시설에서는 이러한 부분을 부득이한 것으로 간주하고 관용을 베푼다. 삶의 여유를 주기 위한 것이다. 만약 당신이 늦잠을 잤다면 이 시설에서는 괜찮다. 지각데이를 사용한다고 하면 정오 12시까지 와도 전혀 문제를 삼지 않는다. 출근을 좀 늦게 하고 싶은 날에도 지각데이를 사용하면 된다. 보통은 월 1회 정도 사용할 수 있다. 상황에 따라 1~2회 정도 관용을 베풀기도 하지만 지각데이가 있다고 지각을 남발하는 직원은 없다.

조기퇴근데이

한 달에 1~2회 정도 좀 더 일찍 퇴근하는 기쁨을 느끼고 싶다면 조기퇴근데이를 사용할 수 있다. 하루를 정해 4시 정도에 퇴근할 수 있다. 또는 요일을 정해 일찍 퇴근하는 날을 정하는 경우도 있다. 매주 수요일은 가정의 날이라고 해서 야근을 금지하는 조직도 있다.

PC 자동 오프 시스템

한국수자원공사와 신한카드는 구성원의 자발적 업무 몰입에 중점을 두도록 하려고 다양한 활동을 하고 있는데, 그중 하나가 'PC 자동

오프' 시스템이다. 이것은 일정시간 이후 PC 사용을 제한하는 것으로, 이 제도를 실시하고 난 후 직원들의 불필요한 야근을 12%에서 3%로 획기적으로 줄었다.

점심시간 탄력제

웅진코웨이는 자유롭고 밝은 사내 분위기를 만들기 위해 오전 11시 30분부터 오후 1시 30분 사이에 자유롭게 한 시간을 점심시간으로 활용하도록 하는 '점심시간 탄력운영제'를 도입해서 진행하고 있다.

피로해소 프로그램

웅진코웨이는 시각장애인 안마사를 고용해 직원의 피로를 풀어주는 '헬스케어실'을 설치해서 운영하고 있다. 또한 휴게실 안에 오락실을 만들어서 직원들이 스트레스를 풀 수 있게 돕고 있다. 이와 비슷하게 어느 사회복지시설은 휴게실에 침대를 설치해서 직원들, 특히 여직원이 한두 시간 누워서 편안히 쉴 수 있도록 하고 있다.

가족을 위한 힐링 선물

롯데하이마트는 직원의 가족 기념일에 연차를 사용할 경우 그 목적에 따라 선물을 한다. 가령 부모님 결혼기념일에 '부모사랑연차'를 사

무엇이 조직을 병들게 하는가

용한 직원에게는 고급 와인 두 병을 선물로 주는 식이다. '가족사랑연차'는 크게 세 개 항목으로 나뉜다. 첫째, 부모님의 생신 또는 결혼기념일에 사용할 수 있는 부모사랑연차, 둘째, 본인 생일 또는 배우자 생일이나 결혼기념일에 사용할 수 있는 부부사랑연차, 셋째, 자녀 백일이나 돌 등 자녀와 함께 보내는 시간을 갖기 위한 자녀사랑연차 등이 있다.

4
A센터 이야기

서초구에는 복지시설 아닌 복지시설 같은 센터가 하나 있다. 복지 체감도*를 높여 행복을 이어 주는 센터다. 이 센터는 조직을 활기차게 하는 다양한 사례를 가지고 있다. 센터장이 전한 현장 이야기를 정리해 본다.

업무적 여유가 중요한 이유

광고업계에서 알아주는 박웅현 대표는 사람은 누구나 창의성의 씨앗을 폭발시킬 뇌관을 가지고 있다고 말한다. 보통 조직에서는 '내

---

* 서비스를 받는 사람의 입장에서 그들이 정말 필요로 하는 서비스, 그들에게 실질적으로 도움이 되는 서비스가 이루어질 수 있도록 계획하고 진행하며 수시로 점검해서 실질적인 복지 서비스가 높아지도록 하는 것을 의미한다.

일 12시까지 아이디어를 가져오라.'는 식으로 조직원들을 획일적으로 몰아치고 빨리 성과를 보이도록 요구한다. 이런 식으로 접근하다 보니 창의적인 씨앗을 틔우는 것이 아니라 기존에 있던 것에서 약간 변형된 방식으로 나올 수밖에 없다.

서초에서 노인복지센터를 운영하는 한 센터장이 자신의 경영철학을 말하면서 업무적 여유가 왜 중요한지 다음과 같이 설명했다. "창조적인 아이디어는 사무실에서는 잘 나오지 않는다. 때로는 혼자 사색할 수 있는 여유를 주어야 한다. 비워야 채울 수 있다. 여유가 있어야 창조적인 아이디어가 나올 수 있다. 그래서 우리 시설은 직원들이 본질에 충실할 수 있도록 막 쪼는 것이 아니라 업무적인 여유를 가지게 한다. 우리가 굳이 안 해도 되는 것이라면 과감히 못하게 한다. 대신 다른 기관이 더 잘 할 수 있도록 연결만 해 준다."

직장생활은 재미있어야 한다. 회사에 오고 싶어야 한다. 대부분의 시간을 직장에서 보내기 때문에 재미는 업무성과를 높이는 데 매우 중요한 요소다. 직장으로 가기 위해 타는 버스나 지하철이 저승으로 가는 대중교통으로 생각된다면 어떻게 직장에서 성과를 낼 수 있겠는가? 그냥 퇴사하지 않은 것만도 대단한 노력이지 않겠는가?

업무적 여유의 효과

우리는 차별화 시설이다. 다른 기관에서 하고 있는 것은 기관에 맡기거나 유사한 사업을 하지 않는다. 예컨대 어버이날 행사 등 다른 시설에서 이미 하고 있는 행사는 하지 않는다. 대신 다른 기관이 안 하거나 못하고 있는 것 등 우리가 할 수 있는 것을 찾는다. 이것이 가능한 이유는 업무적 여유가 있기 때문이다.

소수 정예 밑반찬 서비스

어느 날 센터에 어르신 밑반찬 지원 서비스를 부탁하며 후원이 들어왔다. 이럴 경우 보통 사회복지시설은 직접 밑반찬 대상자를 선정해서 서비스를 제공한다. 그런데 우리는 다르다. 기존 방식은 이미 다른 기관에서 잘하고 있다. 굳이 우리가 할 필요는 없는 서비스다. 게다가 백 명에게 밑반찬을 제공하려면 직원들이 준비하고 직접 가정에 배달하고 관리하는 것에 대부분의 시간을 보내기 때문에 다른 일을 할 여력이 생기지 않는다. 차라리 이미 하고 있는 기관이 시스템도 잘 마련되어 있으니 지역에 있는 기관에 후원금과 함께 연결을 해 주는 편이 낫다.

하지만 센터가 할 수밖에 없는 상황이라면 밑반찬 서비스도 차별화로 진행한다. 백 명 정도의 다수가 아닌 서너 명 정도의 소수를 위한 밑반찬 서비스를 진행한다. 많은 인원에게 밑반찬 서비스를 진행하게 되면 밑반찬을 받는 사람의 욕구 중심이 아니라 주는 사람의 관리 중심으로 이루어지기 쉽기 때문이다. 밑반찬을 받는 가정에 가 보면 그 이유를 알 수 있다. 다는 아니지만 서비스 받는 사람 중 일부는 밑반찬 서비스가 크게 도움이 되지 않을 수 있다. 예컨대 좋아하는 반찬이 아닌 경우, 고혈압·당뇨·기타 건강상의 이유로 특정 음식을 먹을 수 없는 경우, 너무 짜거나 싱겁거나 해서 입맛에 맞지 않는 경우 등이 생길 수 있다. 이럴 경우 이를 제대로 파악하기도 어렵지만 대량으로 제공되는 서비스이기 때문에 각자의 입맛에 맞게 적용하기는 더 어렵다.

그래서 우리는 소수를 중심으로 '복지체감도'를 높이는 방법으로 진행한다. 서너 명 정도만 한정해서 이용자를 선정한다. 해당되는 가정을 방문하여 질병은 없는지, 어떤 음식을 선호하는지, 치아 상태는 어떠한지 등을 자세히 살핀다. 이것이 중요한 이유는 밑반찬이 실질적으로 어르신에게 도움이 되도록 하기 위함이다. 이용할 어르신 상태가 파악되면 밑반찬을 제공해 주겠다는 식당에 알리고 이에 맞게 밑반찬을 제공하도록 한다. 또한 밑반찬 제공도 제공하는 식당에서 배달을 하게 한다. 인원이 소수이기 때문에 가능한 부분이다. 그러면 사회복지사는 밑반찬 제공 자체보다는 이용하는 어르신과 제공하는 후원자에게 집중한다. 밑반찬이 실제 도움이 되고 있는지, 어떻게 하면 좀 더 도움이 될 수 있는지, 또 다른 개선 방안은 없는지, 밑반찬을 제공하면서 어려운 점은 없는지, 봉사하면서 새롭게 얻게 된 정보나 특이사항은 없는지 등을 파악한다. 이런 부분이 가능한 이유는 백 명의 밑반찬 서비스를 맡지 않았기 때문이다. 서비스를 안 해서 서비스를 할 수 있게 되는 상황이 된 것이다. 그래서 업무적 여유가 중요하다.

친구모임방

경로당 중에는 보이지 않는 서열이 존재하는 곳이 있다. 경로당에

무엇이 조직을 병들게 하는가

서 입김이 강한 어르신이 있고 그렇지 않고 눈치만 보는 어르신이 있다. 어르신의 서열은 자녀의 경제력과도 연결된다. 회비는 물론이고 경로당을 위한 후원금을 내는 어르신, 자녀가 경로당에 자주 방문하여 선물을 주는 어르신 등은 서열이 높다. 하지만 경로당을 찾아오는 자녀가 없는 어르신, 경제력이 약해 회비를 잘 내지 못하는 어르신은 자연스럽게 경로당에서도 무시를 당하기 쉽다. 이런 상황에서 친구를 사귀지 못하는 어르신이 발생한다. 갈 곳이 없어서 경로당에 갔는데 경로당조차도 외로운 공간이 되는 것이다. 그러면 경로당도 오지 않고 집에만 혼자 계시는 어르신이 많아지게 된다.

이러한 부분의 문제점을 인식하고 만든 것이 친구모임방이다. 3~5명 정도 친구를 맺어 주는 프로그램이다. 거점지역은 어르신의 방이 된다. 어르신 중에서 자신의 방을 공개할 수 있는 어르신을 중심으로 거기서 함께 모일 수 있도록 한다. 가능하면 홀수로 모이게 한다. 그래야 편을 나누어 싸우는 일이 줄어들기 때문이다. 어르신이 친구모임방을 만들게 되면 함께 모여 간식이나 식사라도 하시라고 센터에서 3~4만 원 정도의 공공모임활동비를 제공한다. 그러면 이 돈으로 함께 모여 음식도 해 먹고 간식도 사 먹으면서 자연스럽게 친구가 된다.

이러한 활동이 가능한 이유는 경로당을 자주 가 보고, 각 가정이나 지역에 다니면서 어르신을 자주 만나 이야기를 했기 때문이다. 지역사회를 모르고, 어르신을 모르게 되면 어떤 프로그램이 필요한지 알기 어렵다.

친구모임방은 부수적인 효과도 가져왔다. 친구모임방이 형성되면서 어르신과 관련된 정보를 알기가 훨씬 용이해졌다. 자주 보이던 어르신이 보이지 않기 시작하면 그곳에서 근무하는 사회복지사는 긴장할 수밖에 없다. 무슨 일이 있는 것은 아닌지, 어디 아프신 것은 아닌지 …. 하지만 어르신이 어떤 상황인지 알기 어렵다. 그런데 친구모임방을 하면 정보가 들어온다. 만약 어느 어르신이 여행이나 자녀를 만나기 위해 며칠 동안 어디를 가게 되면 자신이 모임방에 며칠 나오지 못하는 이유, 어디를 가는지 등을 모임방 친구들에게 말하게 된다. 그러면 이 모임방 친구들이 어르신 관련 정보를 알기 때문에 자연스럽게 사회복지사도 알 수 있게 되는 것이다.

핸드맨 활동

한 어르신은 2개월에 한 번씩 목욕을 하신다. 이유가 무엇일까? 이런 궁금증을 가진 것이 대박사업의 시작이었다. 어르신을 만나 이야기를 나누어 보니 이유는 간단했다. 집에 하수구가 막혀서 목욕을 할 수 없었기 때문이다. 젊은 사람이야 간단히 해결할 수 있는 문제지만 어르신은 쉽지 않은 문제였다. 사람을 부르면 되지만 문제는 돈이다. 출장비로 3~4만 원은 주어야 하는데 경제적으로 어려운 어르신은 이것이 부담스러워 혼자 끙끙 앓고 있었던 것이다. 근처 철물점 사장님에게 연락을 해서 방문 요청을 드리고 막힌 하수구를 뚫었다. 시간도 오래 걸리지 않았다. 보통의 가정에서는 아주 사소하고 간단한 문제이기 때문에 별다른 어려움이 없었겠지만 어르신은 아니었다. 이제는

무엇이 조직을 병들게 하는가

두 달 만에 목욕을 하지 않아도 되고 물을 편하게 사용할 수 있게 되는, 말 그대로 10년 묵은 체증이 사라지는 큰 기쁨이었다.

많은 어르신이 이와 같을 것이다. 사람을 부르고 싶어도 부를 수 없다. 그렇다고 매번 사회복지사가 갈 수도 없다. 어떻게 하면 좋을까? 그래, 우리가 연결만 해 주자. 그래서 시작한 사업이 핸드맨 사업이다. 방충망, 전기선 정리, 하수구 막힘, 욕실시설 고장 등 가정 내 사소한 시설 문제로 고민이 있는 어르신이 센터에 전화하면 센터는 지역사회 내 철물점과 연계해서 그곳 직원이 직접 방문을 할 수 있도록 시스템을 만들었다.

업무적 여유를 주는 힐링타임 제도

일을 하면서 어느 날은 문득 영화를 보고 싶어질 때가 있다. 카페에서 조용히 커피를 마시고 싶어질 때도 있다. 나 혼자 조용히 있고 싶어질 때가 있는 것이다. 이것은 몸이 치유를 원하고 있는 징조일 수 있다. 만약 치유를 요구하는 순간에 치유될 수 있다면 얼마나 좋을까.

우리 센터는 월 1회에 한해서 근무시간에 직원이 원하는 그 무언가를 마음껏 할 수 있다. 카페에서 차를 마시며 업무를 보아도 된다. 영화 보러 가든, 서점에서 책을 보든 전혀 상관없다. 온전히 자기 자신을 위한 치유의 시간이다. 이것이 좋은 점은 이런 치유의 시간을 통해 여유를 가지고 자기를 돌아보는 시간, 스트레스를 해소하고 다시 에너지를 재충전할 수 있는 시간이 될 수 있다는 점이다.

우리 센터만의 직원교육 방식

교육 강화는 직원이 관심 있는 부분을 중심으로 하는 것이 효과적이다. 그리고 전달교육은 필수다. 다른 사람을 교육하는 것을 통해 교육 효과가 극대화되기 때문이다. 하지만 전달교육이 또 하나의 업무가 되는 경우가 많다. 그래서 전달교육이 부담스러워 차라리 교육을 받지 않겠다는 경우도 많다. 이것은 방법적으로 개선할 수 있다.

예컨대 어느 기관은 실적을 너무 중요하게 생각한 나머지 교육도 하나의 중요한 실적으로만 접근하는 경우가 있다. 교육을 받은 것에 대한 충분한 자료 확보, 교육 관련 전달교육 보고서 작성, 전달교육을 위한 강의실 준비 등 여러 절차가 무게감 있게 진행된다. 이렇게 되면 전달교육은 또 하나의 중요한 프로젝트가 되고 준비하는 사람은 많은 부담감을 느낀다. 이를 간소화하는 것은 어떨까? 전달교육의 목적은 교육을 받고 무엇을 배웠느냐다. 배운 것을 보다 오래 기억하고 배운 당사자가 좀 더 업무에 적용할 수 있도록 돕기 위해 이루어져야 한다. 전달교육을 통해 교육에 참여하지 못한 사람이 마치 교육을 받은 사람처럼 충분한 교육이 이루어지게 하거나 또는 전문가다운 보고서 작성이 목적이 되어서는 안 된다.

우리 센터는 전달교육이 가볍게 차를 마시면서 이루어진다. 특별히 자료를 준비하지 않아도 된다. 교육받은 사람에게 다른 직원이 어떤 부분을 배웠는지, 우리도 알면 무엇이 좋을지 등 하나의 친목모임처럼 이야기하면서 이루어진다. 전달교육 보고서도 A4 용지 한 장 이

무엇이 조직을 병들게 하는가

하로 작성하게 한다. A4 용지 한 장이 안 되는 것은 괜찮으나 한 장이 넘지는 않게 한다. 그러다 보니 전달교육에 대한 부담도 없다. 여기에 교육 참여 욕구를 강화시키는 또 다른 배려가 있다. 교육이 오후 2시 등 근무시간 이전에 끝나는 경우가 있다. 그러면 사무실에 들어오지 않아도 된다. 교육이 끝났다는 사실만 전화로 알려 주고 나머지 시간은 자신의 것이 된다. 만약 사무실은 방화동에 있는데 교육은 잠실에서 오후 2시에 마무리되었다면 굳이 사무실이 있는 방화동까지 올 필요가 없다. 잠실 지역을 다니면서 그곳 지역사회를 구경하든가 아니면 교육에 참여한 사람과 차 마시는 시간을 가지면 된다. 특별한 일이 없음에도 괜히 사무실까지 오는 것은 오히려 직원에게 불필요한 시간 낭비만 안겨 주는 것이라 생각하기 때문이다.

외부에서 교육할 수 있는 기회를 많이 주는 것도 직원 역량 강화에 큰 도움을 준다. 예를 들어 우리 시설의 어떤 사업에 대해서 교육을 원하는 학교나 단체가 있다고 하면 굳이 시설장이 가지 않는다. 아직 나이가 어리다고 하더라도 그 사업을 알고 있는 실무자라면 시설장이 소개하고 보낸다. 자신이 한 사업이기 때문에 그 사업의 취지는 누구보다도 실무자가 잘 안다. 실무자가 진행한 교육을 다른 단체에 알리고 가르치는 것은 자기 사업에 대한 책임감을 높이고 자부심을 갖게 하는 데 큰 도움이 된다. 교육도 혼자 가기보다는 두 명 이상 함께 가도록 독려한다. 혼자 가면 아는 사람도 없기 때문에 낯설어 교육효과가 떨어진다. 교육도 재미가 있어야 한다. 두 명이 가면 혼자 가는 것보다 더 재미있다.

강점관점*의 관찰

관리자는 관찰이 매우 중요하다. 직원의 강점을 중심으로 관찰을 해야 한다. 어떤 직원은 혼자 사색할 수 있는 시간을 많이 주면 폭발적으로 능력을 발휘한다. 어느 직원은 혼자 일할 때 더 능력을 발휘하고 어떤 직원은 누군가 도와주는 직원이 있으면 더 능력을 발휘한다. 어떤 직원은 문서 작성에 능하고 어떤 직원은 홍보를, 어떤 직원은 공모사업 작성을, 어떤 직원은 주민과 라포 형성을 잘 한다. 그러면 관리자는 이러한 직원의 특성을 잘 관찰해서 강점을 중심으로 업무가 추진될 수 있도록 도와주어야 한다.

직원이 잘 하고 있는 것은 기본이고 여기에 못하는 부분까지 잘 하는 부분의 수준에 맞게 요구하는 것이 필요하다. 하지만 너무 무리한 요구는 마치 독수리에게 잘 날면서 동시에 오리처럼 수영도 잘 하라고 하는 것과 같다. 반대로 오리에게 수영은 기본이고 독수리처럼 날기도 잘 하게 강요하는 것과 같다. 만약 수영과 나는 것을 모두 탁월하게 잘하기를 기대한다면 그것이 실현될 수 있도록 충분한 지원(업무적 배려, 인력 지원, 교육 지원, 예산 지원 등)이 선행되어야 한다. 아무런 지원 없이 모든 분야를 잘하도록 하기 위해 직원의 약점에 집중하

---

* 한마디로 인간의 결점보다는 강점을 중심으로 바라보는 것을 말한다. 인간의 존엄성, 가치, 자기결정을 증진시키고 이용 당사자의 내재된 잠재력, 능력, 강점을 인지하여 이를 실현할 수 있도록 하기 위한 사회복지 실천방법이다. 이용 당사자의 다양성을 인정하고 존중하면서 이용 당사자의 결점보다는 강점에 초점을 두고 가능한 모든 자원을 활용하여 이용 당사자의 역량이 강화되도록 지원한다.

무엇이 조직을 병들게 하는가

는 것은 바람직하지 않다.

권한 위임

어떤 실무자가 좋은 아이디어를 냈다. 그리고 그 사업을 추진하기로 했다. 그렇다면 누가 팀장이 될까? 그 실무자가 속해 있는 부서의 팀장이나 과장이 될 것이다. 보통은 그렇다. 하지만 의견을 제시했고 그것을 추진할 의향이 강한 사람이 팀장이 되면 어떨까?

우리 센터는 프로젝트를 기획한 사람이 팀장이 되는 제도를 운영하고 있다. 심지어 계약직으로 왔다고 하더라도 그 사람이 프로젝트를 기획하였다면 그 계약직 직원이 프로젝트에서 팀장이 된다. 이렇게 되면 사업은 원래 기획했던 목적에 충실해진다. 그리고 가장 열정적인 사람에게 권한도 주어지기 때문에 그 사업이 형식적으로 진행될 가능성은 거의 없다.

어르신이 살고 계신 어느 가정집에서 압력밥솥이 터졌다. 밥솥 주변에 있는 전자레인지부터 집안 곳곳의 물건이 파손되어 엉망이 되었다. 어르신은 도움을 요청했고 소식을 들은 주변 두 개 기관에서 실무자가 긴급히 방문을 했다. 어르신은 피해 상황을 보여 주면서 빠른 도움을 부탁했다. 그런데 각 기관 실무자의 반응은 차이를 보였다.

A기관 실무자는 "네, 알겠습니다. 하지만 제가 실무자라 권한이 없습니다. 우선 상황을 팀장님께 보고하고 팀 회의를 해서 결정해야 합니다. 시간이 좀 걸릴 수 있습니다. 지원 여부요? 죄송합니다만 아직

은 확실히 말씀드리기 어렵습니다. 팀 회의를 하고 나야 알 수 있습니다."라고 하였다.

B기관 실무자는 "네, 알겠습니다. 말씀하신 것처럼 ○○○은 바로 지원해 드리겠습니다. 제가 실무자이지만 현장에서 결정권은 저에게 있기 때문에 가능합니다."라고 하였다. 당신이 피해자라면 누구를 신뢰하겠는가?

우리 센터에서는 팀원이라고 하더라도 현장에 나가게 되면 그 사람이 바로 관장이다. 외부 회의도 마찬가지다. 실무자도 사회복지사 자격증이 있는 전문가로 뽑은 것인데 그런 권한을 가지는 것은 당연하다. 우리는 실무자의 판단을 존중한다. 그리고 실무자가 결정한 것이 즉각적으로 처리될 수 있도록 지원하는 것이 바로 우리 몫이다.

실패를 대하는 태도

실패는 성공의 어머니라고 한다. 하지만 실패에 대해서 많이 두려워하는 것이 현실이다. 사람들은 기본적으로 실패를 좋아하지 않는다. 하지만 한 번에 성공하는 사람은 많지 않다. 실패를 하더라도 재기할 수 있게 보장하는 것을 넘어 열심히 실패할 수 있게 해야 한다. 그래야만 성공을 거두기가 쉬워진다.

우리 센터에서는 공모사업을 작성해서 당선되면 시설장이 축하의 메시지를 준다. 그리고 끝이다. 하지만 실패하게 되면 소정의 온누리 상품권을 주면서 격려한다. 실패에 대해서 쓴소리를 거의 하지 않는

무엇이 조직을 병들게 하는가

다. 이유는 실패의 원인을 당사자가 가장 잘 알기 때문이다. 이렇게 하면 직원은 공모사업을 더 열심히 한다. 어떤 직원도 온누리상품권을 받기 위해 일부러 실패하려고 하지는 않는다. 다만 조직이 내 노력을 기억하고 인정해 준다는 그 사실이 직원으로 하여금 열정을 불러일으키는 것이다.

질책보다는 지원

직원의 무능력에는 이유가 있다. 그 이유를 찾는 노력이 필요하다. 어느 회계 직원이 있었다. 업무가 서투르고 성장할 기미가 보이지 않자 다른 복지시설에서 전출을 온 직원이다. 아니나 다를까 회계 직원임에도 회계를 잘하지 못했다. 우리는 1년 반을 기다려 주었다. 그러자 점차 달라지더니 업무성과도 높아졌다. 그렇다면 이전 시설과 무엇이 달라진 것일까? 단순히 질책을 하지 않았기 때문일까? 아니다. 성과를 내지 못한다는 것은 그 직원 스스로도 알고 있다. 그리고 성과를 내지 못하는 부분에 대한 질책도 이미 직접적·간접적으로 많이 받았기 때문에 또 다시 질책한다는 것은 별로 효과가 없다. 하지만 우리는 다른 접근방법으로 기다려 주었다.

회계에 대한 업무를 잘 모르자 센터장이 직접 자신이 알고 있는 사람 중 회계를 잘 아는 사람과 통화를 했다. 그리고 우리 직원이 회계와 관련해서 문의하면 잘 좀 도와달라고 부탁을 했다. 이러한 이유는 크게 두 가지다. 하나는 직원이 노력하지 않아서 무능한 것이 아니라 그동안 제대로 가르쳐 준 사람이 없기 때문에 무능해졌다는 것이다. 또 하나는 상관이 자신이 슈퍼비전이라는 미명 아래 알려 주는 것은 또 다른 질책으로 비추어질 수 있기 때문에 제3자를 통해 배울 수 있는 기회를 마련해 준 것이다. 이렇게 도와줄 사람을 연결해 주니 이 직원은 어려움이 생길 때마다 소개받은 사람에게 물어봤고, 점차 업무를 파악할 수 있게 되었다. 업무를 파악하게 되니 자신감이 생기기 시작하고, 이제는 업무성과를 내는 직원으로 바뀌게 되었다.

관리자는 자신이 아는 모든 인프라를 동원해서 부하직원이 일을 배울 수 있도록 연결시켜 줄 책임이 있다. 가르쳐 주면 누구나 성과를 낼 수 있다. 따라서 잘 하는 사람을 계속 소개시켜 주어야 한다.

정보 공유 타임

정보는 업무에 직접적인 부분도 있고 간접적인 부분도 있다. 직원도 크게 보면 자신이 속한 지역사회 구성원이다.

어느 복지시설은 매주 목요일 정기회의를 가진다. 그런데 월 1회 정도 이 회의시간을 활용해서 정보 공유 타임을 가진다. 정보 공유 타임은 일상생활에서 직원이 알고 있는 정보를 공유하는 것이다. 예컨대 어느 직원이 얼마 전에 가 본 맛집이 너무 좋았다면 이를 함께 공유할 수 있다. 자신만 알고 있는 패션 정보가 있거나 좋은 의료시설, 갈 만한 놀이시설, 독특한 카페 등 다양한 정보를 서로 공유한다. 이 과정에서 직원들은 즐거움을 느끼고 다양한 정보를 통해 새로운 경험을

무엇이 조직을 병들게 하는가

할 수 있게 된다. 여기서 얻게 된 정보는 자기 사업을 진행하는 데 중요한 정보로 활용되기도 한다. 좋은 의료시설을 경험한 직원의 이야기는 재가 어르신에게 의료시설을 소개해 주거나 또는 함께 갈 수 있는 기회가 된다. 나들이하기 좋은 여행 정보나 카페 정보 등은 주민과 함께 하는 나들이 여행일정을 보다 풍성하게 설계하는 데 도움이 된다. 여기에는 이용자뿐만 아니라 직원도 포함된다. 직원도 좋은 정보를 얻게 되어 자신이나 가족이 그 정보를 활용하는 데 도움을 받는다. 정보가 실생활과 업무에도 도움을 주니 회의가 활력이 넘치게 된다.

봉사자 편지 쓰기

신입직원 교육 차원에서 쌀 등 후원물품을 가지고 오면서 직접 어려운 어르신에게 나누어 주기를 희망하는 기업이 있다. 이런 경우 쌀을 나누어 주고 마무리되는 것이 보통이다. 어차피 1회 참석하고 오지 않는 경우가 많기 때문이다. 하지만 이런 봉사자에게도 좀 더 의미 있는 시간을 만들어 주면 어떨까? 그래서 봉사활동을 한 후 부모님께 편지 쓰기 프로그램을 진행했다. 보통 자녀들은 자기 부모에게는 잘 연락하지 못한다. 바쁘다는 이유로, 부모님이니까 편해서 등등 여러 가지 이유로 자기 부모님께 소홀한 것이 대부분이다. 그런데 자기 부모에게는 못하면서 복지시설에서는 직접 쌀을 배달해 주며 반갑게 인사하고 손을 잡아 드린다. 당연히 자기 부모님 생각이 날 수밖에 없다. 그래서 봉사활동을 마무리하면서 부모님께 편지 쓰기 프로그램을 진행한다. 오늘 봉사로 느꼈던 감정을 가지고 자기 부모님을 생각하면서 자필로 부모님 안부와 감사 등을 작성하게 한다. 작성을 다 한 후에는 시설에서 일괄적으로 우표를 붙여 부모님 주소로 발송한다. 그러면 쓰는 사람도 좋지만 편지를 받는 어르신은 평생 잊지 못할 소중한 기억으로 남게 된다.

책임의식 심어 주기

직원이 일을 못하면 그 직원에게 일차적 책임이 있다. 하지만 그 사람이 일을 잘할 것이라고 뽑은 중간 관리자도 책임이 있다. 마지막으로 직원을 성장시키지 못한 시설장의 책임이 있다. 이런 공동 책임의식을 전 직원이 느끼도록 해야 한다. 즉, 공동 책임의식을 계속 심어 주어야 한다.

예컨대 새로 들어온 직원이 있다. 그 직원이 외근을 나가면 시설장을 포함한 나머지 직원이 그 직원의 강점은 무엇인지, 어떤 부분을 지원하면 이 직원이 보다 즐겁게 일할 수 있을지 등을 서로 상의한다. "김 과장, 이번에 ○○○을 뽑았잖아. 어때? 어떤 일을 잘하는 것 같아? 힘들어 하는 부분은 없고? 김 과장이 생각할 때 어떤 부분을 지원해 주면 보다 즐겁게 일할 수 있게 될까? 함께 일하는 강 복지사의 생각은 어때? 강 복지사가 보기에는 ○○○의 강점이 무엇인 것 같아? 어떤 지원을 해 주면 좋을까?" 등등.

직원 채용을 위한 면접에서도 실무자의 책임은 적용된다. 보통 면

무엇이 조직을 병들게 하는가

접은 관리자들이 본다. 하지만 면접자들이 기다리는 동안 의도적으로 나중에 채용되면 함께 일해야 하는 실무자가 말을 시키도록 유도한다. 그러면서 실무자의 의견도 채용에 반영되는 것이다.

복지체감을 위한 욕구조사

후원금이 생기면 욕구조사를 한다. 주민을 직접 만나고 이야기하지 않으면 주민의 욕구를 알 수 없다. 가정 방문도 해 봐야 한다. 한 예로 여름이면 보통 선풍기가 필요할 것이라고 생각할 수 있다. 혹시 몰라 욕구조사를 했더니 의외로 전기장판 욕구가 많았다. 한 여름인데도 말이다. 알고 보니 집이 지하라 햇빛이 잘 들어오지 않아 낮에도 서늘했다. 새벽이 되면 여름이라고 하더라도 추운 경우가 많았다. 그래서 전기장판 욕구를 보였다. 만나지 않았다면 알 수 없는 욕구다.

이와 같이 사회복지조직도 직접 체감하려는 노력이 필요하다. 내가 속한 조직의 비전을 명확히 이해하는 것은 물론이고, 자기 직무에 어떻게 적용할 수 있는지, 실제 적용한 사례는 무엇인지 설명할 수 있는 조직적 체감이 필요하다. 직원들이 좀 더 비전 중심으로 근무할 수 있도록 하기 위해 어떤 지원이 필요한지 실무자 입장에서, 동료 입장에서, 상사 입장에서 생각하는 체감도 중요하다. 이러한 체감이 사회복지조직 안에서 숨 쉴 때 조직의 만성질환이 치료되기 시작하고, 좀 더 나은 사회복지가 이루어지지 않을까 기대해 본다.

무엇이 조직을 병들게 하는가
아픈 사회복지조직을 위한 처방전

초판 1쇄 발행 2019년 10월 31일

지은이 문대수
펴낸이 박정희

편집 이주연, 양송희, 이성목 **디자인** 하주연, 이지선
관리 유승호, 양소연 **마케팅** 김범수, 이광택 **웹서비스** 백윤경, 김설희

펴낸곳 도서출판 나눔의집
등록번호 제25100-1998-000031호
등록일자 1998년 7월 30일

주소 서울시 금천구 디지털로9길 68, 1105호(가산동, 대륭포스트타워 5차)
대표전화 1688-4604 **팩스** 02-2624-4240
홈페이지 www.ncbook.co.kr / www.issuensight.com
ISBN 978-89-5810-405-6(03330)

이 도서의 국립중앙도서관 출판예정도서목록(CIP)은 서지정보유통지원시스템 홈페이지
(http://seoji.nl.go.kr)와 국가자료종합목록 구축시스템(http://kolis-net.nl.go.kr)에서
이용하실 수 있습니다. (CIP제어번호: CIP2019038574)